江西省水稻产业发展调查
（2016—2021）

◎ 余艳锋　彭柳林　主编

中国农业科学技术出版社

图书在版编目（CIP）数据

江西省水稻产业发展调查：2016—2021 / 余艳锋，彭柳林主编 . --北京：中国农业科学技术出版社，2021. 10

ISBN 978-7-5116-5519-6

Ⅰ. ①江…　Ⅱ. ①余…②彭…Ⅲ. ①水稻-产业发展-研究报告-江西-2016-2021　Ⅳ. ①F326. 11

中国版本图书馆 CIP 数据核字（2021）第 200788 号

责任编辑　倪小勋　穆玉红
责任校对　马广洋
责任印制　姜义伟　王思文

出 版 者　中国农业科学技术出版社
北京市中关村南大街 12 号　邮编：100081
电　　话　（010）82106626（编辑室）　（010）82109702（发行部）
（010）82109703（读者服务部）
传　　真　（010）82106650
网　　址　http://www.castp.cn
经 销 者　各地新华书店
印 刷 者　北京建宏印刷有限公司
开　　本　185 mm×260 mm　1/16
印　　张　14
字　　数　260 千字
版　　次　2021 年 10 月第 1 版　2021 年 10 月第 1 次印刷
定　　价　55. 00 元

江西省水稻产业发展调查
（2016—2021）

编委会

顾　问　池泽新　尹建华

主　编　余艳锋　彭柳林

副主编　余永琦　王长松

编　者（按姓氏笔画排序）

王长松　付江凡　许晶晶　吴昌华

余永琦　余艳锋　袁婷婷　聂园英

徐　俊　麻福芳　彭柳林　管珊红

基金支持

1. 江西省现代农业（水稻）产业技术体系（项目编号：JXARS-02）

2. 国家自然（地区）科学基金项目“‘保险+期货’模式下农业收入风险定价与分担机制研究——以江西水稻为例”（项目编号：72063001）

3. 国家自然（地区）科学基金项目“劳动力老龄化、农业生产性服务与粮食绿色生产行为：影响机制、经验证据及政策优化研究——以江西为例”（项目编号：72163015）

4. 中国博士后科学基金会“劳动力老龄化、农业生产性服务与粮食规模经营：内在机理、经验证据与政策优化研究——以江西为例”（项目编号：2020M682110）

5. 江西省农业科学院博士启动项目“新时期巩固提升江西粮食主产区地位的路径与对策研究”（项目编号：JXXTCXBSJJ202013）

前　言

党的十八大以来，以习近平同志为核心的党中央高度重视粮食安全，提出了“确保谷物基本自给、口粮绝对安全”的新粮食安全观，确立了新时期“以我为主、立足国内、确保产能、适度进口、科技支撑”的国家粮食安全新战略，始终坚定走好中国特色粮食安全之路。习近平总书记2016年、2019年先后两次视察江西，嘱托江西“要夯实粮食生产基础，发挥粮食生产优势，巩固粮食主产省地位”。2021年中央一号文件明确指出，地方各级党委和政府要切实扛起粮食政治责任，实行粮食安全党政同责。2021年江西省委一号文件《关于全面推进乡村振兴加快农业农村现代化的实施意见》明确把“保障粮食等重要农产品供给”放在“加快现代农业强省建设”首位。

当今世界正经历百年未有之大变局，我国发展的内部条件和外部环境正在发生深刻复杂变化，尤其是新冠肺炎疫情常态化使这个大变局加速演变，两者深刻交织，不稳定不确定因素明显增多，今后一个时期我们将面对更为复杂多变的外部环境。随着全球气候变暖，我国区域性、阶段性洪涝、干旱、病虫害等灾害频发、高发，粮食消费需求刚性增长和资源环境硬约束并存，对我国粮食生产和粮食安全造成不利影响，我国粮食供求或将长期处于紧平衡态势，粮食供求结构性矛盾仍然存在。唯有始终紧绷粮食安全这根弦，增强风险意识，准确识变、科学应变、主动求变，善于化危为机、转危为安，清醒认识到粮食安全是国家安全的重要基础，是我国经济社会发展的“压舱石”，是应对国内外各种风险挑战的“定海神针”，把粮食安全的主动权牢牢掌握在自己手中。

江西是全国粮食主产区，也是中华人民共和国成立以来从未间断向国家提供商品粮的省份之一。全省上下始终牢记习近平总书记殷殷嘱托，在深化农业供给侧结构性改革、乡村振兴和农业农村现代化进程中，进一步落实“六稳”

“六保”政策，时刻绷紧粮食安全这根弦，始终把稳定粮食生产作为农业农村工作的重中之重，高位推动，多措并举，坚决守住粮食生产基本盘，赢得粮食丰收主动权，稳固了粮食生产，巩固了粮食主产区地位，切实扛稳了粮食安全政治责任。尤其是在疫情和洪涝灾害等多重不利因素面前，2020 年全省粮食播种面积达到 377. 24万公顷，相比 2016 年增加 8. 619 万公顷，增幅 2. 34%。其中，水稻播种面积达到 344. 18万公顷，相比 2016 年增加 12. 549 万公顷，增幅 3. 78%。2020 年全省粮食总产量达到 2 164万吨，相比 2016 年增加 134. 15 万吨，增幅 6. 61%。

江西省水稻产业技术体系产业经济岗团队紧紧围绕粮食安全这一主线，主动深入江西水稻主产区开展实地访谈、问卷调查等，倾听基层所思、所想、所盼，全面了解水稻产加销全产业链各主体在面临内外因素变化时的各种反应及想法，掌握分析影响当前江西省粮食安全的热点、难点和“堵点”，在江西省水稻产业技术体系首席和各岗位专家共同协助下，形成了系列调研报告，多篇调研报告获得省部级有关领导批示和国家、省有关部门采纳，为政府有关部门决策提供重要参考，发挥了江西省水稻产业技术体系产业经济岗的职能，有效服务全省水稻产业高质量发展。征途漫漫，惟有奋斗！江西省水稻产业技术体系产业经济岗团队成员将以昂扬奋斗、求真务实的精神，为服务江西水稻产业发展提供智力支撑，为实现江西现代农业强省目标贡献力量。

本书是在江西省农业农村厅和江西省农业科学院的指导下，依托江西省水稻产业技术体系等相关项目资金资助完成，在此谨致衷心的感谢！由于水平有限，书中不足之处在所难免，敬请广大读者批评指正。

编　者

2021 年 8 月

目　录

第一章　江西省水稻产业发展调查（2016）

2016年，江西全省坚决贯彻落实习近平总书记、李克强总理视察江西时对“三农”工作作出的重要指示精神，以五大发展理念为引领，坚定不移抓好调结构、强产业、抓改革、补短板、促增收等各项工作。在面对春夏多雨洪涝、伏秋高温干旱、病虫害多发重发等不利生产条件，以及国家早稻最低收购价下调、农业支持保护补贴等政策调整形势下，江西省粮食总产量仍保持在420亿斤①以上，实现了预定目标，为江西省由传统农业大省向现代农业强省跨越奠定了坚实基础。

第一节　农业劳动力老龄化对江西粮食生产发展影响的调查

江西省是传统农业大省，农产品资源相对丰富，农业产值和农村劳动力数量所占比重较高。自实行家庭联产承包责任制以来，农村劳动生产率得到较大幅度提高，农村剩余劳动力增多。为促进剩余劳动力就业，当地政府出台了系列鼓励农村劳动力流动的优惠政策和措施。目前江西已成为典型的劳务输出大省，大量农村劳动力（含剩余和非剩余劳动力）流出，有效提高了农户家庭收入，缓解了人地矛盾。但同时，农村青壮年劳动力大量甚至“过量”外流到城市，农村出现“青壮年劳力荒”，农业劳动力老龄化问题日益凸显，对粮食安全造成一定影响，农村空心化、老龄化、谁来种地等问题日益冲击传统耕作模式。

①1斤=0.5公斤，全书同。

一、基于数据观察点农业劳动力老龄化现状

（一）数据观察点选点介绍

为真实掌握江西农业劳动力老龄化现状，课题组就江西 20 个县市 100 个行政村 1 000位农户展开调研，对江西农村现有劳动力结构状况进行多角度分析，认为农业劳动力老龄化利弊均存。

1. 调查点确定

为了确保调查数据的代表性，经过筛选，确定了江西省内 9 个地区 20 个县市 100 个自然村的 1 000户农村家庭进行了问卷调查（表 1-1）。采取调查员入户一对一调查方式，每户填写一份问卷。总共向农户发放问卷 1 000份，收回有效问卷 860 份；向村庄发放调查问卷 100 份，收回有效问卷 95 份。

表 1-1　江西观察点地区和县市分布

观察地区	样本数	样本县（市、区）
南昌	3	南昌县、新建区、进贤县
赣州	4	信丰县、赣县、会昌县、瑞金市
吉安	4	泰和县、安福县、永丰县、万安县
抚州	2	乐安县、东乡区
萍乡	1	上栗县
九江	1	都昌县
宜春	3	樟树市、上高县、万载县
景德镇	1	乐平市
上饶	1	广丰区

2. 观察点村庄基本情况

本次调查的 100 个村庄，有效样本村庄 95 份，村庄总人口 15. 267 万人，总户数 3. 546 万户，户均 4. 3 人；总劳动力 79 930人，其中，外出务工 34 777 人，外出务工人数占总劳动力 43. 51%；留守农村劳动力 45 153人，比重超过 50%（表 1-2）。留守农村劳动力中有一部分农村妇女未从事任何劳动，一部分农业劳动力从事非农业生产，由于现代家长更关注子女的教育问题，一部分农业劳动力选择农闲时就近务工或者反季节性短暂外出务工。

表 1-2　观察点农户基本情况

项目	类别	人数/人	占比/%
样本性别构成	男	78 440	51.38
	女	74 230	48.62
	农村劳动力总数	152 670	—
外出务工样本劳动力年龄层分布	16~35 岁	16 854	21.09
	36~59 岁	14 992	18.76
	60 岁以上	2 931	3.67
留守农村样本劳动力年龄层分布	16~35 岁	15 192	19.00
	36~59 岁	19 207	24.03
	60 岁以上	10 754	13.45

（二）问卷分析

本文所采用的数据均来自实地调研数据。

1. 江西农村老龄化严重

（1）农村劳动力老龄化加剧。总样本调查农户 1 000人，有效样本农户 860人，其中受调查男性农户 669 人，占比 77.79%，受调查女性农户 191 人，占比 22.21%，男女性别比 3.5：1，这与传统思想观念中认为男性是家庭户主，大多受调查农户家庭让男性接受调查有关。

本次观察点农户最低年龄 20 岁，最高 89 岁，平均年龄 52.6 岁。其中，观察点农户 35 岁以下青年劳动力不足 6%；50 岁以上年龄的农村劳动力占 52.97%，超过半数；且 60 岁以上年龄占总观察户的 29.21%，远超全国 60 岁以上人口所占比例 14.9%（图 1-1）。可见留守农村的大多为 50 岁以上的农民，且是一个人口众多的群体，江西农村老龄化逐步加重。

（2）青年农业劳动力出现断层。为了解江西农业劳动力老龄化状况，问卷按照劳动力从业类型，分为务农型、打工型、其他就业型 3 种类型，对农业劳动力年龄结构和数量进行统计分析，结果显示：观察点 860 户农村家庭中涉及 4 304人，其中劳动力有 3 547人，务农型劳动力 1 631人，占劳动力总数的 45.98%，户均 1.9 个农业劳动力，外出打工型劳动力 1 291人，占劳动力总数的 36.4%。其他劳动力 625 人，其中包括自创企业、在家做家务和未参加社会

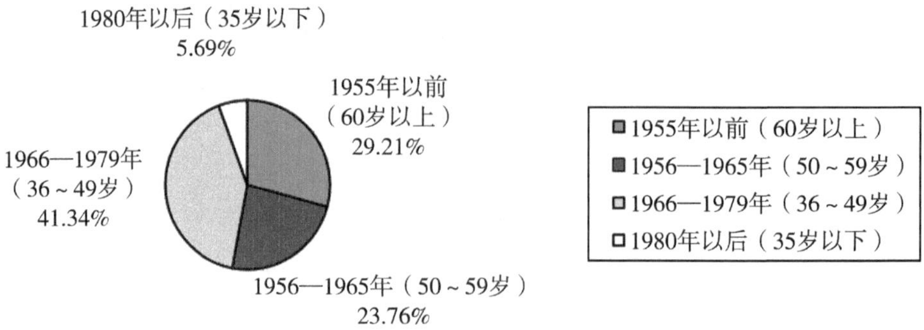

图 1-1　观察点农户年龄结构分布

劳动的人，占劳动力总数的 17.62%。

1 631 名务农型劳动力平均年龄 62.5 岁。其中 35 岁以下青年农业劳动力仅为 9%，50 岁以上年龄的农业劳动力占 48%，60 岁以上农业劳动力占 29%（图 1-2），和 2006 年全国第二次农业人口普查中 60 岁以上农业劳动力所占比重 11.2%相比，江西农业劳动力老龄化严重，青年农业劳动力出现断层。

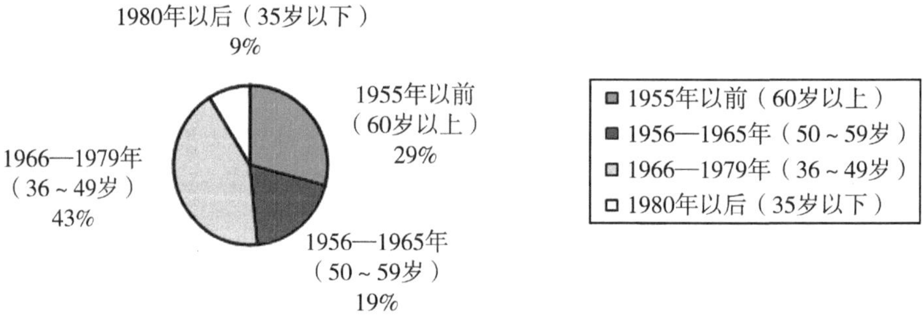

图 1-2　观察点农业劳动力年龄结构分布

据实地调查，江西省樟树市郭坊土湖余家村位于赣北平原区域，种粮条件优越，水田连片，土质较好。在 1985 年时全村总人口达到 750 人，劳动力达到 480 人，受农业税以及对城市生活的向往，较多村民外迁。尽管近年来受粮食补贴政策影响，有部分村民回迁农村，但多数仍在城镇工作生活，只是挂名在农村。2015 年全村总人口 530 人，留守农村从事劳动的仅为 78 人，外出务工劳动力约300人，且留守农村青年和外出务工青年人数比为1：21，留守农村青年劳动力占留守农村劳动力的10%左右，老年劳动力占38%左右（表1-3）。由此可见，留守农村的青年劳动力萎缩严重，后续种粮劳动力断层堪忧。

表1-3 典型区域农村劳动力分布情况

留守农村劳动力总数78人		
青年劳动力（16~35岁）	中年劳动力（36~59岁）	老年劳动力（60岁以上）
8人	40人	30人
外出务工劳动力总数300人		
青年劳动力（16~35岁）	中年劳动力（36~59岁）	老年劳动力（60岁以上）
168人	120人	12人

2. 江西农村农户受教育程度偏低

（1）农村劳动力素质小幅改善。观察样本总的受教育水平不高（图1-3），其中9.02%观察点农户受教育程度为文盲，33.63%为小学文化，40.54%初中文化，文化程度低；虽然高中、大专及以上劳动力受教育程度两者所占比例约17%，在观察样本中占有一定比例，但这批文化程度较高的农村劳动力80%以上外出打工或自办企业，直接从事农业生产的不多，对于提高整体农村劳动力文化素质和促进现代农业发展的效果不显著。

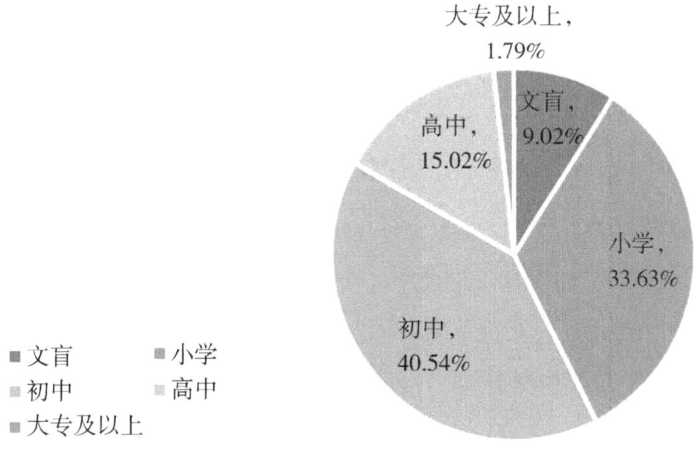

图1-3 江西观察点农村家庭受教育程度

（2）农业劳动力素质仍有待提高。留守农村直接从事农业生产的劳动力受教育水平更低，约有 7. 79%的农业劳动力受教育程度为文盲，其中 50 岁以上农业劳动力占文盲比例达到 100%；约有 36. 36%小学文化，其中 50 岁以上老年劳动力占比 71. 25%，由此看来，文盲和小学文化的主要构成对象集中在 50 岁以上老年劳动力。约有 42. 86%初中文化，高中及以上受教育程度约 12. 99%（图 1-4）。和整体样本农户相比，农业劳动力文化程度集中在小学文化和文盲。因此，江西农村亟待提高农村教育和科技水平普及率，在保证九年制义务教育基础上，提高高中入学比例，对农业劳动力开展农业科普和科技培训。

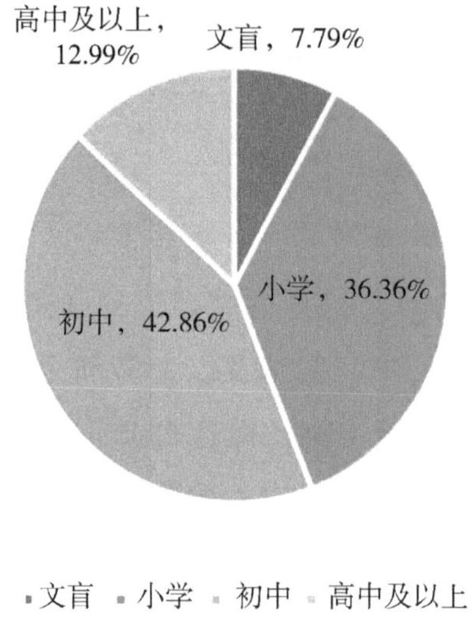

图 1-4　江西观察点农业劳动力文化程度

3. 江西农村青壮年选择外出务工比例颇高

在观察样本中，外出务工和在家务农的比例相当，维持在 35%左右（图 1-5）。其中，外出务工劳动力中约 50%都是 35 岁以下青年劳动力，60 岁以下劳动力占外出务工人数 90%以上，而老年、儿童和部分妇女选择留守农村。据央视报道，我国农村外出务工人员有 1. 8 亿人（农村人口总共有 6. 75 亿人），占比 26. 7%，江西观察点农村外出务工人员占比 32. 88%，超出国家平均水平，是一个劳务输出型省份。

4. 江西农民外出务工收入成为家庭收入主源

观察样本中江西农村家庭平均年收入 4. 19 万元，其中收入 65. 07%来自外

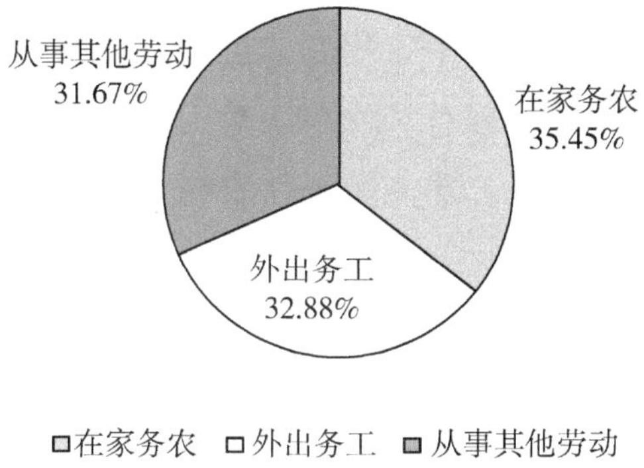

图 1-5　江西观察点农村家庭劳动力工种分配

出务工，务农仅占 26. 31%，自办企业收入仅占 3. 35%（图 1-6）。由此看出，农民外出务工工资成为家庭收入的主源，占家庭收入首位。总的来看，由于务农收入低和农民自身素质、资金等限制，江西农村家庭收入逐年增长大多来自农民外出赚取务工工资。

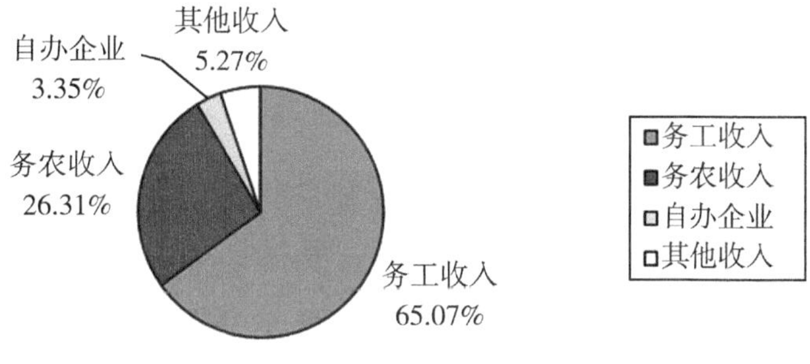

图 1-6　江西观察点农村家庭收入来源分配

5. 江西农村中青年劳动力留守农村意愿弱

观察样本中江西农村 60 岁以上农户约 70%愿意留在农村生活，50～59 岁年龄段农户有 56. 84%愿意留在农村，而 36～49 岁年龄段农户有 68. 63%选择在城镇生活，35 岁以上农户有 59. 01%选择在城镇生活（图 1-7）。由此来看，由于老年人浓厚的乡土情结以及长期务农形成的生活习惯，加上农村生活成本低，通过干些力所能及的农活基本能自给自足，不容易给子女造成养老负担，而且随着中青年农业劳动力流向城市，大量留守儿童也促使老年农民倾向于留守农村照顾孙辈。而中青年农业劳动力愿意留在城镇生活的原因，调查显示排在第一位是小孩读书教育条件好，排在第二位是卫生医疗条件好，排在第三位是就业机会多、赚钱快。总的来看，中青年农业劳动力转向城镇趋势不可逆转，而要留住劳动力有必要完善农村教育和农村医疗卫生设施条件，构建高产高效型现代农业，不断提高农业效益，才能留得住农村青壮年劳动力留守农村从事农业生产劳动。

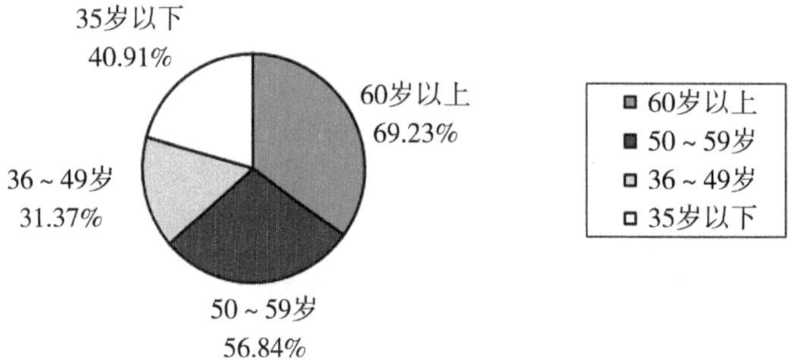

图 1-7　江西观察点中各年龄层农户愿意留守农村意愿

（三）结论

1. 江西省农业劳动力的特点为“两增三减”

外出农户户数和外出务工劳动力人数逐步增多，非农收入递增；留守农村中从事农业生产的青壮年劳动力人数递减，务农收入递减，80 后、90 后农村劳动力基本不再参与农业生产，大多外出务工从事非农产业，农业劳动力结构面临中青年劳动力断层。且在未来很长一段时间内，农村劳动力仍将不断流向城市和非农产业的大背景下，农业劳动力“老龄化”问题短期内不会消失，并且还会继续加深。

2. 农业劳动力受教育程度集中在小学和初中水平

尽管江西农村整体受教育水平得到提高，九年制义务教育得到全面推广，但绝大部分素质较高的农村劳动力转移到非农产业，大多留守农村的农业劳动力受教育程度仍集中在较低的小学和初中文化，对现代农业生产和家庭经营决策的把握缺乏判断能力，对农业产业发展缺乏前瞻性。

3. 务农人数与农户拥有的耕地面积、质量、区位相关联

①所处区域耕地贫瘠，土地产出率偏低，耕地面积少，村庄外出务工人数

较多，在家务农人员较少；②地理交通便捷、越靠近省市级城市的村庄，外出务工人数较多，且外迁城镇的农村家庭逐步增多；③农业或林业资源丰富，尤其是平原地区，粮食耕种条件好，适合农业机械化操作的区域，田尽其用，土地流转顺畅，农业产出较好，留守人员较多，但仍以中老年居多，青壮年季节性外出务工人数占有一定比例。

4. 农业劳动力老龄化对现代农业发展提出了新要求

留守农村的越来越多的是妇女、儿童、老年人，体力和精力上的不足，难以从事繁重的农业劳动，对新事物新技术新品种的接受能力慢，对现代农业发展有一定阻碍作用。但农业劳动力老龄化、劳动力供给缩减已成必然趋势，对现代农业产业发展提出了更高、更广的要求，省力型、易操作的农业机械化耕种和简便高效农业种植技术、品种受到留守农村的农业劳动力欢迎，这就进一步对农业科研工作者提出了要求；也能更顺利地推动农地流转实现规模化耕种，实现高效种植。

二、农业劳动力老龄化对江西粮食生产的影响——基于江西数据观察点调查

（一）江西观察点粮食产区生产现状

1. 土地流转比例较高，规模种植增多

从样本农户拥有耕地面积来看，用于粮食生产的耕地来自承包地占71.04%，流转入土地占28.96%，流转出土地占5.24%，抛荒的土地占6.31%（图1-8）。流转耕地占总耕地面积34.20%，已超过我国土地流转率30%的比例，土地流转加速。

在860个调查样本中，有336户存在土地流转行为，占总农户比例39.07%；其中，有137户转出土地缩小耕作面积，平均每户转出规模2.41亩①；有199户通过土地流转扩大了耕地面积，占流转家庭数的67.92%，平均每户流转入土地规模为9.15亩，甚至有几户流转入土地上百亩。由此看来，农户越来越重视规模效益，江西种粮大户和合作社数量增多。

在调查的860个家庭样本中，有129户已不再种地，占调查农户数的15%。

①1亩≈667m^2，全书同。

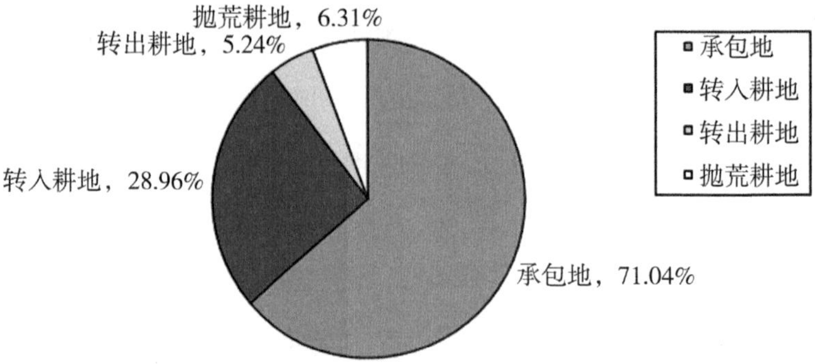

图 1-8　观察点农户耕地面积投入状况

其中，有 23 户将耕地流转给他人耕种，有 39 户耕地抛荒，有 5 户将耕地以流转和抛荒方式放弃耕地，有 59 户没有分到承包地，无地可耕（表 1-4）。无地耕种原因在于，我国农村土地承包经营权三十年不变，很多新生代农民没有土地可分。样本观察户中 30 岁以下农户基本没有土地，这成为导致青年劳动力向城市和非农产业转移的诱因。而抛荒地比例居高也说明外出务工人数的增长和农业效益的低下。

表 1-4　观察点农户家庭耕地耕种情况统计

类型	户数	占比/%
完全不耕种	129	15.00
缩小面积部分耕种	137	15.93
承包地耕种	395	45.93
超承包地面积耕种	199	23.14

2. 土地抛荒现象蔓延

在农村大批劳动力转移情况下，土地抛荒现象蔓延。有的是直接抛荒，全家外出打工；在调查样本中，赣县有一个村庄共有 302 户，全家外出务工 235 户，超过 70%家庭外出，而据当地村支书介绍，由于外迁家庭多，除参与流转的土地，村庄上大约有 60%土地抛荒。

有的季节性抛荒，本可以种植三季稻或双季稻，只种一季稻，仅够维持自家口粮即可，当收割完水稻后将田块闲置粗放经营，不用于其他农作物耕作，导致水稻复种指数下降且田块边际收益小于边际成本。有的选择性抛荒，对田块质量好、土地平整、离家近的耕地种植水稻，但一些荒地、旱地或离家远的耕地则弃之不管，尤其是留守农村的以老年人居多，他们也没这个体力和精力对荒地旱地开荒耕作。

3. 农业效益低引发土地抛荒

在针对农民选择抛荒的原因调查中，排在第一位是31. 11%农户认为家里的青壮年劳动力外出打工，家里缺乏劳动力；排在第二位是30. 56%农户认为种地不划算，不如打工；排在第三位是25%受其他因素影响；排在第四位是13. 33%农户认为雇用别人种地，要支付的工资高。究其根本在于，由于农业效益低，无法吸引劳动力留守农村，大多数青壮年劳动力外出务工，农作物无人耕作，而雇工费偏高，唯有抛荒。

据调查，雇用劳动力每人每天一般在120元上下，有时达到220元，而在农忙集中期，雇工费达到300~400元。由于青壮年劳动力的外迁，农忙时农业劳动力短缺，人力成本增加。这个工价对于留守在农村的老幼来说偏贵，比种植农作物带来的收益可能还高，这就导致很多留守农村的劳动力在自身无法完成农作的同时，宁愿选择抛荒也不愿意雇人耕作。因此，目前农村受劳动力缺失影响，粗放经营的生产方式成为一种普遍现象，对我国耕地资源造成极大的浪费。

4. 粮食对外依存度提高

随着农村人口外迁增多，留守农村的青壮年农业劳动力的数量递减加速，农民粮食自给能力下降明显，粮食对外依存度逐年提高，本应种粮农民买粮吃。

一方面，耕地复种指数下降。据调查，大多水稻种植户保持了双季稻种植习惯，但仍有10%左右农户种植单季稻，降低了粮食产出量。一方面，通过买粮满足自身家庭需要的农户家庭增多。据调查，有129户（占比15%）无耕作行为，无法满足基本粮食作物的自给自足，需要通过购买来满足家庭需要。

5. 种粮大户和粮食专业合作社增多

在860份调查样本中，有731户存在耕作行为。据统计，731户中有213户（占粮农总户数比29. 14%）粮食生产只为了满足自身家庭口粮需要；有106户（占粮农总户数比14. 5%）粮食生产除满足自身家庭口粮外，还会对外销售粮食；有412户（占粮农总户数比56. 36%）粮食生产完全对外销售，这种类型的粮食生产户以合作社和种粮大户居多（表1-5）。由此看来，江西土地流转发展势头较好，江西粮食农民专业合作社和种粮大户逐步增多，专业型、规模型农业生产大户将成为今后江西现代农业发展主体。

表1-5　观察点农户粮食生产销售状态　　单位：户

仅自留	仅外销（412）				自留+外销（106）			
213	国有粮库	粮贩子	私营粮食加工厂	零售	国有粮库	粮贩子	私营粮食加工厂	零售
	43	278	53	38	3	50	15	38

6. 粮贩子收购粮食成为销售主渠道

此外，在调查中发现，粮农粮食销售渠道主要是粮贩，占比45%；选择将粮食自留不对外销售占比29%；选择将粮食销售给国有粮库占比6%，选择销售给私营粮食加工厂占比9%，而其他11%选择自己零售粮食（图1-9）。由此看来，大多农户通过粮贩子销售粮食，主因在于无须自己托运，便捷。

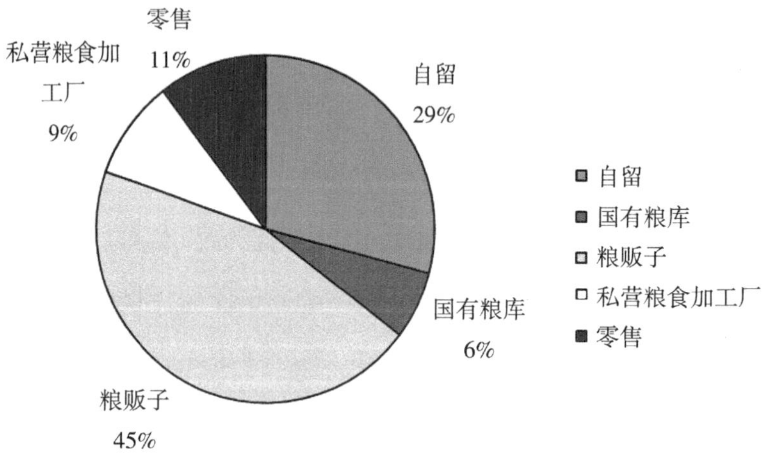

图1-9　观察点农户粮食销售渠道选择比例

（二）农业劳动力老龄化对粮食生产影响的实证分析

为了分析农业劳动力老龄化对粮食生产的影响，本文将农业劳动力分为“从事粮食生产的（50岁及以上）老龄农户”“从事粮食生产的（50岁以下）非老龄农户”两种类型，通过比较分析两类农户在种粮机械设备应用、粮食产量产值、种粮（物质和人工）投入、粮食作物结构、农技培训等方面的差异，以此反映劳动力老龄化对粮食生产的影响。

1. 粮食产值产量比较

在 860 份调查样本中，有 731 户存在种粮行为。其中，381 户为老龄农户，350 户为非老龄农户。

尽管从调研统计来看，老龄农业劳动力从事粮食生产的户数和粮食产量多于非老龄农业劳动力，加上老龄农户常年留守农村，受粮食补贴政策实施影响，在身体允许情况下，部分老龄农户种植双季稻，复种指数高，一定程度上提升了粮食产量。而非老龄农户一般只为了简单满足自身家庭的口粮需要，很多区域从原来的三季稻、双季稻改种单季稻，降低了粮食产量。但如表 1-6 所示，老龄农业劳动力从事粮食生产创造亩均粮食纯收入低于非老龄农业劳动力。

表 1-6 老龄和非老龄农业劳动力粮食产值产量情况

项目	老龄农业劳动力	非老龄农业劳动力
粮食收入/元	1 632 608. 15	1 681 154. 41
比例/%	49. 27	50. 73
亩均粮食收入/元	501. 37	739. 05
比例/%	40. 42	59. 58
粮食产量/公斤	1 466 209. 09	1 144 331. 97
比例/%	56. 16	43. 84
亩均粮食产量/公斤	450. 27	503. 06
比例/%	47. 23	52. 77

可见，老龄农业劳动力虽然凭借人数上的优势，能生产出较多的粮食产量，但具体落实到亩均粮食产量和亩均粮食收入来看，仍劣于非老龄农户，而亩均粮食产量和粮食收入的低水平，可能受到影响粮食产值的劳动力时间、劳动力强度、资金和技术投入等要素反映出来。老龄农业劳动力对粮食生产存在一定不利影响。

2. 种粮农业机械应用的比较

由表 1-7 可得，老龄和非老龄农户在农机使用率上都有明显改善，对农业生产的投入有所增长。其中，“非老龄”农业劳动力在应用耕、种、收农业机械（含租赁）和购买农机的主动性更强，投在农用机械的费用较高。而“老龄化”农户投在农用机械上的费用不高，这说明“老龄化”农业劳动力仍倾向于采用传统耕作模式。此外，农机作为固定资本，多年无须更换，对农户农业资本投入影响不显著，对粮食产量的增加不会产生显著影响。而农机使用率的提升和农机租赁现象的增多，将成为今后农村农业生产的大趋势，农机合作社必然替代农户传统耕作模式。

表 1-7　老龄和非老龄农业劳动力农机使用情况

项目	老龄农业劳动力	非老龄农业劳动力
农机使用率/%	66.8	68.75
农机使用租赁费/（元/亩）	32.23	67.76
农机购买费/（元/亩）	74.18	106.52

3. 种粮（人工和物质）投入的比较

在计算水稻种植成本时，由于水稻属于复种指数较高的农作物，在此对其种植面积按双季稻计算，且不将农户自身（家庭成员）劳动投入成本计入其内。从表 1-8 看出，老龄农户和非老龄农户投入在每亩水稻上的物资成本相近，农业劳动力“老龄化”对农业可变资本的影响不大。差距较大的成本开支集中体现在农机和雇工费用上。老龄农户农机成本相比非老龄农户少，但雇工较多，以弥补体力上的不足。老龄农户种粮收入和纯收入都远低于非老龄农户。

表 1-8　老龄和非老龄农户种植水稻成本对比　　单位：元/亩

项目	老龄农户	非老龄农户
种子	26.6	25.28
化肥	76.08	79.51
农药	25.53	32.95
灌溉	6.68	10.98
农机使用费	32.23	67.76
农机购买费	74.18	106.52
雇工费	168.07	99.92
种粮成本	409.37	422.92

（续表）

项目	老龄农户	非老龄农户
种粮收入	501.37	739.05
种粮纯收入	92	316.13

4. 粮食作物结构的比较

由表 1-9 可得，老龄农户相比非老龄农户在水稻种植面积基本相同，但是在大豆和红薯种植面积方面则表现出老龄农户比非老龄农户要少。原因在于，江西地区农户为了保证基本的口粮都会选择种植水稻，但是像红薯这些粗粮或者像大豆这些费时费力的经济作物则会由于缺少劳动力而选择少种植，甚至不种植，导致农业种植结构单一化。这表明，农业劳动力“老龄化”一定程度上导致粮食种植结构单一化。

表 1-9　老龄和非老龄农户粮食种植结构对比　　单位：亩/户

项目	老龄农户	非老龄农户
水稻种植面积	4.65	5.065
大豆种植面积	0.057	0.198
红薯种植面积	0.032	0.058
其他粮食作物种植面积	0.227	0.145

5. 农业技术接受度的比较

通过调查发现，老龄农户人均参加培训频次高出非老龄农户的 25%，这主要在于老龄农户长期留守农村，外出务工少，村干部能很快速地将老龄农户聚集起来开展培训。仅从这点，无法判断老龄和非老龄农户对农技培训的关注度不同。

从图 1-10 看出，非老龄农户与老龄农户参与农技培训的意愿基本相似，愿意参加培训的人数均在 40%~50%。但从培训的期望值来看，48.49%的非老龄农户更期待从农技培训中获得更多对农业生产有用的技术，且从培训中获得的效果更好，主动应用新技术和适用技术的主观性更强。而老龄农户文化水平有限，思想观念传统守旧，创新求变意识较弱，进一步学习和接受新事物的动力也较弱，对农业新技术的接受度和应用率有限，约 40%的老龄农户认为参加培训没效果，对新技术认知和操作上有一定困难，担心新技术使用存在风险，对风险承受能力很弱，不主动应用农业新技术的概率较高，会谨慎地视周边农户使用情况再决定是否使用该技术。

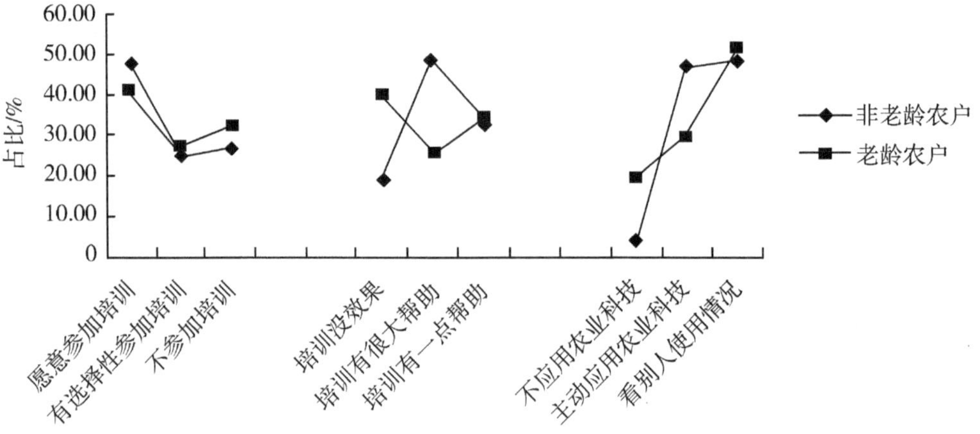

图 1-10　老龄农户和非老龄农户对农业技术接受度对比

三、应对农业劳动力老龄化对粮食生产影响的对策建议

（一）培育新型职业农民

1. 制定相关政策法规

适时出台关于新型职业农民培育的法规或条例，明确新型职业农民培养的地位、培养程序、资格认定、经费保障、各级政府或相关机构的责任和义务等，建立严格的准入和准出制度，使新型职业农民的培养制度化、法制化。

2. 强化培训和培养

设立专门财政资助项目，开展职业农民培训；在农村选拔一批年轻并具备一定素质条件的农民进入相关高等院校和科研院所接受高等教育或接受专门培训，重点对象为已初具规模的经营主体，如专业大户、家庭农场、专业合作社、农业服务专业户等；鼓励农业院校毕业生和科研院所技术人才到农村创业。

3. 加大扶持力度

对新型职业农民实施“四优先一保障”，即：鼓励成片土地优先向新型职业农民流转；在每年新增惠农措施上，优先享受涉农优惠扶持措施；在编制和申报项目上，优先安排申报中央、省级农业项目扶持；在金融信贷和保险上，优先享受金融信贷扶持政策和提供农产品保险支持；在养老、医疗、失业、子女教育等方面给予相应保障。

（二）依法有序推进农村土地流转

1. 健全土地流转经营服务工作机制

根据国家有关政策，鼓励乡镇政府组建土地流转中介机构，建立土地流转信息服务平台，完善土地流转登记和保障机制，加强土地流转合同化管理和转后用途监督，保障土地流转双方权益，既让想规模化种田的农民有地种，又让不想种田农民的耕地流转后得到相关权益保障。

2. 建立共赢土地流转方式

在坚持集体所有制的前提下，按照“土地确权、两权（所有权和使用权）分离、价值显化、市场运作、利益共享”方针，依据土地有偿使用原则，对江西农业用地使用权实行有偿有期限流转制度。农业用地在土地承包期限内，可以通过转包、转让、入股、合作、租赁等方式出让经营权，鼓励农民将承包的土地向专业大户、合作农场和农业园区流转，发展粮食产业适度规模经营。

（三）构建新型农业社会化服务体系

1. 培育多元化服务主体

新型农业社会化服务体系的主要任务是减轻农民的“四缺两怕”（缺劳力、缺技术、缺资金、缺信息，怕自然灾害影响产量、怕增产不增收）负担，满足新型农业经营主体和小农户生产经营的多种需求，以实现农民收入的持续增长。因此，服务的主体应多元化，包括政府公共服务机构、科研院校、农民合作组织、龙头企业、专业服务公司及农村经纪人等，各服务主体应职责明晰，协作发展。

2. 创新农业社会化服务的供给模式

依据各服务主体在体系中的角色和职能，突出公益性、专业性、技术性、经营性等特点，如“公司+合作社+农户”。同时，积极探索实践托管式服务模式、订单式服务模式、连锁服务模式等，使供给模式更加多元、更为专业。

3. 不断拓展服务内容

应覆盖整个产业链，提供包括农资供应、动植物疫病防控、气象服务、抗旱防洪服务、农产品安全监管服务、农机服务、技术推广、加工销售、仓储物流、农村金融、保险等综合配套服务。

4. 构建共赢化保障机制

政府需要发挥保障作用，制定服务体系建设的政策法规及实施条例。加大财政的投入力度，在确保公益性服务由政府提供或经营主体提供政府购买的同时，还要对经营性服务主体给予财政支持、税收优惠政策；重点以利益共赢为纽带，强化契约与合同制管理，形成责权利统一的机制。

（四）稳步提升种粮效益

1. 保障合理粮食价格

完善粮食最低收购价政策，制定合理的最低收购价水平；加大对粮食市场的执法检查力度，严格执行粮食流通统计制度，打击无证收购、压级压价等违法违规扰乱粮食价格的行为；加强对国际市场粮食价格的走势和预测，减轻国际粮价对国内粮食价格市场的冲击。

2. 完善粮食补贴政策

一是将粮补按田亩补现金改为补贴粮食种子、化肥等实物补贴或者按最终粮食购销量来补贴。二是将补贴资金用于改善农田水利设施，修建好机耕道，以利于机械化操作，改造和扩建晒谷场、粮库，提升社会化服务补贴等，让真正种田的人获益。三是顺应土地流转、规模经营、农业现代化形势，粮食补贴政策应偏向种粮大户和农业现代化方向。

3. 调节农业生产资料价格

一方面，完善国家粮食价格与生产资料价格补贴动态调整机制，着力改变粮食收购价格提高而生产资料价格跟着上涨的不良现象。另一方面，对农资生产企业的成本上升问题进行补贴，保证生产企业效益。

（五）强化现代农业科技研发与推广

1. 研发与推广轻简高效农业技术

大力研发简便、易操作的农业种植技术和新品种，便于年龄较大、文化水平较低甚至文盲都能接受和应用；同时，完善农技推广网络，进一步发挥科技对农业生产的支撑作用，降低劳动强度，提高产量和品质，提高农业经济效益。

2. 提高农业机械化水平和实用性

大力引进示范和推广粮食生产新型适用农业机械，鼓励农业科研单位研发适合不同区域特征的实用型农业机械。落实和完善农机购置补贴政策，由于丘陵地区使用农业机械的成本更高，应对丘陵地区和平原地区的购机补贴和作业补贴实行不同的标准，对丘陵地区的补贴力度可以更大一些，缓解劳动力老龄化带来的耕地抛荒和效率低下问题。

第二节　土地托管破解“谁来种地”“怎么种地”的难题——基于江西绿能农业发展有限公司实地调研

随着工业化、城镇化的快速推进，农村面临人地矛盾、村庄空心化、地块细碎化、大量优质农村青壮年劳动力离土离乡等突出问题，农业劳动力老龄化和妇女化备受关注。“70后”不愿种地，“80后”不会种地，“90后”不提种地，农田“非粮化”“非农化”甚至“抛荒”倾向加重，未来“谁来种地”等难题是当前农村急需破解的难题。土地托管作为一种新型农业社会化服务方式，被实践证明能有效破解“谁来种地”“怎么种地”的难题。

在此背景下，2016年开始，江西绿能农业发展有限公司（简称江西绿能公司）开启了大田托管新模式。实际上，近两年来，山东土地托管已叫响全国。2014年3月，国务院在山东汶上召开春季农业生产会议，汪洋副总理专门考察土地托管，并给予高度评价。同一年，中共中央办公厅、国务院办公厅印发《关于引导农村土地经营权有序流转发展农业适度规模经营的意见》，明确提出积极推广既不改变农户承包关系，又保证地有人种的托管服务模式。2016年政府工作报告再次鼓励农户依法自愿有偿流转承包地，开展土地股份合作、联合或土地托管。

一、探索：江西绿能公司土地托管模式提出背景

1. 安义县大量青壮年劳动力转移，从事“非农”产业

安义县地处南昌市西北，为南昌市郊区县之一。全县666平方千米，地形概貌为“五山一水三分田，一分道路和庄园”。第六次全国人口普查显示安义

县常住人口总数为 180 194人，同 2000 年第五次全国人口普查的 220 358人相比，10 年共减少了 40 164人，下降 18. 23%，平均每年减少 4 016. 4人，年平均增长率为-1. 34%。

近年来，随着市场经济的不断发展，外出务工、经商人员越来越多，安义县成为一个典型的外向型经济县。全县有 3/5 以上的劳动力在外从事铝塑门窗等非农产业，留守在村子里的大多是老人和小孩，许多良田曾被闲置抛荒。2015 年安义县农业从业人员占农业户籍人口 17. 8%，低于全省平均水平 23%。就世界范围来看，农业劳动力比例下降是一个必然趋势。2010—2012 年全球农业就业的平均比例为 30. 5%，过去 10 年内下降了 7. 4%；同期，高等收入国家农业就业的平均比例为 3. 5%，10 年内下降 1. 9%。

2. 获总书记点赞，江西绿能公司开启大田托管新模式

1961 年出生于安义县的凌继河，经历过多次创业后小有成就，于 2009 年与合伙人在安义投资农业，并在 2010 年组建了江西绿能农业发展有限公司。为了种好地，凌继河将商业管理经验推广到种田管理上，收到很好效果，5 年连发近 900 万元“年终奖”。2016 年 1 月，他再次拿出 228 万元，给为他管理田块的种粮能手发放年终奖，最高的拿到 20 多万元。这一举动被《新华每日电讯》报道，吸引了正在江西省考察的习近平总书记的注意，有幸获得习总书记点赞。此后，很多媒体相继报道，国家和地方涉农部门领导纷纷前来参观指导，一时凌继河连同江西绿能公司大受关注。

凌继河谈到，为了不辜负总书记的厚望，顺应时代需求，在全省深化供销合作社综合改革电视电话会议一结束，迅速召集公司员工和 370 多家农户商讨并开启了大田托管为农服务新模式。

二、江西绿能公司土地托管模式的做法

1. 目前采取的是土地半托管和全托管两种服务方式

半托管是农户每亩每年支付公司 60~80 元的服务成本费，公司为农户提供测土配方、施肥等技术服务，管理者是农户自己；全托管是农户每亩每年支付公司 600~800 元的服务成本费，其中早、中、晚稻托管费分别为 40 元/亩、60 元/亩和 50 元/亩，公司为农户提供产前、产中、产后的前程优质服务，包括

耕、种、收、管、售等系列服务，管理者是公司，收成归农户。这两种托管方式一经推出，就大受欢迎。目前，公司已托管耕地近3万亩，2016年托管规模将达到5万亩，已经与300多名种粮大户签订“土地托管”服务协议。

凌继河说，公司原来的农田流转主要是公司自己赚钱，大田托管则是农户在土地经营权不变的情况下，由公司为其提供产前、产中、产后的优质服务。这种服务增加的是农户的收入，公司得到的是农户支付的服务成本费，包括技术指导、机械化耕种与收割、测土配方、科学施肥、稻谷烘干、储存和销售等一系列内容。同时，也包括以江西绿能公司做担保为农户提供贷款，即“绿农兴义贷”业务。2016年，首批通过银行审批的贷款对象为19名，贷款总额达到285万元。

2. 多年摸索的实践经验和日趋成熟的产业体系平台支撑土地托管服务

江西绿能公司通过多年的发展，通过点对点、点对集体等方式流转土地达2.1万余亩（其中合作社3 000余亩），其中6 000亩示范园区、9 000亩为高标准粮田，全部应用良种良法、测土配方施肥、统防统治及全程机械化耕作，已经取得了非常丰富的实践经验，为现代农业发展起到示范引领作用。公司建立了“基地+合作社+家庭农场+农户+加工”的生产管理模式，参与校企、科企和政企合作，先后与江西农业大学、广东省农业科学院、江西水稻产业技术体系等省内外研究院所建立了合作关系。

3. 先进的设备和完善的产业链条助力土地托管服务

江西绿能公司是一个集土地流转、水稻种植、种植技术研究、大米粗深加工、品牌米业生产、销售为一体的企业。公司投入2 800万元建立农民培训办公楼、10万吨精制大米加工厂、日处理240吨水稻烘干机、购置了各类农业机械140余台套。为实行农业生产信息化管理，公司还投资100多万元对已流转的农田实行了物联网管理。

4. 免费土地托管服务2年（2016年和2017年）

为打出品牌，让种植大户真实感受到土地托管模式的好处，江西绿能公司计划在2016年和2017年免费服务2年。

三、江西绿能公司土地托管模式成效

1. 土地托管模式相对于传统模式具有绝对优势

传统农业模式：种植大户流转土地—零售店购买农资—自己种植管理—自己负责收割卖稻，自担风险。

土地托管模式：种植大户流转土地—公司签订土地托管农业合同—厂价统一采购农资—公司提供种植技术指导—公司统一回购水稻，公司承担更多风险。

与传统模式相比，土地托管模式下，每亩农田可节约成本200多元。如表1-10所示，其中亩均农资成本节省50~60元。

表1-10　江西绿能公司土地托管模式相对于传统模式的比较优势　单位：元/亩

<table>
<tr><td rowspan="2">对比项目</td><td colspan="3">传统模式</td><td colspan="3">绿能土地托管模式</td><td>备注</td></tr>
<tr><td>早稻常规</td><td>中稻杂交</td><td>晚稻常规</td><td>早稻常规</td><td>中稻杂交</td><td>晚稻常规</td><td rowspan="5">传统模式：
厂家—代理—零售—农户；
绿能土地托管模式：
厂家—农户，亩均成本节省50~60元</td></tr>
<tr><td>种子</td><td>60</td><td>120</td><td>60</td><td>45</td><td>100</td><td>45</td></tr>
<tr><td>化肥</td><td>110</td><td>130</td><td>130</td><td>95</td><td>105</td><td>105</td></tr>
<tr><td>农药</td><td>80</td><td>110</td><td>90</td><td>60</td><td>95</td><td>80</td></tr>
<tr><td>成本</td><td>250</td><td>360</td><td>280</td><td>200</td><td>300</td><td>230</td></tr>
</table>

注：1. 稻谷，绿能土地托管种植大户稻谷由公司高于市场价0.03元/斤回购，解决卖难问题。亩产按1 000斤计算，增收30元（干、湿谷均回购）。

2. 农用机械，通过公司采购、购置机械成本、维修成本均可拿到市场最低价，给签订土地托管种植大户省成本。

3. 贷款，种粮大户贷款难，田租、农机、农资都要自己垫资，市场贷款月息高达1.2%，而且种粮大户还无处可贷。现在通过公司与融兴村镇银行为签订量土地托管种植大户量身打造“绿色兴义贷”产品，解决贷款难问题。

4. 种植农业保险，安义县域土地托管农户，公司免费提供种植农业保险，降低农户种植风险。

2. 传统模式与土地托管模式成本收益对比分析

由表1-11可知，与传统农户比较，土地托管模式亩均收入略增，但亩均成本明显更低，低25%左右，最终土地托管模式亩均利润远远高于传统模式。如果考虑到托管模式成本包括烘干费、搬运稻谷费用，且江西绿能公司给托管农户提供免费种植农业保险、贷款服务等，而传统模式成本不包含这些服务成本，剔除这些成本，土地托管模式下农户利润更高。

表 1-11　江西绿能公司土地托管农户与传统农户成本收益对比　　单位：元/亩

项目	加入绿能土地托管农户		江西传统模式农户（2015 年）	
	早晚稻	一季中稻	早晚稻	一季中稻
收入	2 400	1 560	2 398	1 438
成本	1 550（包括田租 520 元/亩）	1 020（包括田租 520 元/亩）	1 912（包括田租 520 元/亩）	1 242（包括田租 520 元/亩）
利润	760（含烘干费）	480（含烘干费）	486（不含烘干费）	196（不含烘干费）

土地托管模式成本收益具体计算方法如下。

（1）早晚稻两季。

亩均收益：早稻收 900 斤，1.23 元/斤，收入 1 107元；晚稻收 1 000斤，1.3 元/斤，收入 1 300元，合计约 2 400元。

亩均成本：田租 520 元，肥料 200 元，种子 150 元，农药 140 元，打田 60×2＝120 元，收割 60×2＝120 元，搬运稻谷 20×2＝40 元，抛秧 160 元，烘干费 2 000×0.05＝100 元，管理费 40+50＝90 元，合计 1 640元。

利润：2 400−1 640＝760 元/亩。

（2）一季中稻。

亩均收益：中稻收 1 200斤，1.3 元/斤，收入 1 560元。

亩均成本：田租 520 元，肥料 105 元，种子 100 元，农药 95 元，打田 60 元，收割 60 元，搬运稻谷 20 元，烘干费 1 200×0.05＝60 元，管理费 60 元，合计 1 080元。

利润：1 560−1 080＝480 元/亩。

土地托管模式具有绝对优势的原因分析：一是节约成本。首先，农资成本降低。公司通过批量购买种子、化肥、农药等生产资料，厂家直供省去中间环节，享受厂家和农资公司的最惠价。其次，农资用量减少。公司通过精量播种，配方施肥，规范使用农药，统一除草、防虫、防病，大大降低农资用量。再次，机械化成本降低。全程机械化操作，人工成本大大降低。公司通过土地连片耕种收割，农机有效工作时间增加，油料成本降低 20%左右。最后，未来水电设施投入将降低，土地托管后，水泵、电线、龙带统一调度，大大降低了这些物资的使用量，毁损物资也大大降低。

二是机械化效率、效益提高，规模化经营程度提高。由于农机有效工作时间增加，预计农机收割效率比以前提高40%左右，农机手创收额增加30%以上。同时，公司把一家一户分散的土地统一规划、统一技术服务，解决了一家一户办不了、办不好或办起来不划算的问题，促进了规模化经营程度的提高。托管模式下服务费用因公司具有规模效应，收费比传统农户自己聘请服务费用更低。

三是科技兴农水平和劳动生产率的提高。土地托管，实行统一经营，优质良种、精量播种、配方施肥、科学除草、科学防治病虫害等农业科技落到了实处，较好地解决了多年来科技兴农落实难的问题。同时，大片土地由专门的服务队管理与生产，亩均劳动工日比托管前要下降一半，劳动生产率成倍提高。

四是公司高于市场价收购稻谷，帮助贷款并提供农业保险。一方面，绿能土地托管种植大户稻谷由公司高于市场价 0.03 元/斤回购，解决卖难问题。亩产按 1 000斤计算，增收 30 元（注：干、湿谷均回购）；另一方面，通过江西绿能公司采购、购置机械成本、维修成本均可拿到市场最低价，给签订土地托管种植大户省成本；另外，公司为安义县域土地托管农户免费提供种植农业保险，降低农户种植风险。公司还与融兴村镇银行为签订量土地托管种植大户量身打造“绿色兴义贷”产品，解决贷款难问题。

3. 土地托管模式带来的社会效益

（1）对土壤进行精准测量，缺啥补啥，提质增效，引导少用化肥，实现国家肥料零增长战略，有效保护耕地地力。

（2）有利于推动土地适度规模经营，提高全程机械化操作，降本增收，提高种粮效益，维护国家粮食安全。

（3）提供解决未来“谁来种地”“如何种地”难题新方案，让老人和妇女也能高效率种地，让种地农民更体面。

四、潜在的问题

1. 资金的问题

江西绿能公司董事长谈到，目前资金问题是最大的问题，尤其前两年采取免费服务阶段，需要大量前期资金的投入。而目前从正规途径贷款不能满足公司快速发展所需要的大量资金。

建议：一是争取相关涉农机构资金补助；二是政府担保，开通资金绿色通道；三是寻求投资方注资；四是考虑通过信托方式获取资金；五是采取众筹方式。同时，争取更多政府相关政策和项目支持。

2. 人才的问题

江西绿能公司要实施土地托管服务模式，为农户提供产前、产中、产后的前程优质服务，包括耕、种、收、管、售等系列服务，需要大批人才作保障，包括技术、管理、营销、财务等人才，而目前公司人才严重不足，尤其在技术、管理和营销人才上，数量和质量都有待提升。

目前，江西绿能公司配备有管理和烘干 9 人，加工厂 3 人，财务 3 人，统防统治 40 余人，机器维修 2 人，配方施肥 4 人，农机服务 40 余人，加上季节性用工共达 200 人。

建议：采取招聘+培养+服务外包+与大学及科研机构合作模式来充实公司技术管理人才，以满足公司快速发展需要。

第三节　2016 年江西省早中晚稻相关情况调查

为充分、真实了解江西省早中晚稻产销形势，课题组深入多个主产区实地走访调研，了解水稻生长情况、加工企业状况、水稻市场流通情况、市场购销主体想法等，形成相关调研报告，以期更好地推动江西省粮食产业供给侧结构性改革。

一、2016 年江西早稻种植调查

为了解江西水稻种植意向以及种子、化肥、农药价格和购买情况，2016 年 3 月 17—18 日，课题组对江西粮食主产区（南昌县、鄱阳县、泰和县、万年县、樟树及赣州等地）信息员抽样调查。市场调研具体情况如下。

1. 目前正处水稻春播浸种高峰期，气候劣于 2015 年

2016 年江西省春播期大致在 3 月 10 日至 4 月 20 日。受倒春寒天气影响，春播时间有所推迟。截至 3 月 28 日，江西省赣州、吉安等地早稻已浸种 80%以

上，其余大部分地区为 50%～80%。据江西省气象部门监测：春播期间气温总体偏高，平均气温赣北赣中为 14.0～15.0℃，赣南为 16.5～17.5℃。全省降水量为 280～350 毫米，较常年同期略偏多。其中，有 3 次降水过程影响江西省，出现在 3 月 17—18 日、3 月下旬前期、4 月上旬末至 4 月中旬初。预计，未来全省气温普遍在 13℃以上，但雨日较多；前期天气条件总体较有利于早稻播种育秧；但后期部分地区有大到暴雨，对春耕春播工作开展有不利影响。

2. 水稻种植面积稳中略降，早中晚稻存在结构性调整

农作物种植意向面积总体稳中有降，有部分种粮大户调整了早、中、晚稻的种植比例，提高中稻的种植规模，相应降低了早晚稻种植规模。据省粮油作物局农情调度，2016 年江西省农作物种植意向面积总体稳中有降，预计全年农作物播种面积 8 289.9万亩，比 2015 年增加 2.5 万亩。预计粮食作物播种面积 5 539.5万亩，比 2015 年减少 9.5 万亩；其中早稻 2 067.3万亩，比 2015 年减少 20 万亩；中稻 622.2 万亩，比 2015 年增加 22.4 万亩；晚稻 2 316.5万亩，比 2015 年减少 10 万亩。典型的如南昌县种粮大户李亮反馈到：他打算 2/3 农田用于种植中稻，1/3 农田种早晚稻，主要因为 2015 年价格不是很理想，且存在卖粮难问题，2016 年早稻最低收购价又降了些，预期形势也不佳，不想多种。另外，目前请工也较难，提高中稻种植比例，时间也会宽裕些。此外，据鄱阳、泰和、樟树等地信息员反馈，不少农户提高了常规稻种植比例，降低优质稻种植比例。典型的如泰和县信息员反馈到：“因为去年稻谷产量和价格差，收益大大受损，目前还有去年产的近 40%晚稻未卖出去，对今年形势预期也较悲观。改种常规稻，一方面自己可以留种，不用支付购买优质稻种子，种子费可以省不少；另一方面产量也不怎么受影响，价格也差不多。”

3. 尿素和农药价格下降，其他农资价格总体上涨

据农业厅（现农业农村厅，后文同）农情调度显示，当前农资供应完全能够满足春耕生产需求。而 3 月受倒春寒天气影响，前期农资购买市场相对冷淡，农民观望状态严重。据 3 月 22—26 日江西省春耕期间农资价格调度，国产尿素（含氮量 46%）价格同比下降 6.04%，其他肥料价格同比上涨，钙镁磷肥（含量 15%）、国产复合肥（25%的氮磷钾含量）、国产氯化钾（含量 60%）分别上涨 12.3%、4.28%和 3.37%；常规稻种价格同比上涨 14.64%，荣优 463、淦鑫

203、金优 458 分别上涨 6.70%、3.99%和 5.77%；杀虫剂价格总体下降，其中，1.8%阿维菌素、10%吡虫啉同比分别下降 1.43%和 13%。农用柴油价格同比下降 8.52%。

2016 年江西省两系杂交早熟品种价格在 34～38 元/公斤，比 2015 年略涨 5%。三系水稻品种的价格为 20～26 元/公斤，常规稻品种价格为 7～10 元/公斤，与 2015 年持平。国产尿素市场批发价为 1 700元/吨，与 2015 年同期持平；国产复合肥 25%含量和 45%含量的市场批发价分别为 1 150元/吨、1 950元/吨，均较 2015 年同期下降 50 元/吨；国产氯化钾市场批发价为 2 000元/吨，与 2015 年同期持平；进口氯化钾市场批发价为 2 900元/吨，均较 2015 年同期下降 100 元/吨；钙镁磷肥市场批发价为 680 元/吨，与 2015 年同期持平。农药价格总体下降 5%～7%。其中，80%敌敌畏（杀虫剂）市场零售价比 2015 年同期价格下降 5%；5%已唑醇（杀菌剂）市场零售价与 2015 年同期价格基本持平；30%草甘膦（降草剂）市场零售价与 2015 年同期价格基本持平。

二、早稻最低保护价下调对水稻全产业链主体影响调查

2016 年稻谷市场发生变革，早稻最低收购价由每百斤 135 元下调为 133 元。中央一号文件强调坚持并完善稻谷最低收购价政策，合理调整最低收购价水平，形成合理比价关系。为掌握稻米产业链主体各方对此次早稻最低保护价下调有何反响，课题组深入主产区调研发现，虽然部分农户尤其是种粮大户表现出悲观态度，但稻米全产业链各方整体反应不大，目前只是心理上的消极影响，短期不会明显影响早稻种植和加工过程。

课题组认为，此次调研结果应理性看待：一是种粮农户“阴影”还未散去，调研反馈偏情绪化，并非完全理性、客观市场反映，真实结果需除去短期非理性因素干扰。但此次收购价下降，犹如雪上加霜效应，农户尤其是种粮大户解读为市场下行风向，市场信心指数有所减弱，这点对粮食产业发展不利；二是私人收购企业普遍也不关心，短期几乎无影响；三是稻米加工企业影响微小，甚至利好。

具体来看：

1. 对小散农户影响甚微

一方面，小散户种植规模小，供自己家食用后节余少；另一方面他们属于

兼业种粮，打工收入是其主要收入来源；再则，不少年纪大的种田散户，大多对种粮收入依赖程度不强，够自己吃就好，如果有节余卖当然更好，儿孙辈们会接济其生活。

2. 使种粮大户信心减弱

种粮大户去年“阴影”还未散去，今又闻粮食最低收购价下降，真如“一波未平，一波又起”，市场反映悲观，认为收购价格降低，收益预期必然减少。同时，也有受访者谈到，收购价下降幅度微小，短期对种粮面积和积极性影响不大。因为，即使粮食收购价为每百斤 135 元，最终收购成交价也达不到，成交价更多取决于品质、供求和国内外形势等复杂因素，最低收购价每百斤下跌 2.0 元，实际影响没想象严重，会被稀释冲淡。所以说，事实上调研期间农户对政策反应偏情绪化，并非完全理性、客观市场反映，真实结果需除去短期非理性因素干扰。然而，都说信心比“黄金”更重要，此次政策调整，种粮大户解读为市场下行风向，心理上存在消极影响，市场信心指数有所减弱，这点对粮食产业长远发展不利。少数种粮大户已经有反映 2016 年将缩减规模和将部分承包地改种其他经济作物（如蔬菜、瓜果等）。但绝大部分种粮大户目前不会因此而减少种植面积和种粮积极性。

3. 对收购商几乎无影响

社会性收购企业短期几乎无影响，因为他们靠赚取买卖差价盈利，最低收购价下跌，他们收购农户粮食价格自然也顺势降低。但长期来看，如果农户种粮积极性下降，粮食种植面积和产量出现一定程度下滑时，收购商市场机会也会随之减少。

4. 对稻米加工企业影响微小甚至利好

一是早稻不是加工企业的主要原料，主要是加工一季优质稻，目前加工企业仓储充足；二是加工企业对“稻强米弱”格局已经习惯了，没有脾气，只能进一步采取对策来应对，如掺兑销售或直接销售原粮至安徽或广东。三是加工企业可以压低价格收购。四是从农户手中购粮成本会有所下降，但早稻最低收购价下调短期不会传导大米价格，有可能利好稻米加工企业。

三、江西省 2015 年农户存售粮情况调查

受 2015 年不利天气和弱势行情农户惜售等影响，市场反馈绝大部分地区农

户还有2015年产余粮库存家中没卖出去，出现一定程度卖难问题。为全面了解江西省农户存粮现状，课题组2016年4月对南昌县、信丰县、萍乡市等14个市县开展了专项调查，同时对南昌、信丰、武宁、万年、德安以及泰和6个县进行了典型调查。调查结果显示：调查年度内粮食产量上升，户均存粮数量同比增加，存粮结构以晚籼稻居多；售粮数量同比减少，售粮渠道仍以粮贩为主。

（一）江西粮食实现“十二连丰”，晚稻品质劣于往年

据国家统计局江西调查总队提供数据，2015年江西省粮食生产实现“十二连丰”，总产、单产再创历史新高。粮食播种面积增幅0.22%，总产量达429.7亿斤、同比增加1亿斤，增幅0.2%，单产达到386.6公斤、同比增加0.1公斤。

其中，早稻播种面积、亩产和总产量分别下降0.22%、0.78%和1%，主要原因在于“倒春寒”、强降雨频繁天气和病虫害偏重影响；中稻播种面积、亩产和总产量分别增加1.36%、1.05%和2.42%；双季晚稻播种面积、亩产和总产量分别增加0.04%、0.35%和0.39%。但江西省中晚稻收割期间受持续低温阴雨天气影响，部分地区水稻出现倒伏甚至变质现象（如泰和、鄱阳、上高等县），导致稻谷难以及时收割，出现晾晒、烘干问题，品质劣于往年，存在卖难压力。

（二）农户存售粮调查情况

对南昌、信丰、武宁、万年、德安以及泰和6个县开展了典型调查。50个不同类型样本中，一般农户21户，规模户19户，合作社10户。

1. 调查农户粮食存粮同比大幅增加，以晚籼稻为主

调查显示，农户手中待售的晚籼稻余粮数量较往年偏高。截至4月底，一般农户户均存粮2 315.5斤，2015年同期为590斤；规模农户户均存粮6 126.3斤，2015年同期为300.6斤；合作社户均存粮467 917斤，2015年同期为704.4斤，其中泰和合作社存粮占粮食总产量比在40%以上，其他地方合作社存粮占比在1%以下。据万年信息员黄秀峰反馈，2015年卖国有粮库排队严重，要排上3~5天队，往年仅需排队2天左右；且目前不少种粮大户平均有20%左右的粮食未卖出。

2. 调查农户粮仓仓容压力大，粮多仓少矛盾突出

调查发现，①一般农户基本都以粮食种植为副业，家庭劳动力46%以上选

择在本地务工或在外务工，播种面积在20亩以下，基本上为自家承包面积，平均单产为982.9斤/亩。一般农户大都无粮仓，仅有18.2%有粮仓，平均23平方米；②规模户粮食播种面积中，自营地所占比例非常小，通过流转渠道获得耕地占比高达98%以上，平均单产为1 062.8斤/亩。31.6%的规模户建有粮仓，平均70平方米；③合作社粮食播种面积中，自营地所占比例非常小，通过流转渠道获得耕地占比高达74.9%，平均单产为973.9斤/亩。22.2%的合作社建有粮仓，平均620平方米。规模农户和合作社仓库储都存在面积小、仓容小现状。

3. 专项调查粮食存售情况

对南昌县、信丰县、萍乡市、乐平市、樟树市等14个市县开展了专项调查。结果显示，一是各调查县2015年粮食产量普遍略有增长；二是安远、德兴、东乡、上高、武宁和玉山农户存粮同比分别上升7.8%、2.5%、10%、10%、14.7%和46%，以晚籼稻为主（图1-11）。袁州和信丰农户存粮同比持平，乐平基本销售完无存粮，樟树农户存粮同比略增，兴国县20%农户有少量存粮。三是受晚稻收割时持续阴雨天气影响，以及晒场、烘干设施和仓容限制，大多选择个体粮贩到田间地头、晒场收粮，省去运输、晾晒、筛选、收储等环节，但价格不理想，出现农民惜售且卖难现象。

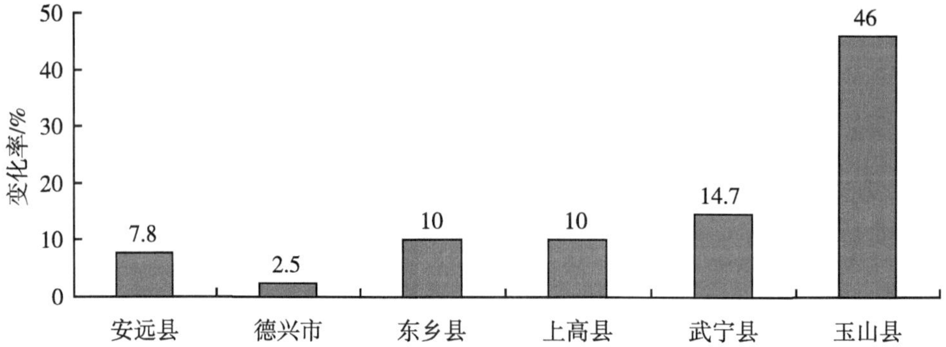

图1-11　2015年调查县存粮同比变化率情况

4. 原因分析

江西省农户手中待售的2015年晚籼稻余粮数量较往年偏高，其原因主要在于稻谷产量略增，粮仓库存高企，稻谷年度质量下降、价格下跌、农民惜售心理较强。

一是粮企仓容压力大，粮多仓少矛盾突出。天气原因使收割和品质受影响，粮库一方面因品质不达标拒收；另一方面除水、除杂过重，导致实际卖粮价远低于保护价。部分地区出现后期仓满停收，农户售粮不能就近出售，销售成本增加，农民交粮到粮站积极性不高。据粮食局数据显示，2015 年江西省早稻总收购量为 74.74 亿斤，同比减少 3.26 亿斤；中晚稻收购总量为 136.34 亿斤，同比减少 1.10 亿斤。

二是农户售粮主渠道单一，稻米销售不佳，加工企业收购量大大减少。受进口大米冲击，稻强米弱延续，加上 2015 年稻谷品质不好，出米率不好，加工企业获利空间已逐步萎缩，收购量大大减少。江西稻米加工企业普遍反馈近期市场上出现恐慌性抛售现象，导致稻米市场逐月走弱。

三是年前私人收购商收购价格低，种粮大户观望惜售情绪严重。不料年后行情更差，私人收购企业也很少收购或以低价收购，致使种粮大户亏损严重而继续等待。甚至出现部分地区（如万年信息员反馈）要找人求人收购稻谷。据调度，2015 年年底江西省晚籼稻价格在最低保护价支撑下，价格稳中小幅走低，私人收购均价为每百斤 132.54 元，同比下降 3.2%。至 2016 年 3 月底，价格在每百斤 110 元的价位运行；严重的如泰和县信息员反馈，每百斤 80 元的低价位，私人收购商仍然不积极，农民因价低惜售心理严重。樟树信息员反馈，年前私人收购商低价收购，但种粮大户低价惜售严重；不料年后稻米销售行情不好，加工企业不收粮；私人收购商也不会收购，连每百斤 100 元都没人要。如果价格还不能上升，受存储条件影响，农民只能选择在 2016 年 5、6 月低价抛售手中余粮，这个时间段又恰好是各地粮仓轮库的时间段，加之“去库存”的压力，将会导致稻谷价格进一步下跌。

（三）存在的主要问题

1. 稻谷价格下跌导致农民种植意愿降低

总体上，因市场看跌预期较为严重，小规模种粮农民仍然按照习惯种粮，但是合作社等新型经营主体较为犹豫。据调查，2016 年早稻种植意向基本稳定，中晚稻种植意向偏弱。粮价下跌一定程度上打击了 2016 年农民和新型经营主体种粮积极性。部分江西种粮大户调整了早、中、晚稻的种植比例，提高中稻的种植规模，相应降低了早晚稻种植规模。同时，据鄱阳、泰和、樟树等地信息员反馈，有不少农户较大幅度提高了常规稻种植比例，降低优质稻种植比例。

2. “谷贱伤农”，稻谷市场卖难问题抬头

我国粮食产量达6.21亿吨，实现“十二连增”，粮食库存量到达历史高位（超过5亿吨），粮食进口量持续增长，主要冲击江西和湖南市场，“谷贱伤农”，稻谷市场出现卖难问题。主因在于：一是结构性需求，高质量的粮食我国短缺，有的品种我们也缺，比如说大豆、面包粉；二是国内外价格差别的原因，国外的粮食确实比我们便宜，我们在粮食价格上不具备竞争力。

3. 粮食生产大户受晒场、烘干和仓容的制约大

据调查，近几年对种粮大县粮食产销存调查显示，家庭农场、种粮大户、农民合作社等新型经营主体普遍缺乏烘干、晾晒、仓储等产后配套设施。尤其像2015年晚稻收割期间持续低温阴雨，导致稻谷难以及时收割，收割后晾晒烘干也成难题，稻谷在晾晒和存储环节损失大。

4. 未来农业的竞争是品牌的竞争，江西稻米品牌“散、小、弱”现象突出

江西是粮食大省，稻谷产量位居全国第3位，中部地区第2位。然而，当前江西省稻米品牌“散、小、弱”现象突出，稻米品牌多而杂，但在全国叫得响的品牌非常少。未来农业的竞争是品牌的竞争，加强农产品品牌建设是推进农业供给侧改革的重要举措，势在必行。2015年在市场价格下行、普遍看跌预期浓重的氛围中，部分农户反映高质量、有品牌价值的稻米仍然是有销路的。如万年稻米有品牌、品质好，当地烘干、代储等社会化服务比较健全，稻谷品质受天气影响较小，稻谷收购受到的影响也较小。

四、2016年江西省早稻产销形势早期调查

为了解2016年江西省早稻产购形势及市场行情等情况，8月，课题组对南昌县、泰和县、鄱阳县、万年县、樟树市、安福县、上饶等地种粮大户、粮食经纪人和加工企业进行了调研。

（一）生产情况

总体来看，受超强厄尔尼诺影响，3月以来江西省频繁的强降雨天气对早稻晒田控蘖以及一季稻播种育秧产生不利影响，部分地区稻田时常被淹，部分地区病虫害偏重发生。尤其在6月，江西省暴雨过程多、降水强度大、累计雨

量大，部分地区水稻受淹偏重发生，甚至赣北有些地区（尤其是鄱阳北）绝收。如鄱阳北信息员吴洪卫无奈反馈到：他种植230亩早稻，7月只收割50亩，180亩两次受淹颗粒无收，只能忍痛全部打掉改种中稻，造成了严重的亏损。进入7月，早稻陆续收割，却逢接连下雨，不利早稻收割后晾晒、烘干、储存，只能忍痛低价卖湿谷。

2016年江西省粮食生产呈现以下特点：一是中稻种植规模增加，早稻面积总体稳中有降。部分种粮大户小幅提高中稻的种植规模，相应降低了早稻种植规模。主要原因在于市场行情不佳，雇工难且成本高，稻谷价跌卖难。二是常规稻种植比例上升，优质稻种植比例下降。主因在于对2016年形势预期较悲观，改种常规稻，一方面自己可以留种，不用购买优质稻种子，种子费可以省不少；另一方面产量也不怎么受影响，价格也差不多。三是受厄尔尼诺天气影响，强降雨恶劣天气频繁，赣北粮食产区受影响偏重。3月以来江西省雨水频繁，强降水一波接着一波，多地降水创出历史极值，洪涝灾害频繁发生。四是早稻总产量下降趋势判断不变，但调查早稻单产和总产量实际水平高于早前预判。鄱阳、万年等赣北地区因4—7月多轮强降雨恶劣天气袭击，水稻单产小幅下降。但是，据信息员反馈江西省其他大部分地区水稻单产持平略增现象较多。从实际调查结果来看，综合考虑早稻种植面积下降和超强厄尔尼诺天气对部分地区不利影响，预计江西省今年早稻总产量下降。

（二）销售形势

7月26日省政府召开全省早稻收购工作电视电话会议，部署早稻收购工作。经报国家有关部门同意，江西省于7月28日启动早稻最低收购价预案，价格为每百斤133元。

（1）与早稻收获时间相比，国有粮库收购时间严重滞后，部分地区仓容偏紧且挂牌价低于国家标准，对粮食市场稳定和提振作用大打折扣。据调查：江西省绝大部分地区国有粮库7月28日才陆续开仓挂牌收购，而早稻7月上旬就开始收割，多地信息员反馈稻谷都卖了50%~70%，更有甚者部分农户全部卖光，国有粮库还迟迟未开始收购，国有粮库和最低保护价制度对江西省粮食市场稳定和提振作用大打折扣。另外，据泰和信息员反馈：他们当地国有粮库收购时间较早，7月10日左右就挂牌收购，但挂牌价为每百斤128元，7月底又调至133元。樟树信息员反馈：他们那里7月28日国有粮库才开始收购，挂牌价仅为每百斤 126 元。

据省粮食局前期调度，江西省 2016 年早籼稻仓容缺口较大，全省预计收购 48 亿斤，现有可用空仓 31.7 亿斤，总量仓容缺口 16 亿斤。据调查，南昌县 2013—2015 年国有粮库早稻收购量分别为 3 亿多斤、2 亿多斤、1.5 亿斤，收购量逐年减少，主要原因之一就是仓容问题。目前仓容还能收购 7 000万斤左右，县里正在摸底调查，准备租用民间仓库。

（2）市场和天气双重不利影响下，早稻销售进度较快。截至 7 月底，大部分地区农户 50%~70%的稻谷已经卖完。其中樟树信息员何小牛、万年信息员聂金福以及鄱阳信息员吴正卫等反馈，他们已经将稻谷全部卖掉，且他们反馈当地早稻销售进度普遍很快。具体调查发现：2016 年早稻售卖进度快的原因在于，一方面收割期间天气不利，在缺乏烘干机和贮藏设施多重因素影响，只能无奈早早卖掉湿稻谷；另一方面国有粮库收购价下降，且迟迟未开始挂牌收购，绝大部分地区在 7 月 28 日后才开仓收购，部分地区加工企业倒闭，农户普遍预期稻谷价格呈下降走势。

（3）早稻收购价格下降明显，市场下行风向强劲。据各地信息员反馈，2016 年早稻每百斤收购价格普遍比 2015 年低 5~10 元，降幅在 6%~10%。相对而言，吉安地区稻谷私人企业收购价格比其他地区较高，普遍在每百斤 120~125 元。地区间早稻收购价差异很大，塔城信息员李亮无奈反馈到：他们那边加工企业倒闭较多，市场萧条，2016 年卖给私人企业稻谷价格每百斤才 110 元，且收购企业积极性不高，种粮积极性都没有了。如此低的价格，在近期天气燥热的高温下都没精力没心情卖粮。截至 7 月底，他已卖粮 50%左右。樟树信息员何小牛抱怨到：2016 年早稻产量虽然有所增长，但又有什么用呢。稻谷卖价太低了，收获时正值接连降雨，出售湿谷价格为每百斤 85 元，比 2015 年低 10 元。干谷出售价格也就每百斤 110~114 元。万年信息员黄秀峰反馈：2016 年他家稻谷每百斤才卖 120 元，2015 年卖 129 元。

早稻收购价格下降明显，市场向下风向强劲的主要原因在于：①2016 年国家公布早稻收购价每百斤下降 2 元，且国有粮库基本都在 7 月底才开始开仓收购，给市场带来下行风向逐步增强。②7 月中上旬水稻收割时期，恰逢接连降雨不利天气，因缺乏烘干设备和贮藏设施，据部分地区信息员反馈加工企业和大型点收购商有烘干设备，但基本不对种粮大户提供服务，且存在有烘干设备的加工企业和收购商趁火打劫式压低价格大量收购农户湿稻谷倾向。③近几年稻米加工企业不景气，部分地区还存在加工企业倒闭现象偏重发生，加重市场下行压力。④市场去库存信号及2016年国有粮库仓容偏紧信息在农村传播较快，造成一定恐慌心理，带来市场下行风向。

（4）部分地区出现加工企业难以收购到一手粮现象。据万年信息员平其兵反馈：2016年稻米市场不太景气，他家加工企业7月开工率才30%，只维持老客户。他购买了3台烘干机，只收购湿稻谷，而且早期以每百斤80元收购，很少收购干稻谷，收干稻谷赚得少划不来。然而，他收购的湿稻谷并不多。主要原因在于：一是万年很多种粮大户与企业直接签订订单，因此不会对外销售；二是加工企业在县城，无优势。他所在地区农村有多家“烘干与收购”一体化企业，在农村建简易仓，有成本低且离农村粮源近等优势，低价收湿谷烘干后再转卖粮库，赚取差价。

（5）市场反馈存在樟树等周边地区早稻收购后转卖到吉安加工企业，再转卖到广东、福建地区国有粮库。据樟树经纪人反馈：近几年，樟树国有粮库收稻少，往年只收早稻，中晚稻收得很少。2016年樟树国有粮库开仓时间7月28日才开始收购，挂牌价仅每百斤126元。前期存在大量私人收购企业收粮后，转卖到吉安加工企业现象。据信息员反馈，转卖到吉安的原因是吉安地区加工企业较多，尤其是省级龙头加工企业不少，加工企业大量收购。

据调查吉安地区部分经纪人和加工企业发现：加工企业开工率普遍不高，低于往年。而且这些加工企业仓容并不大，如此大量收购稻谷，稻谷究竟去往何处？深入调查发现：原来不少加工企业大量收购稻谷后（收购价每百斤127元），再卖原粮到广东、福建地区国有粮库。主要原因在于：一方面加工企业利用人脉关系，与广东、福建经纪人或国有粮库形成稳定交易关系，有渠道。更为重要的一方面是广东、福建地区每年有收购任务指标，但当地种粮不多而完不成任务。加上广东、福建地方财政财大气粗，有财力大力补贴国有粮库收购粮食、也亏得起，信息员反馈广东和福建国有粮库收购价格在每百斤138~140元（2015年每百斤148元，2016年有所下降），远高于江西省稻谷收购价格。

（三）建议

一是及时监测并预报不利天气预警信息。各级农业部门要加强与气象部门会商，密切关注持续天气变化，准确把握水稻生长发育进程，科学研判，通过12316短信平台、“江西微农”微信服务平台、广播电视、报纸等方式及时发布不利天气预警信息，做好防范各项准备。

二是重视水稻全产业链产销形势监测预警分析。一方面，在水稻产前—前中—产后各阶段定期对种植大户、加工企业、经纪人及国有粮库库容等情况进行监测预警，及时准确反映水稻生产状况及市场行情，调查分析产销形势，为相关粮食经营主体提供决策依据；另一方面，在恶劣天气作用下，及时做好预判和监测分析，以供相关决策部门提供决策依据。

三是切实抓好灾后农业生产恢复，抓紧修复水毁农田基础设施。针对大水过后田间养分流失较多的情况，及时增施肥料，促进作物正常生长发育。及时改种补种，对受淹损失较重甚至绝收的田块，改种补种生育期短、有市场需求的作物，同时要切实保证晚稻面积落实。要做好救灾备荒种子的调剂调运，保证灾后生产恢复需要。同时，结合划定永久基本农田和土地整治，支持灾区通过客土再造等措施，恢复耕作层。要利用高标准农田建设等项目资金，支持水毁农田修复，重点用于疏浚渠系，修复桥涵泵站和机耕道路等，为尽快恢复农业生产创造条件。

四是因地制宜，根据早稻收割时间，提前启动早稻最低收购价预案，以稳定和提振粮食市场。国有粮库要提前腾出足够仓容，做到国有粮库等粮，而不是粮等国有粮库。否则，极容易影响市场稳定，造成粮食经纪人和加工企业压榨种粮农户，尤其遇天气不佳，种粮大户晾晒、烘干和储存成困难时，收购商趁火打劫，农户无奈。

五、2016年江西省水稻产销情况调查

（一）水稻产业基本情况

2016年全省粮食播种面积5 529.3万亩，同比减少29.1万亩，减幅为0.52%，亩产386.7公斤，同比提高0.2公斤/亩，增长0.05%，粮食总产量427.6亿斤，同比减少2.1亿斤，下降0.49%，但仍连续6年稳定在410亿斤以上。主要粮食作物生产情况如下。

（1）早稻播种面积2 047.7万亩，较2015年减39.69万亩，降幅1.90%；单产383.8公斤，较2015年减5.2公斤，减幅1.34%；总产量157.2亿斤，较

2015 年减 5.2 亿斤，减幅 3.20%，近 5 年首次跌破 160 亿斤。

（2）中稻（一季稻）播种面积 636.86 万亩，较 2015 年增 37 万亩，增幅 6.18%；单产 468.87 公斤，较 2015 年增 3.53 公斤，增幅 0.76%；总产量 59.72 亿斤，较 2015 年增 3.9 亿斤，增长 7.0%。

（3）双季晚稻播种面积 2 290万亩，较 2015 年减 36.5 万亩，减幅 1.57%；单产 405.27 公斤，较 2015 年增 2.87 公斤，增幅 0.71%；总产量 185.6 亿斤，较 2015 年减少 1.62 亿斤，减幅 0.9%。

2016 年，江西省异常气候状况频发，对粮食生产造成了极大的影响。其中，受“厄尔尼诺”事件、暴雨天气和多雨寡照等不利天气影响，部分地区早稻病虫害偏重发生或受淹情况严重，有些地区甚至导致绝收，“双改单”现象增多也导致早稻产量和质量双降。中稻生产期间，全省气温、降水、光照均较为适宜，7 月底至 8 月赣北局地出现高温干旱，对中稻孕穗抽穗、灌浆结实有一定影响，中稻单产有所下降，9 月以来多晴朗天气，对已成熟中稻的收晒较为有利。晚稻播种以来，江西省光、温、水等天气条件对其生长发育总体较为有利。6 月中旬至 7 月中旬，江西省局部出现明显洪涝灾害，但对秧苗素质总体影响不大；7 月下旬至 8 月下旬江西省光热充足，加之前期蓄水充足，有利分蘖早生快发，晚稻长势总体较好；8 月江西省赣北部分水源不足地区出现干旱，对晚稻分蘖有不利影响。8 月 26 日至 9 月 20 日江西省气温略偏高，平均气温为 26.5~27.5℃，雨量略偏少，寒露风灾害风险相对降低，有利于晚稻抽穗扬花和后期灌浆成熟。

（二）籼稻价格走势及收购状况

1. 籼稻价格走势

（1）早稻。2016 年江西省早稻价格呈下行态势，至年底有所回升（图 1-12）。1—2 月春节采购年货期间，市场需求略旺，早稻价格走势平稳；3—7 月随着气温升高，加工企业普遍以销库存、维持渠道为主，腾仓收购，早稻价格跌至 1.30 元/斤；7 月 28 日江西省启动早稻最低收购价预案，早稻最低收购价为 1.33 元/斤，比 2015 年降低 0.02 元/斤，制约了早稻价格上涨，而且与早稻收获时间相比，国有粮库收购时间严重滞后，最低保护价制度对江西省粮食市场稳定和提振作用大打折扣，部分地区国有粮库早稻挂牌价低于国家标准，导致托市期间价格严重下跌；9 月 30 日早稻结束托市收购，10 月早稻价格跌至全年最低 1.29 元/斤。

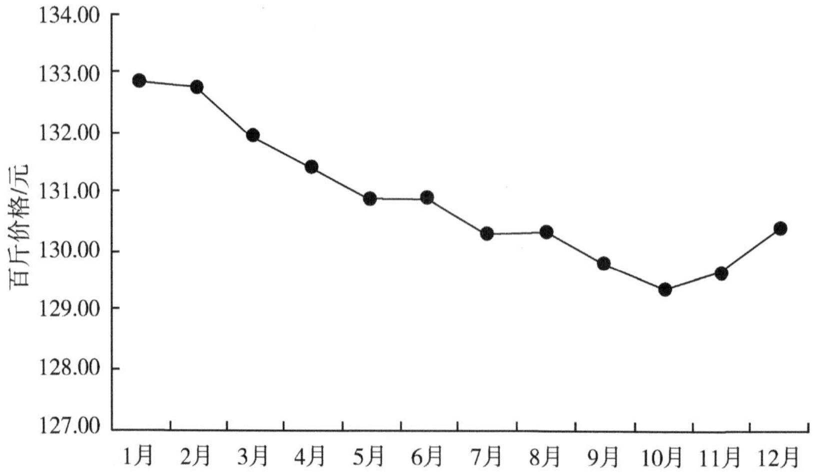

图 1-12　2016 年江西省早稻价格走势

（2）中晚稻。2016 年江西省中晚稻价格呈“U”形走势（图 1-13），两头高中间低，总体略有下降。1—9 月粮企收购中晚稻意愿不强，加上农民手上 2015 年积压的中晚稻库存多品质差，大部分地区存在卖难问题，中晚稻价格一路走低；10 月 24 日江西省启动中晚稻最低收购价预案，受销区年底增储补库到位，特别是湖北、安徽重要中晚稻产区秋季受灾等因素影响，大批省外企业委

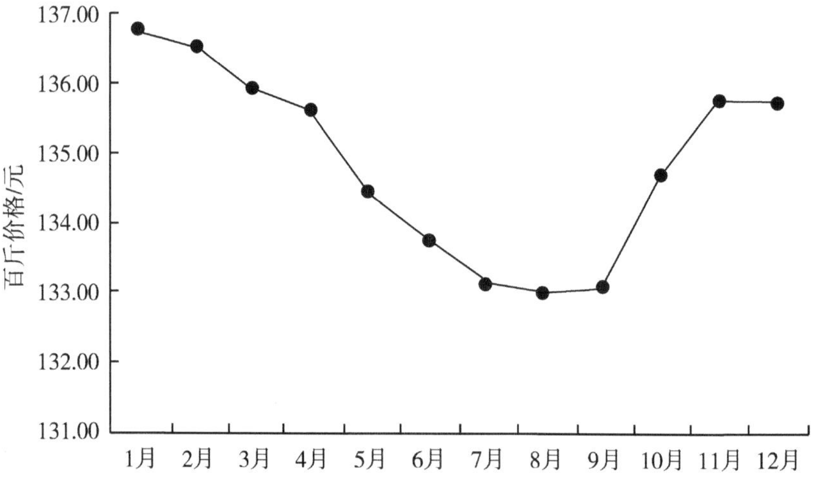

图 1-13　2016 年江西省中晚稻价格走势

托省内企业或直接进驻江西省市场，部分地区开始出现收不到粮、甚至抢粮的现象，加上农户惜售，稻米价格出现快速上扬，11 月涨至 1.36 元/斤。

2. 籼稻收购状况

（1）早稻销售进度快于 2015 年，托市收储库点减少。2016 年江西省于 7 月 28 日、10 月 24 日分别启动了早、中晚稻最低收购价政策（早稻每百斤 133 元，较 2015 年减少 2 元；中晚稻每百斤 138 元，与 2015 年持平）。以防出现农民卖粮难，江西省连续公布 3 批托市收储库点，全省确定了 414 个委托收储库点，比 2015 年减少 346 个，仓容紧缺。据省粮食部门统计，截止到 2016 年 8 月 10 日，全省早稻收购 27.7 亿斤，同比 2015 年增加 2.3 亿斤，其中国有企业收购 18.3 亿斤，同比减少 0.4 亿斤，社会企业收购 9.5 亿斤，同比增加 2.7 亿斤。

早稻购销特点：一是 2016 年早稻销售进度较快。一方面收割期间天气不利，受缺乏烘干机和贮藏设施多重因素影响，只能无奈早早卖掉湿稻谷；另一方面 2016 年国有粮库收购价下降，且迟迟未开始挂牌收购，绝大部分地区在 7 月 28 日后才开仓收购，部分地区加工企业倒闭，农户普遍预期稻谷价格呈下降走势；二是存在经纪人和加工企业趁机打压价格现象。在明知国有粮库未开仓收购，国内外粮食市场下压风向下，加工企业和收购商趁火打劫式将价格压得很低，农户根本无法选择，只能忍通将湿稻谷以每百斤 80～90 元不等低价卖掉，否则只能坐等稻谷发芽；三是部分地区仓容偏紧，存在异地卖粮甚至卖到广东、福建地区国有粮库现象。据省粮食局 5 月调度，江西省 2016 年早籼稻仓容缺口较大，全省预计收购 48 亿斤，现有可用空仓 31.7 亿斤，总量仓容缺口 16 亿斤。2016 年樟树国有粮库特别紧，空粮仓少，需排上好几天队，且 8 月底国有粮库就因仓满停止收粮。并且不少加工企业以每百斤 127 元的价格大量收购稻谷后，再卖到价格远高于江西省稻谷收购价的广东、福建地区国有粮库。

（2）中晚稻购销顺畅，未出现卖难问题，部分农户存在惜售现象。截至 2017 年 1 月 11 日，全省收购中晚稻 57.2 亿斤，同比增加 3.2 亿斤，其中：国有收购 24.3 亿斤，同比减少 1.8 亿斤；其他企业收购 32.9 亿斤，同比增加 5 亿斤。2016 年中晚稻收购多于 2015 年，主要原因：一是许多企业配置了粮食烘干设施，故企业收购粮食对水分的要求有所放宽，大批高水分粮得到收购；二是民营企业收粮积极性较高，收购期内已累计收购中晚稻 32.9 亿斤，同比增加 5 亿斤，兼有湖北、安徽受灾，大批外省企业来江西省增储补库，分流了部分粮源。

中稻购销特点：一是中稻购销进度基本正常顺畅，不存在卖粮难问题，但同比略慢于2015年。一方面原因在于天气原因收割滞后，另一方面原因在于2016年每百斤价格普遍下降5~10元，低于农民预期，部分农户存在惜售心理。二是部分地区存在价低，且下乡收购人少现象。如鄱阳县信息员王洪卫、张良桂反馈，鄱阳收购人比往年少，国有粮库已开，但仓容小，粮库开得不及时，应“仓库等粮，而不是粮等仓”，往年安徽会有人来收购，2016年也变少了。泰和信息员郭龙华反馈10月底晚稻收割10多亩，稻谷库存家中未卖，一方面地处山区，私人收购企业要达到一定量（10吨）时才会来收购，另一方面觉得价格低卖掉划不来，本身就减产。三是收购过程中存在一定压价、赊账、烘干稻谷偏见现象。蒋巷信息员反馈私人农户卖加工厂，会以品种、质量各方面压价，而收购商量大且长期和加工厂合作，压价情况少。信丰信息员谢焕荣反馈中稻不存在卖粮难问题，直接卖给加工厂，但钱要欠到年终才结，会影响种粮大户资金周转。卖国有粮库有困难，检验太严格，尝试过，但因光泽度和碎米粒多拒收。万年经纪人陈教田无奈苦恼反馈到自己收购的粮食卖不出去。国有粮库开仓，但不收购收购商自己烘干的粮食，理由是某些指标超标，但往年会收（收购期间，阴雨天气较多，湿谷无法晾晒，必须得用烘干机，但2016年加工厂和粮库对烘干的稻谷有偏见）。

晚稻购销特点：一是2016年晚稻卖湿谷（半湿谷）普遍，收购价格略低于2015年。国有粮库虽然挂牌价是每百斤138元，但是农户实际到手价格要低于这个价格。根据稻米全产业链信息员调查，收割季节受晴少阴雨多天气影响，卖湿谷或半湿谷普遍，且水分不一，与2015年难以具体比较，但总体价格偏软，有所下降。二是晚稻购销进度整体快于2015年，总体不存在卖粮难问题，少部分农户存在惜售待涨心理。2016年晚稻购销进度整体快于2015年的原因在于，一方面，2015年江西省受极端不利天气影响，晚稻收割季节持续低温阴雨，甚至12月农户还有稻谷未收割，收割后又无法晾晒，烘干设备不足，烂谷霉变现象也导致稻谷整体不好卖；另一方面，2016年天气虽收割前期也不是很好，但2016年江西省各地新增了不少烘干厂，包括加工企业也增设了烘干设备，农户稻谷基本能实现即收即卖，卖湿谷比例大幅增加。少部分农户存在惜售看涨心理，原因在于2016年整体售粮价格低于2015年，但后期有所回升。

（三）促进江西水稻产销的建议

（1）制定补贴政策，探索耕地轮作休耕制度试点，实现“藏粮于地”。长期以来，耕地开发利用强度过大，一些地方地力严重透支，水土流失、地下水严重超采、土壤退化、面源污染加重已制约农业可持续发展。现阶段，江西省粮食库存增加较多，仓储补贴负担较重。利用目前国内外市场粮食供给宽裕的时机，在江西省部分地区实行耕地轮作休耕，既有利于耕地休养生息和农业可持续发展，又有利于平衡粮食供求矛盾、稳定农民收入、减轻财政压力。

建议：实行耕地轮作休耕制度，可以根据财力和粮食供求状况，重点在地下水漏斗区、重金属污染区、生态严重退化地区开展试点，安排一定面积的耕地用于休耕，对休耕农民给予必要的粮食或现金补助。开展这项试点，要以保障粮食安全和不影响农民收入为前提，休耕不能减少耕地、搞非农化、削弱农业综合生产能力，确保急用之时粮食能够产得出、供得上。

（2）推行粮食生产供给侧结构改革，结合休耕政策，实施结构调整。目前，江西省水稻种植仍以普通稻种为主，而随着人们生活水平提升，粮食消费结构逐步向高端延伸，一些优质品种如‘红星丝苗’‘黄华占’等日益受到消费者青睐，收购价较常规品种高30%左右。据调查，近20年，我国粳米的人均年消费量已从35斤增加到60斤以上，籼米的消费比例则由85%下降到70%。

建议：对稻米产业进行供给侧结构性改革，利用国内外谷物产大于需以及江西省粮食库存充盈的难得机遇期，推进农业战略结构调整。一是实施比较优势战略，抓好水稻种植结构调整，压籼扩粳，压常规稻、扩优质稻。通过调整粮食供应结构，提高粮食产出质量和效率，用创新产品去唤醒消费，去满足新的消费需求。二是突出江西绿色生态优势，加快江西省稻米优质品牌建设。扶持水稻深加工，延长产业链条，发展与稻米相关的观赏休闲旅游业、商贸物流业、生产性服务业、绿色餐饮产业等融合，实现“三产融合”发展，做优江西“特色绿色生态”品牌，提升江西省稻米产业附加值、竞争力和影响力。逐步实现由“卖原粮”到“卖绿色品质深加工稻米产品、卖文化、卖品味”等的转变。

（3）大力扶持粮食仓储、烘干等设备建设，提高粮食烘干社会化服务水平，实现“藏粮于民”。通过调查发现：江西省家庭农场、种粮大户、农民合作社等新型经营主体普遍缺乏烘干和仓储等产后配套设施。在收割期间遭遇持续强降雨天气，稻谷收割难晾晒烘干更不易。

建议：加大粮食产后配套设施扶持力度。一方面在国有粮企仓库配备烘干设备，在天气不好时，大户收割稻谷后直接送到粮企烘干，达标后直接交售粮库；另一方面，提高粮食烘干社会化服务水平，支持加工企业、土地托管公司等主体增加烘干设备，在不利天气时为农户提供烘干服务；再则应加快新型经营主体仓储设施建设进度。大幅增加烘干设备购置补贴额度，以专项补贴、贷款贴息等方式支持储粮设施建设，既促进农民择机售粮、增加种粮收益，又实现“藏粮于民”，为国家粮食安全构筑一道新的屏障。

（4）扶种植技术，降成本，实现“藏粮于技”。“两板挤压、双灯限行”困境下，要提高种粮效益，提升农民种粮积极性，只能从种植成本上下功夫。近年来，江西省的水稻种植成本一直成推高态势，劳动力成本刚性上涨成主因。

建议：一是大力推进机械代替人工，据调查水稻种植机械化要比人工节本增效30%左右；二是大力提升大田物联网等信息技术应用水平，报告显示，智能化带来节本增效普遍在15%~30%；三是通过土地流转和集中，推进水稻适度规模经营，实现规模经济效应；四是加强耕地质量建设，建设高标准农田，而且要推广高新技术。

（5）加快建立粮食主产区利益补偿长效机制。粮食主产区对全国粮食生产贡献突出，但经济发展水平、城镇化、工业化水平相对落后，特别是基层政府财力薄弱，仅为全国平均水平的83%。而粮食主销区的财政状况要远远优于粮食主产区。

建议：对粮食主产区进行利益补偿。一方面要加大均衡性转移支付力度，完善县级基本财力保障机制；另一方面应逐步建立销区对主产区的利益补偿机制；同时，要增加产粮大省奖励资金规模，研究奖励资金与粮食调出量挂钩。再者继续强化强农惠农富农政策，农业补贴向粮食主产区和新型经营主体倾斜。针对自然和市场双重风险，鼓励农业保险公司设计提供多层次多元化的农业保险产品，试点天气指数保险和粮食目标价格保险，探索“保险+期货”融合型保险产品的适用性，供传统农户和新兴经营主体自主选择，国家加大对农业保险保费的补贴力度。

第二章　江西省水稻产业发展调查（2017）

党的十九大报告指出我国经济已由高速增长阶段转向高质量发展阶段，必须坚持质量第一、效益优先，深化供给侧结构性改革，把提高供给体系质量作为主攻方向；要确保国家粮食安全，构建现代农业产业体系、生产体系、经营体系，促进农村一二三产业融合发展。2017 年中央一号文件指出农业的主要矛盾由总量不足转变为结构性矛盾，要深入推进农业供给侧结构性改革，加快培育农业农村发展新动能。江西省坚持新发展理念，以绿色发展为导向，以结构调整为重点，以改革创新为动力，着力培育新动能，打造新业态，扶持新主体，探索新模式，拓宽新渠道，着力做好粮食供给侧结构性改革这篇文章。

第一节　破解江西省耕地集中连片规模经营难题对策思考

2017 年中央一号文件《中共中央、国务院关于深入推进农业供给侧结构性改革加快培育农业农村发展新动能的若干意见》提出大力培育新型农业经营主体和服务主体，通过经营权流转、股份合作、代耕代种、土地托管等多种方式，加快发展土地流转型、服务带动型等多种形式规模经营。随着农村经济社会发展多元化，耕地出现分化农户的生产、经济和保障功能，土地流转由潜在需求变为现实需求。耕地规模化经营既是生产力发展必然要求，也是实现农业现代化的现实选择。

一、江西省耕地集中连片规模经营现状与有利条件

（一）整体现状

江西地貌以丘陵、山地为主，且人多地少是江西省基本省情，据第二次全

国土地调查数据显示：江西省人均耕地 1.04 亩，比全国人均 1.52 亩少 0.48 亩，较 1996 年第一次调查人均耕地 1.09 亩略有下降。当前，江西省耕地细碎化问题依然严重，地块分布碎散小，如江西安福县 A 农户 10 亩耕地分布在不同方位共 17 小块。因此，集中连片规模经营水平不高，管理粗放，阻碍江西现代农业发展。

如表 2-1 所示，①当前江西省种粮大户分布乡镇占比高达 74.6%，其中赣州、萍乡地区种粮大户分布率相对较低，分别为 24%、70.2%。②江西省种粮大户分布村占比低至 3.6%，从侧面反映，江西目前种粮大户以青壮年为主，而留守江西农村的普通农户仍以老龄人口为主，且兼业化现象较严重，农业生产以自耕为主。③江西省农业正向适度规模经营转变。从 2013 年和 2015 年种粮大户户数对比可知，全省种粮大户户数整体下降 4.2%，而全省粮食作物播种面积从 2013 年 5 536.275万亩升至 2015 年 5 558.4万亩，说明随种粮补贴政策和种粮规模效益提升，江西种粮大户平均经营规模有所提升，正向适度规模经营转变。

表 2-1　2015 年底江西省种粮大户分布情况

市县名称	大户分布乡镇数	总乡镇数	分布乡镇占比/%	大户分布村数	总村小组数	分布村占比/%	种植大户户数	2015 年大户与 2013 年对比/%
南昌市	78	78	100	720	9 658	7.5	4 592	-12.0
景德镇市	36	39	92.3	274	4 016	6.8	888	-50.9
萍乡市	33	47	70.2	151	9 539	1.6	223	-36.5
九江市	162	181	89.5	811	23 765	3.4	2 154	45.9
新余市	26	26	100	180	3 797	4.7	461	-1.9
鹰潭市	33	33	100	316	4 033	7.8	1 178	-28.8
赣州市	68	283	24.0	246	49 112	0.5	598	-28.3
吉安市	162	214	75.7	1 081	26 551	4.1	3 515	32.1
宜春市	151	159	95.0	1 035	26 162	4.0	3 338	132.0
抚州市	133	153	86.9	982	17 429	5.6	5 005	-3.5
上饶市	162	187	86.6	1 339	25 859	5.2	6 305	-24.9
江西省	1 044	1 400	74.6	7 135	199 921	3.6	28 257	-4.2

注：数据来源江西省农业厅和《江西统计年鉴》，种粮大户标准为种植 50 亩以上。

（二）有利条件

1. 土地确权流转工作居全国前列，土地流转服务平台基本成型

截至2016年9月，全省农地确权证书到户率达95.7%，居全国农地确权登记颁证工作前列。全省搭建11个市级、102个县级、1 454个乡级农村土地流转服务平台，建设市县乡三级农村综合产权交易中心。全省农村承包土地经营权流转面积达1 150.2万亩，流转率为36.2%，超过全国平均水平3个百分点。

2. 新型农业经营主体逐步壮大，农业生产性服务水平稳步提升

截至2016年10月，江西省农民专业合作社共4.73万家、家庭农场2.7万家、种粮大户2.83万户，较2013年分别增长42.9%、184.2%和112.1%；省级以上龙头企业890家、农业社会化服务组织10万个，较2013年分别增长15%和42.9%。兴起以江西绿能公司为代表的土地托管服务模式。

3. "现代农业示范园区"建设加速，园区示范引领作用凸显

江西省创新提出"四区四型"园区建设路径，且2017年3月，江西省提出力争到2020年创建200~300个现代农业示范园，国家现代农业示范区基本实现农业现代化。在现代农业示范园区内率先实现农业现代化，带动全省农业和农村发展，凸显园区先行引领作用。园区内农村承包土地经营权流转率达55%，高出全省平均水平18.8个百分点。截至2016年10月，江西省累计创建11个国家级、66个省级现代农业示范区、112个示范核心园。其中，入驻核心园区的省级以上龙头企业360家、农民合作社6 200家、家庭农场5 800家，分别占全省总数的40.4%、13.1%和21.5%。

4. 工业化、城镇化率快速推进，农业转移人口增多

在工业化、城镇化建设推进背景下，农村劳动力向城市转移是现代化发展过程中的必然趋势，这为土地流转创造有利条件。2015年江西省城镇化率达51.6%，新增农业转移人口落户城镇200万人，年均增40万人。且在"十二五"期间建筑业吸纳农村就业人员超过200万人。城市规模迅速扩大，吸引越来越多农村人口转移城镇。土地报酬递减规律存在，使得定量的土地可供养的人口有限，加速人口从第一产业分离。如今农村有限土地与不断减少的人口，有利于土地集中至种植大户、专业合作社手中，实现农地资源优化配置。

二、江西省耕地集中连片规模经营现实困境

1. 农业经营主体散小，耕地碎片化严重

据统计，2016年江西省农业户数约864万户，其中种粮大户2.8万户、家庭农场2.7万户、规模合作社4.7万户及普通农户853.8万户，分别占比0.32%、0.31%、0.54%和98.82%。由此可知，小农户式家庭经营仍是江西省农业经营主体。另据调查，江西省耕地碎片化严重，1亩以下居多，难以形成规模经营。

2. 农村基层组织弱化，土地流转协调不力

调查发现，由村委会等基层组织介入协调的土地流转，交易成本及违约风险小，且易实现集中连片经营。然而，随着大量农村劳动力弃农务工，江西农村“空心化”现象普遍，农村基层组织弱化，土地流转协调不力。据调查，目前仅赣州、鄱阳、九江、樟树等少部分地区村组织会介入协调土地流转与整理问题。

3. 土地流转合同签订复杂、期限短，耕种“短期行为”偏重

据调查，江西耕地亲戚间帮种、非正式口头协议普遍，而正式土地流转合同期限较短（普遍1~3年）、交易成本高，严重降低耕地经营效率，承包户耕种“短视行为”严重，过分追求短期收益，忽视土地资源可持续发展。如万年县种粮大户黄某承包800亩耕地，租赁于十多个农户，合同大多年签，且存在违约风险，违约后承包耕地更难集中连片。且某些出租农户要求共享每亩50元规模种植补贴，否则涨租或毁约，这些极大影响国家种粮补贴政策效果。

4. 田埂打破与耕地连片难，制约农业现代化发展

据调查，除赣州、泰和、樟树等地可协商去除田埂外，绝大部分地区农户担心合同到期后耕地界限不明产生纠纷，不允许破坏田埂，带来耕地资源利用不充分、先进农业技术和机械化运用受限等问题。同时，部分江西种粮大户耕地难以集中连片，主要原因，一是价格或亲戚关系等因素使普通农户将土地流转给不同种植大户；二是农业机械化等社会化服务水平提升，兼业农户和老龄农户普遍，耕地处在种粮大户相对连片的耕地之内；三是农民进城务工存在波动和反复性，或因务工年龄受限被迫返乡，出于生计和生活保障考虑不愿流转

耕地，以备失业后回乡务农；四是即使田荒（甚至种树）也不流转，且撂荒也鲜有惩罚措施。

三、实地探索、成效与启示

1. 江西绿能公司——“土地托管”实现耕地连片规模经营

大田托管是农户在土地经营权不变情况下，由公司提供产前、产中、产后优质服务，农户支付服务成本。近年，江西绿能公司采取“全托管”、“半托管”、土地流转 3 种方式，为农民量身定制“种粮套餐”。公司既可提供从种子、农药、化肥、农机、烘干和销售一条龙全程托管服务；也可由农户“点单”，提供技术指导、机械化耕种与收割、测土配方、科学施肥、稻谷烘干、储存和销售等相应服务的半托管式服务；农户还可将耕地流转给公司，2016 年公司流转土地达 2 万多亩，托管耕地 3 万多亩。同时，江西绿能公司以自身做担保为农户提供“绿农兴义贷”业务。2016 年，首批通过银行审批获得贷款者 19 名，贷款总额达 285 万元。江西绿能公司“土地托管”模式既有效破解“谁来种地”“怎样种地”难题，缓解老龄化问题，又提高了科学种田水平，增加了农户收入，推进农业现代化发展。土地托管模式下农户相比传统模式农户水稻种植亩均成本节约 50~60 元，利润相应增加。

2. 安徽蒙城县的互换并块“一块田”改革试点

2010 年，安徽蒙城县小辛集乡李大塘村开展农村土地“一块田”改革试点。通过农户协商，互换并块，使各农户承包的土地集中成块，由原先块均一亩地或几分地，转换为块均 5~7 亩，少数地块突破 30 亩，为农田水利基础设施建设提供良好条件。同时减少垄沟、水渠、生产道路等占地，整理荒地、闲置地，增加了土地面积。如丁堂村开展“一块田”试点后增加土地 780 亩，增幅 15%。此外，“一块田”减少土地流转协商谈判量，加速土地规模经营。截至 2015 年 4 月，蒙城县 95% 村民开展“一块田”改革试点，流转面积 1 000~5 000亩的经营大户 23 家，100 亩以上家庭农场 300 多个。推动农业产业结构优化，建成国家级养殖示范场 1 个，现代农业示范园区 6 个。

3. 江西修水县的“确权确股不确地”改革试点

修水县黄溪村从 2009 年开展“确权确股不确地”承包经营权流转实践。以村小组为单位确定耕地所有权，以户为单位明确各农户拥有耕地承包经营权的份额，但不确定具体地块，实行承包权和经营权分离，承包权归农户拥有，经营权则转化为股份，依据自愿、有偿原则，统一流转至村委会，村委会遵循优先本组村民、打破组界的原则，集中成片流转，规模经营，承包者直接与村委商谈并签订流转合同，确保流转长期有效，激励承包者增加投入，改善耕地条件；流转费由村委、村小组、承租者三方依耕地质量协商确定，由承租者付给村委，再通过村委支付给村小组，年底以组为单位按人口采取股份分红，分享了现代农业发展成果，节省了分户划地成本，实现了农户耕地承包经营权保值增值。同时，推行“确权确股不确地”后，黄溪村再未出现违法建房和葬坟现象，实现农村土地资源管理从“被动整治”向“主动遵循”转变。

4. 启示

通过对上述3种模式探索，得出如下启示，一是应坚持家庭联产承包制不动摇，保持农户土地经营面积不变为前提；二是充分尊重农民意愿，激发农民的积极性和自治意愿；三是出台相关政策支持农村基层组织引导协调作用，多部门协同治理，建立支持服务机制；四是通过土地托管等方式推进耕地连片规模经营，提升现代农业水平。

四、破解江西省耕地集中连片规模经营难题的对策

1. 深化确权工作，科学有序推进土地流转

全面推进农村土地确权工作，给农民“确实权、颁铁证”。地方政府应大力加强引导土地流转工作，谨防地方政府变引导为主导，破坏市场规律。健全土地流转经营服务工作机制，建立共赢土地流转方式。同时，针对土地确权和流转进程中因历史遗留、外来人口、边界不清等复杂纠纷和矛盾：一要保障土地流转的基层组织自主权。二要建立土地流转的仲裁机构。三要完善土地流转服务平台和农村综合产权交易中心。

2. 多部门协同治理，创新引导激发农民积极性与能动性

农民是推进农业规模经营的主体力量，必须始终尊重农民意愿。

（1）加强农村基层组织作用，开展体验教育，激发村民自治意愿。充分了解群众和基层干部意愿，组织村干部和农户代表“互换互助并块”“确权确股

不确地”“土地托管”等模式改革成功地区实践学习，深化农民理解，激发村民自治意愿。

(2) 树立典型示范，总结推广模式。安徽蒙城县等地实践表明，缺少上级政策、环境支持背景下，基层换地动地易引发矛盾，且互换并块受限。因此，政府应出台相关政策，做好顶层设计并高位推动，成立耕地“互换并块”工作领导小组，开展试点，树立典型示范，实现全面推进。

(3) 多部门协同治理，建立支持服务机制。实现集中连片适度规模经营是系统工程，关系全体农户，涉及问题多、难度大。政府有关部门应全力协同治理，强化激励政策措施，建立支持服务机制。如农业部门应夯实农业基础设施建设；国土部门对拆除田埂和调整田块致集中连片的，按亩予以奖补；科技部门应搞好科技支持服务；财政部门应提供经费支持和必要奖励等。

3. 充分尊重农民意愿，因地制宜采用集中连片规模经营模式

以农民为主体，以村组为单元，不搞统一模式，赋予基层充分自主权。

(1) 借鉴“互换互助并块”经验，统筹划定农户自愿耕种区域。农村基层组织引导、协调和帮助农户以互换并地方式将原有零星分布土地归并整合，打破田埂，将农户承包零碎分散土地整合为集中成片耕地，并确权颁证。但是，针对继续从事耕种农户，应统筹规划区域。消除耕地集中连片障碍，实现按户连片耕种。

(2) 推行土地托管模式，探索承包农户与新型经营主体“共享土地经营权”。当前，全国各地通过合作或购买服务等方式，以承包农户与新型经营主体共享土地经营权为特征的规模经营模式在实践中发挥重要作用。具体做法，一是大力发展农业生产性服务业。推行“生产在家、服务在社”专业合作、“全托管”、订单式“半托管”等服务型规模经营模式；二是针对不具备农业人口转移进城条件的欠发达地区，大力支持共享土地经营权发展。对采取购买服务等方式与新型主体共享土地经营权的承包农户给予政策优惠。在农机购置、仓储设施建设等方面，对服务规模达标的新型经营主体给予更多优惠措施。三是对具备农业人口转移进城条件的发达地区，引导共享土地经营权流转走向，实现更高层次农业规模经营。鼓励供销合作社等社会机构为承包农户提供各类服务。

4. 大力培养本地新型经营主体，加强耕地流转农户保障

一方面，针对农地流转关系型取向特点，应大力培养和鼓励农村土地经营权向本地新型农业经营主体有序流转，实现适度规模化经营。调查发现，江西省农地流转情感性市场特征明显，即亲友邻居间土地流转相对容易且稳定，外地承包者进入较难。另一方面，应重点加强耕地流转后农户保障。确保农民安心转让土地经营权，调动农民参与土地流转积极性，需要国家建立完善社会保障体系。如对流转农户职业技能培训；协商承租大户优先聘请本地耕地流转农民；深化“百县百园”工程建设水平，提升现代农业园区引领示范效果，吸引龙头企业入驻，优化农业产业结构，实现农业品牌化、特色化和集约化发展，促进农民就业增收。

第二节　推进江西规模农业发展的对策思考

规模发展是发达国家的成功经验，也是我国新时期加快现代农业建设、统筹城乡协调发展、解决“三农”问题和全面建设农村小康社会的重要途径。从国际形势看，规模农业是实现农产品生态安全的基础及有效应对国外农产品冲击的方式。从国内环境看，规模农业是解决城镇化进程中“谁来种地、如何种地”问题的有效途径。中央多次强调“发展多种形式规模经营”，并将规模经营确立为引领我国当前及未来一段时间内现代农业发展的正确方式。江西规模农业历经多年发展，形成了三大类型并取得良好效果，但也面临诸多问题。唯有正视问题，找到有效路径，才能更好地实现规模农业“强农兴农”目标。

一、江西规模农业发展的主要类型

近年来，伴随着土地流转的快速推进，家庭农场、专业合作社和农业产业化企业等农业规模经营主体以及农业社会化服务组织不断调整壮大，推动着江西规模农业发展。据统计，截至 2017 年，全省农村土地承包经营权流转面积约 1 301.3万亩，流转率为 40.5%；家庭农场 3.82 万个，加入农民专业合作社农户 6.42 万户，规模（销售收入 500 万元）以上农业产业化龙头企业数量 5 223 个，各类经营性社会化服务组织超过 10 万个，托管服务总面积 1 006万亩，综合托管率达 18.4%。

依据农户、土地流转组织、企业参与程度，江西规模农业大致可分为土地集中型、服务协作型、共享经营权型等3类。

土地集中型的主要特点是把土地集中起来，由一个独立的主体进行生产和经营决策。根据土地流转组织不同，主要有3种形式。一是通过个人流转土地。主要表现为专业大户、家庭农场获取土地扩大经营规模。二是通过村集体流转土地。2015年江西被列入土地确权登记颁证试点省份后，大力推进“确权确股不确地”的“三权分置”土地模式，实现了耕地承包权与经营权的分离，为耕地流转提供了产权基础。业主直接与村委商谈，签订流转合同，可以确保相对稳定的流转期限，更易形成规模经营，并激励企业增加投入。据调查，江西欣宁蚕种科技有限公司选择落户于区位优势并不明显的修水县黄溪村，正是因为公司仅需与村委签订土地流转合同，且流转期限长，省去了与各家各户谈判成本。这种方式更易实现土地连片流转、机械化操作和规模经营，在江西多地广泛采用。三是通过土地流转合作社流转土地。不管是土地流转还是续租土地，只要跟土地流转合作社联系即可，由合作社代替分散的农民寻找土地需求者，提高了土地流转效率，降低了土地流转交易费用。例如，安义县构建了江西第一家土地流转合作社，建立了土地流转信息化网络交易平台以及土地流转价格评估、政策保障、监督服务3个体系。

服务协作型，又被称为农业生产托管或“土地托管”，在确保拥有土地承包经营权前提下，农户将耕、种、管、防、收等全部或部分农田作业交由农业生产性服务组织统一管理。这种类型的特点在于：一是服务组织不需要支付土地租金，反而可以向农户收取作业服务费，规模经营的资金压力更小；二是规模经营的风险仍由众多农户分散承担，可以避免农业风险过度集中；三是农户仍然保有承包经营权，迎合了部分农民的“恋土情结”，更容易被农户接受。这种类型在农业社会化服务程度高的区域发展较快，基本上实现了从种到收的服务一体化。例如，江西绿能公司采取“全托管”“半托管”方式，为农民量身定制“种粮套餐”。农户也可“点单”，公司则“照单”提供技术指导、机械化耕种与收割、测土配方、科学施肥、稻谷烘干、储存和销售等半托管服务。2017年，江西绿能公司托管耕地达到3.55万亩。再如，江西崇仁县新绿洲农技服务有限公司，从事集中育秧的“半托管”服务和涉及机耕、机防、机收、烘干全程的“全托管”服务。公司统一采购杂交水稻品种，早晚稻用种量

3.6斤/亩，比一般农户节约用种量15%~20%；批量采购价格优惠10%，且能保证种子质量；机插服务收费每亩120元，只有人工栽插费用的50%；与抛秧相比，秧棚育秧还可节约秧田50%。2017年，公司育秧托管服务拓展到万亩，涉及10个乡镇。

共享经营权型实质是农户自愿把分散的土地集中起来，把分散的经营整合起来，通过众多小农户联合与合作促进规模化发展。可分为专业合作社带动、产业化经营带动两种具体模式。专业合作社带动模式表现为由农民专业合作社为入社农户提供产前、产中和产后服务，实现农业生产。例如，高安市久洋农机专业合作社、安义县绿能机械服务合作社、安义县金果农机服务专业合作社。农业产业化经营带动模式，以产业化龙头企业为依托，龙头带基地，基地联农户，使各具特色的优势农产品形成区域性的主导产业。订单农业即属于此种模式。目前，江西省农业农村厅依托“优质稻产业发展工程、绿色高质高效创建、稻米区域品牌创建”等项目，促进种子企业、种粮大户、加工企业之间相互对接，引导农户与企业签订种植收购优质稻订单，提高产销对接精准性，帮助农户实现“优粮优价”。

二、江西规模农业发展面临的主要问题

1. 农业龙头企业的带动能力还比较弱

目前，江西尚没有超千亿的农业龙头企业，农产品精深加工的企业占比低、规模小、加工能力弱，与农户间的利益联结机制不畅，政府的支持力度不够，有效资金投入少，技术落后，整体实力不强，对规模农业的带动作用还比较弱。2017年，省级农业龙头企业865家，规模以上农产品加工企业主营业务收入5 979亿元，位列全国第12位，与全国排名第一的山东33 791亿元相比，差距明显。

2. 农业社会化服务组织引领小农能力不足

随着规模农业的快速增长和非农就业率的持续上升，“统分结合”的中国特色社会主义小农经济受到了诸多约束。农业社会化服务组织的发展在一定程度上破解了束缚小农经济发展的约束条件。然而，当前诸多农业社会化服务组织多为自发生长、粗放发展，缺乏规范的管理制度，多数服务组织尚未形成规

模化，在机械化服务、农业科技服务、合作金融服务和市场购销服务等方面难以引领小农发展现代农业。

3. 发展传统规模农业的利益驱动不够强

农业不同于其他行业，属长线投资。投资人作为理性经济人，力求资本投入利益最大化。因此，更多的投资人将资本集中投入在“小农业”范畴，即短频快产业，如蔬菜、花卉、水果等领域。而对“大农业”，即传统产业，如粮棉油的资本投入少，主因在于市场化进程加速下，其投入产出比持续走低，无法与“小农业”或其他行业相比。从实际情况来看，江西棉油播种面积快速缩减，棉花播种面积从2009年的7.551万公顷缩减到2017年的6.9万公顷，油菜籽播种面积由2009年的53.849万公顷调整到2017年的50.906万公顷；稻谷面积基本持稳，但种植结构逐年调整，表现明显的是早稻播种面积由2009年的140.08万公顷缩减到2017年的127.921万公顷。

4. 土地的流转与适度集中还不通畅

一是小农家庭经营仍是江西农业经营主体。据统计，2016年全省农业户数约864万户，其中，普通农户853.8万户，占比高达98.82%。二是土地流转费用过高。全省平均地租400元/亩，部分种植效益较好的区域，地租高达1 000元/亩。过高的流转费用拉低了农业经营利润，限制了规模经营。三是退租或“跑路”现象突出。近两年，农产品价格大幅走低，尤其是种粮大户面临严重亏损，减小经营规模的“退地”现象和拖欠流转费用甚至“跑路”的问题比较突出。四是土地的细碎化格局限制了田块集中。据第二次全国土地调查数据显示，全省人均耕地1.04亩，比全国人均1.52亩少0.48亩。由于农村承包地分配时追求绝对公平，导致承包地的分布非常零散。据调查，全省多数农户家庭1亩承包地大致分为3~5块。由于存在较高的交易费用，从实践角度上通过农户之间的调换田块使细碎化的田块达到集中连片难以实现。

5. 面向规模农业的金融扶持及服务乏力

一是经营权抵押存在抵押物有效性和处置难题。目前，江西省农业农村厅在10个试点县（含市、区）开展农村综合产权交易市场建设，设立县乡两级农村承包土地经营权抵押贷款服务，允许业主以流转而来的土地经营权抵押贷款，在其违约时，金融机构有权将土地经营权流转出去，用流转收益偿还贷款本息，期满后再把经营权返还给农户。但实际上，业主违约后抵押物处置困难，将坏账风险集中在了金融机构。因此，金融机构开展经营权抵押贷款业务的积极性不高。二是金融扶持及服务乏力导致农业规模经济发展缓慢。由于工、农投资结构所带来的经济收益差距，地方财政、金融扶持力度的不到位以及资金、劳力等快速流出成为非农业生产要素，尽管财政和银行信贷部门逐年加大对农业规模经营主体的投入和支持，但相比工业、服务业仍十分有限，农业投入主要还是依靠经营业主的自身积累，使得规模农业发展后劲不足。

6. 农业科技支撑服务作用发挥不够

一是农业龙头企业自建研发机构不足，创新能力不强。江西省国家重点农业龙头企业拥有研发机构的不多，即使有也大多处于初创期或成长期，数量和质量有待提升。二是农业科技推广与农业科研衔接不紧密。农业科研、教育、农技推广部门间合作机制不顺畅，农业科研成果难以及时传递到农技推广部门，农技推广部门尤其是乡镇基层农技推广部门因人员老化、知识面有限、人才队伍不稳定等因素无法及时将科研成果在农村推广。据统计，2011 年全省公有经济企事业单位农业技术人员占全省专业技术人员总数比 3. 13%，2017 年占比 2. 11%，年度间数据占比率处在波动中。这也反映了大中专农业院校人才不愿真正投入到农业行业。

三、推进江西规模农业发展的对策建议

1. 正确认识和处理规模农业与小农户经营的关系

规模农业的实现并不完全依赖土地规模经营，也可以通过生产环节的农业服务规模经营，以及农民之间、农民与新型经营主体之间、各种新型经营主体之间的入股、入社等联合与合作来实现。因此，必须正确认识和处理规模农业与小农户经营的关系，在尊重小农户经营仍然是我国农业经营的主要形式的前提下，通过合作社、社会服务组织等方式推进规模农业发展。

2. 强化农业龙头企业产业链的带动效应

以市场为导向，立足本地农业资源优势和特色，鼓励有竞争优势和带动力强的龙头企业科学确定主导产业和产品，加快形成区域性产业优势和产品优势。发挥农业龙头企业技术研发、投入品生产与优化、技术支持、生产性服务、标

准化管理、产品储运、市场开发、品牌营销等产业链的带动效应，将小农户经营的相关环节循序渐进地集中起来，形成专业化、规模化经营。

3. 发挥现代农业社会化服务组织的聚合效应

大力扶持现代农业社会化服务组织，创新农业服务体系，通过多元化、多层次农业生产性服务，在降低小农户生产成本和交易成本的同时，改变小农户独立封闭的生产经营活动，将分散的小农户汇聚起来，与现代农业有效衔接，既将小农户纳入现代农业的轨道，又通过农业生产性服务实现农业规模经营。

4. 因地制宜推行差异化、高效规模农业经营模式

综合考虑省内不同地区的生产力发展水平、劳动力转移程度及自然环境条件、人地比例、产业特色和产品特点，确定差异化的规模农业大小及其经营模式，在注重生态安全的基础上，采用高效种植模式，提高土地回报率。

5. 完善农村土地“三权分置”

2017 年中央一号文件指出：“规模经营可以通过流转经营权、代耕、代种等方式”。因此，借鉴全国各地推进农村土地“三权”分置改革成功案例，从法律角度明确并细化土地改革内容，保障经营权和承包权主体利益平衡，在土地所有权不变基础上，加强对经营权流转监督管理，创新土地经营方式，采取土地入股、土地托管、代耕代种、整体流转等，总结形成适合不同地区的“三权”分置具体路径和办法，探索更多放活土地经营权的有效途径。

6. 创新财政支农方式

继续完善农村金融体系，创新“一户多保”“土地反担保”、抵押、质押等担保方式，健全抵押担保制度；建立专项风险保障资金，完善风险分担、补偿机制，并规范土地流转中介市场体系，提高抵押品处置有效性。完善投融资制度，通过新型农业经营主体中长期大额贷款贴息，建立新型农业经营主体发展财政专项、农户规范发展资金互助和信用合作等方式，解决规模农业融资难问题。总结推广财政支农方式创新的成功经验，推广一批颇具创新性和推广价值的改革经验，如“银行+保险+期货”金融联合创新模式。

7. 加大科技创新研发推广力度

明确现代农业科技的发展目标与重点，支持规模化龙头企业加强与科研院校的研发合作，通过共同设立研发基金、实验室、成果推广站等产学研平台，

引导企业有意识且主动增加对重大农业技术攻关、技术改造、技术推广的投入，不断提高企业竞争力。鼓励农技推广机构和农技人员，通过提供增值服务与龙头企业和农户构建多种形式联合。推进科研成果权益分配改革，完善科研成果权益转化分配链条，允许科研院校专家通过兼职、挂职、签订合同等方式与企业开展人才合作，充实企业技术人才队伍建设。

第三节　江西稻米产销困境与出路——基于种粮大户调查

江西农村土地流转风险防范不断加强，助力种粮大户的快速增长，农村耕地逐步向种粮大户集中，截至 2016 年，全省种粮大户 2.83 万户，已成为新型农业经营主体，在江西水稻产业发展中占有至关重要的地位。因此，调查种粮大户在产销中遇到的问题，并有针对性地提出解决方案，是加快推动江西水稻产业供给侧改革的有效手段，也是提振乡村振兴战略的有效路径。

一、江西水稻产销形势

水稻是江西的第一大传统农作物。江西以约占全国 2.3%的耕地，生产了约占全国 9.8%的稻谷，是全国 13 个粮食主产区之一，在江西农业产业中占据主导地位。

1. 种植品种、结构得到优化

自 2003 年国家开始实施支农、惠农的有关政策之后，2004 年江西水稻播种面积和总产量得到稳步增长，从 2004 年的 4 643.85万亩、1 711.9万吨，分别上升到 2015 年的 5 013.6万亩、2 027.2万吨。到 2016 年受气候以及供给侧结构调整等影响，江西水稻种植面积 4 974.6万亩、总产量 401.18 亿斤，较 2015 年均有所减少，其中早稻播种面积 2 047.7万亩，较 2015 年减 39.6 万亩，总产量 157.2 亿斤，较 2015 年减 5.2 亿斤；中稻（一季稻）播种面积 599.8 万亩，较 2015 年减 8 万亩，总产量 55.8 亿斤，较 2015 年增 1.3 亿斤；双季晚稻播种面积 2 326.5万亩，较 2015 年增 1 万亩，总产量 187.2 亿斤，较 2015 年增 0.7 亿斤；中晚稻总产量增多，优质稻比例上升，总体上江西稻谷仍保持稳产丰产态势。

2. 早中晚稻收益增减趋势不同

从江西省农业厅市场与涉外处2016年对全省16个成本调查县1 201户农户入户调查数据来看（表2-2、表2-3），将水稻与江西其他传统农作物横向比较，2016年江西水稻成本纯收益率高于油菜籽和棉花，但仍低于花生和柑橘等经济作物。纵向比较，2016年江西水稻相比2015年成本收益状况呈现不同态势，早、中稻“产值略减，成本略增，纯收益减少”，晚稻“产值增加，成本略增，纯收益增长”，未来随着国家水稻托市政策取消，完全市场化收购，优质优价导向将更为明显。

表2-2　2016年江西7大农作物成本收益对比

项目名称	早稻	中稻	晚稻	油菜籽	棉花	花生	柑橘
产值合计/（元/亩）	1 104.87	1 411.8	1 302.4	558.71	1 598.8	1 447.4	4 208.4
总成本/（元/亩）	686.75	730.5	737.6	406.17	1 439.3	631	2 058.6
物质费用/（元/亩）	404.96	424.7	413.1	166.52	419.3	248.7	1 205.4
人工成本（含雇工）/（元/亩）	256.88	286.8	298.3	232.38	1 020.4	374	820
纯收益/（元/亩）	418.12	681.3	564.8	152.54	159.1	846.6	2 149.8
成本纯收益率/%	60.88	93.3	76.6	37.56	11.05	134.2	104.4

表2-3　2016年和2015年江西7大农作物亩均成本收益指标变化率情况　%

项目名称	早稻	中稻	晚稻	油菜籽	花生	棉花	柑橘
产值合计	-3.6	-1.8	4.0	-6.9	0.7	7.4	-16.4
总成本	3.3	1.1	1.4	5.9	-1.3	-2.1	-7.0
物质费用	1.8	5.8	4.0	6.5	3.9	-3.5	-2.3
人工成本（含雇工）	-3.9	-3.3	-4.6	2.3	-4.5	-1.5	-13.2
纯收益	-13.2	-4.8	7.6	-29.5	2.2	767.1	-23.7

3. 非国有粮企成为稻谷收购主渠道

近年来，国家托市政策下江西粮食连年丰收，江西省仓容紧缺问题凸显，个体粮贩或加工企业成为稻谷收购主渠道。2016年江西省确定了414个委托收储库点，比2015年减少346个；并据江西省粮食局公布，2016年国有粮企收购

60亿斤，同比减少8亿斤，其他企业收购170亿斤，同比增加26亿斤。非国有粮企收购积极，收购价偏低，但其价格仍体现出优质优价。据江西省农业厅市场与涉外处开展的稻谷价格监测情况看：国有粮企收购价与国家公布的最低收购价保持平衡，而个体粮商的早稻、中晚稻收购均价低于最低收购价，但早稻收购价与最低收购价差距较大，中晚稻收购价的差额较小。

二、江西稻米产销困境——基于种粮大户调查

江西稻米在稳定国计民生上发挥了积极作用。然而，随着产业不断发展，稻米产业遇到了不少困境，产销不畅，价格低迷，大部分粮农效益欠佳。为此，从江西省农业厅固定观察点粮农和农业部（现农业农村部，后文同）水稻全产业链分析预警产业信息员中选取种植面积在50亩以上，且位于“三区一片水稻生产基地”（鄱阳湖平原、赣抚平原、吉泰盆地粮食主产区和赣西粮食高产片）共50户种粮大户展开调查，从生产、销售两条线找出江西稻米产业发展的困境。

本次调查的种粮大户分成个体型和企业型两大类。这两大类主体在生产销售中表现出来的问题存在差异性。

（一）生产困境

1. 生产前期缺乏主动调研，部分凭经验或周边示范确定

企业型种粮大户因经营规模较大，在从事水稻生产前，会专门咨询水稻专家或当地农口部门，对田块区位（优劣）、种植品种、种植模式先行调研，根据专家建议种植；但如所咨询的专家不够专业，且企业带头人缺乏科学种田意识和一定的专业技能，则会造成水稻质量和产量不高。

个体型种粮大户大多沿袭传统种植方式和种植品种；或模仿周围村民收成较好的种植品种和种植方式，对高效绿色生态种植模式鲜少涉猎，水稻种植基本凭经验，缺乏主动调研（没能力、没精力），很少会去咨询农业专家或当地农业部门。

2. 对绿色高效生产虽有认知，但实践中存在违规操作

企业型种粮大户的种植模式已朝着绿色无公害，甚至有机转变，部分正开展共生共养高效模式，且取得了良好效果。但实践中一旦物理防治病虫害效果

不理想时，通常会局部施药，降低稻米品质，无法通过无公害有机认证。

受国家执行多年的粮食托市政策影响，个体型种粮大户以确保高产为生产首位，对后续高端产品（无公害、绿色、有机）开发没有超前意识，施药现象普遍，早稻生长过程往往施1~2次农药，晚稻多达4~5次。

3. 全程机械化推广困难，自办大米加工厂不多

企业型种粮大户种植规模偏大，为节约劳力，生产的主要环节采用机械化操作，部分企业兼有烘干、加工功能。但加工厂建设需获得地方建设用地批准，且限额补贴对烘干规模有限定，因此多数企业型种粮大户仅承接自产大米加工，加工能力有限。尤其是目前江西全省大米加工行业不景气，加工盈利微弱，部分企业型种粮大户选择委托加工。

个体型种粮大户全程机械化操作难度较高，有部分购买或租赁机插和机收机，但多数没有购买烘干机。一是资金有限，没有能力购买中大型烘干机，二是仓储能力有限，住房以居家为主，农机具堆放空间有限。

4. 对政府公布的各类惠农政策内容、流程不清楚，处于被动等待

2016年国家全面推行农业“三项补贴”改革，将良种补贴、种粮直接补贴以及农资综合补贴合并为农业支持保护补贴。但调查中发现，多数种粮大户认为自己没有享受到相关优惠政策。一是耕地地力保护补贴是补贴给土地承包地者，承接流转土地的种粮大户没有领到；二是其他农业防灾减灾政策、粮食绿色增产模式攻关支持政策、测土配方施肥补助政策、设施农用地支持政策、农业结构调整补贴政策，种粮大户尤其是个体型种粮大户对政策内容、执行流程基本不太清楚，在可申请的情况下，如受灾时，只能被动干等地方政府派人下来统计。

（二）销售困境

1. 销售渠道基本通畅，但需前期市场推广、后期客户维护及信息技术设备投入

绿色无公害有机大米迎合了高端消费群体的需求，企业型种粮大户逐步向私人订制的订单农业销售模式转变。尽管高端大米售价高出普通大米5~10倍，但销路基本顺畅。但该模式持久的基础在于，消费者对稻谷品质、企业经营理念的认可，能实时监控到稻谷生产过程，而这些需要企业的前期投入，如开发App实时监控软件、田间地头安放各种监控设备，宣传企业理念及市场开发，

以及后期客户关系的维护等。

个体型种粮大户以直销稻谷为主，在不考虑收购价偏低情况下，个体粮贩或加工企业直接收购湿谷，粮农省力，省时，不用考虑后续晾晒、烘干、销售问题，稻谷快收快销，基本不存在“卖粮难”问题。

2. 销售价格不尽人意，虽惜售，但受限条件多，仍会外销

个体粮贩和加工企业在国有粮库未开仓收购，且国内外粮食市场下压风向下，趁机压价、赊账，有些等到年终才将粮钱结清，影响种粮大户资金周转。而个体型种粮大户普遍缺乏烘干和仓储等产后配套设施，如若早稻收割期间遭遇持续强降雨，为免稻谷发芽粮农仍会低价出售。而在晚稻收获时，如遇收购价偏低，粮农会将稻谷短暂留存自有仓容，但受限仓容、后期气候、配套设施缺乏等因素，短暂留存后仍会加快外销，且多数仍卖给个体粮贩，少部分直接卖给加工厂。

3. 线下线上未能同步，对电子商务认识不足，网络宣传和销售力度不够

企业型种粮大户电子商务销售理念比较深入，投入到田块和电子商务平台建设的电子硬件设施较完善。且多数企业型种粮大户纷纷入驻地方电商园、创业园。但调研中发现多数企业线下实体店销售困难，主因在于大众消费者认为大米定价高，且对大米是否为无公害、有机存在质疑。

个体型种粮大户受限自身素质水平，对“互联网+农业”发展认识程度不够，普遍认为电子商务和实时监控、精初加工所需投入的成本比较高，且习惯了传统的交易模式和交易习惯，不愿意积极、主动地采用新的电子商务交易模式，自主、自发进行电商经营的不多。

4. 对建设、扩大大米加工厂缺乏信心

企业型种粮大户在满足自产稻谷加工能力基础上，不会特意扩大加工规模。这与全省稻米加工业整体发展水平不高，缺乏大型骨干龙头企业和知名品牌有关。

个体型种粮大户则不考虑自建加工厂，因其需面临的风险更大。调研中有一个体型种粮大户原本从事大米加工，因经营不景气改为专业从事水稻种植，直销稻谷，不再从事大米加工。

5. 对发展休闲农业有想法，但未与周边抱团实施

调研中发现，企业型种粮大户为推介自身大米，通常会融合稻作文化和农业休闲旅游，吸引中高端消费群体到稻田基地实地查看、体验大米种植加工过程，感受田园风光。但如果仅仅由某一企业在某一个特定区域开展休闲农业，没有和周边形成一个整体，则很难吸引更多的隐性消费者前去体验。而个体型种粮大户基本不考虑开展休闲农业，以一产为主。

三、建议

通过对全省种粮大户抽样调查来看，目前江西稻米产业面临诸多困境。要适应党的十九大报告中提出的乡村振兴发展理念，以产业振兴提振乡村发展，需推动种粮大户自觉参与供给侧结构性改革，生产环节上朝着绿色优质方向转变，销售环节上实现三产融合，推动稻米产业升级发展。

（一）生产环节

1. 强化农业设施装备建设，推进社会化服务

一是抓好农田水利基础设施建设，做好建后管护。地方政府要加快推进落实高标准农田建设步伐，优先安排种粮大户集中连片农田的基础设施建设，重视工程监管和建后管护，为种粮大户水稻种植打好基础。

二是加大仓储、烘干等配套设备建设，推进和示范水稻生产全程机械化，实现“藏粮于民”。目前种粮大户种植环节基本实现机械化，但烘干机械化比较薄弱。建议，①在国有粮库配备稻谷烘干设备，大户收割稻谷后直接送到粮企烘干，达标后直接交售粮库。②支持开展粮食烘干、农机、仓储物流等社会化服务组织，大幅增加烘干设备购置补贴额度，以专项补贴、贷款贴息等方式支持储粮设施建设，降低粮农烘干成本，实现“藏粮于民”。

三是大力推进联种联收、土地托管等社会化服务，以规模效益降低生产成本。可借鉴江西“绿能模式”，将土地托管给企业，农户支付较低的服务成本费，由企业负责产前、产中、产后的耕、种、收、管、售等系列服务，种粮大户则可返聘参与种植，赚取工资和获得农作物收成。

2. 调结构，优布局，示范推广高效种植新模式，加强全程监管

一是调结构，优布局，实施比较优势战略。以资源环境承载力为基准，坚

持以“突出骨干主栽品种，科学合理搭配品种，大力推广优质品种，积极引进新品种”的原则。①抓好水稻种植结构调整，压籼扩粳，提高优质稻种植比例。②扩大赣中北水稻适度规模种植范围，调减赣南等非优势区水稻种植，部分区域可试点“休耕轮耕”，增强土壤肥力。③在种植单季稻温光有余的稻区和劳力不足的双季稻区，种粮大户可适当种植部分再生稻调配生产季节。

二是推进绿色高产高效创建，示范推广水稻种植新模式，推行全产业链标准化生产，防控农药化肥的超标超量使用。①依托现代农业（水稻）产业体系、现代农业示范园区建设、优质水稻建设工程等科研项目，鼓励水稻专家深入到各县市建立试点示范基地，积极试验示范和推广新型水稻种植模式，便于当地种粮大户（尤其是个体型种粮大户）模仿周边高产高效的先进种植模式。②推动现代信息技术在水稻收购、仓储、物流、加工、供应、质量监测监管等领域的广泛应用，推动绿色有机大米溯源，从源头上保障农产品质量安全，带动生产、服务、经营方式变革。

（二）销售环节

1. 完善订单农业，鼓励发展股份合作等新兴利益联结模式，注重电商平台营销

一是完善稻米订单农业，购销主体间签订合约，形成稳定的供需关系。同时，鼓励发展股份合作，建立股权化分红激励机制，探索以定制服务、众筹农业、社区支持等新业态的新型利益联结模式，发展多类型的产业融合，提高稻农收入水平。

二是巩固推进实体农业，大力发展“互联网+”农业。种粮大户借用电商平台，采用订单销售、观光体验、网上销售、微信营销、自营直营等创新销售形式，从园地环境改造、标准化生产管理、稻作文化宣传、品质安全透明、农耕体验等方面进行认真设计，在线直播绿色生产模式，向消费者展现无公害大米生产全过程，以优质和品牌吸引更多消费者。

2. 通过有机产品认证，注重多功能开发，营造新业态，促进三产融合

一是适应多元化需求，开发多品种。加快通过有机产品认证，给消费者信心保证。紧紧抓住江西着力打造的鄱阳湖优质大米、抚吉优质大米、富硒功能大米、赣西有机大米四个区域公共品牌创建时机，结合休闲农业，突出某一功

能，大力推动水稻初、精深和主食加工发展，加快富硒功能大米、有机大米、功能稻（保健稻）特色品种研发，做优江西“赣米”品牌建设。

二是努力营造新业态，延长产业链。发展与稻米相关的休闲农业、观赏休闲旅游业、电商业、商贸物流业、生产性服务业、绿色餐饮业等，延长产业链条。推动稻米生产与休闲文化产业相交叉的农田艺术景观、阳台农艺等新型产业发展，逐步实现由“卖原粮”到“卖绿色深加工稻米产品、卖文化、卖品味”等的转变，提升稻米产业附加值、竞争力和影响力，真正实现以产业振兴带动乡村振兴。

3. 惠农补贴让农民应知尽知，实现对政策执行的精准、监督

目前我国惠农补贴政策涉及农业全产业链各环节，补贴范围广、资金大，颇受农民欢迎。但必须让农民真正了解各项惠农政策的要点和流程，形成以县或乡镇为单位，将涉及国家、省市县的惠农补贴政策汇编成册，逐户发放到位。宣传册上明确惠农政策项目、每项补贴资金额度、申请流程、申请标准和要求、受理部门。通过宣传册，使得农户随时掌握政策适用范围和流程等，也可对相关部门形成监督。

第四节　2017年江西省早中晚稻相关情况调查

2017年江西省水稻整体丰收增产，供给侧结构性改革优化，但受不良气候影响，早稻生产面积和产量有所下滑，“快收快销”市场交易活跃，丰产不丰收等问题仍制约产业发展。

一、6月洪涝灾害对江西水稻生产的影响调查

2017年6月，江西省大部分地区早稻正值扬花灌浆阶段，期间强降雨发生频率高、持续时间长、累计雨量大，严重影响此阶段早稻生长。为了解洪涝灾害对江西省水稻影响情况，6月23日和7月1日两次对鄱阳、万年、南昌县、泰和、樟树、安福、信丰等稻米信息员进行了详细调研。整体来看，受6月多轮持续强降雨不利天气影响，早稻减产、品质下降已成大概率事件，预期2017年早籼稻质量和产量均差于2016年水平。预计部分地区强降雨还得持续几天，强降雨给水稻生产带来严重危害，尤其是当前早稻正处于抽穗期至乳熟期，受

灾严重。同时，暴雨加寡照天气，也给分蘖期的中稻和晚稻秧苗带来严重影响。

具体调查发现：江西省6月19日至7月4日经历强降雨，降雨中心由赣南逐渐移至赣北，水稻灾害影响呈现明显地区差异，受灾程度由南向北依次加重，赣南地区受灾影响较轻，尤以赣北洪涝灾害最重。具体灾情严重的有九江、鹰潭、景德镇、上饶等地区。主要原因在于以下两点。

一是因赣南地区早稻栽种晚于其他地区，近几天才陆续进入扬花期，上周停雨见阴晴，错开了强降雨不利天气。另外，山区丘陵地貌洪涝来得快退得也快，信息员反馈赣南地区水稻生长暂时未表现出不利影响。

二是江西中部及北部地区6月中下旬陆续进入扬花灌浆期，正值持续强降雨天气，各地出现了不同程度的洪涝灾害，对早稻、中稻生长造成不利影响，早稻普遍出现空壳、黑壳现象，部分地区稻瘟病和纹枯病抬头，预计会对2017年产量和品质造成严重影响，且重于2016年。赣中、赣北部分地区靠近赣江或地势低洼田块中稻受淹偏重发生，持续强降雨导致机械排涝无用，持续受淹中稻田块，农户已不寄希望，能种晚稻田块计划改种晚稻。其中，鄱阳北早稻和中稻受影响更为严重。调研详情如下。

（一）宏观报道显示

6月26日，江西省农业厅派出5个由厅领导带队的农业救灾指导组，深入九江、鹰潭、景德镇、上饶、萍乡、宜春等受灾严重的一线地区，指导救灾。根据6月底农情调度统计，此次洪灾较为严重的有九江、鹰潭、景德镇、上饶等地区。截至6月26日16时，全省农作物累计受灾面积539.13万亩，成灾面积220.05万亩，绝收面积30.35万亩，农业直接经济损失4.1亿元（表2-4）。

表2-4　截至6月底江西水稻受灾偏重地区情况

地区	水稻受灾情况
婺源县	全县农业大面积受灾，农作物受灾16.12万亩，预计水稻减产2.19万吨，全县农业直接经济损失26 700万元
修水县	全县36个乡镇普遍受灾，预估粮食损失2.47万吨，农作物经济损失15 349.75万元
武宁县	预估全县农业灾害缺失5 300万元，水稻等农作物受灾面积22.89万亩
鹰潭市	农作物受灾面积52.39万亩，主要为水稻，农作物经济损失达到2.31亿元
景德镇市	农业全市受灾面积77.49万亩，其中水稻受灾面积51.4万亩。导致农业直接经济损失31 166万元，农业设施经济损失3 327.6万元

（续表）

地区	水稻受灾情况
德兴市	农作物受灾面积10.5万亩，主要为水稻，农业经济损失预计在9 000万元
玉山县	农作物受灾面积14.55万亩，主要为水稻，农业经济损失9 611万元
萍乡市	早、中稻受灾面积18.64万亩，成灾面积4.08万亩，绝收面积0.34万亩；晚稻秧田受灾面积0.27万亩，成灾面积0.03万亩，绝收面积0.01万亩
铜鼓县	13个乡镇受灾严重，农作物受灾面积6.7523万亩
宜丰县	农作物受灾面积14.93万亩，主要为水稻
高安县	农作物受灾面积28.33万亩，主要为水稻，造成直接经济损失达8 000多万元
奉新县	水稻受灾74 788亩，种植业直接经济损失2 152万元

（二）微观调研显示

6月，江西省多地出现强降雨天气过程，防汛形势严峻，早籼稻生长关键期降雨频繁，粮食生产压力增大。

1. 鄱阳县——影响偏重发生，尤其以鄱阳北受灾最重

（1）鄱阳南情况。

早稻：鄱阳北信息员张良桂无奈反馈到，2017年早稻受灾非常严重，90%早稻受灾，且重于2016年。原因在于，这两年水灾情况虽然差不多，但2017年正好在早稻扬花期，接连下雨（2016年持续强降雨天气发生在早稻抽穗结籽后，影响稍小，但对早稻倒伏影响大），导致2017年早稻空壳现象普遍、结籽率不高，稻壳呈黑色现象偏重发生，直接影响产量和质量。

中稻：鄱阳地区中稻基本选择在当地低洼地带种植，目前受淹普遍，其中鄱阳中、鄱阳北更为严重，机械排泄也无用，无能为力，只能期待、静等天气变好。部分农民做了重新补栽的打算。

（2）鄱阳北情况。

早稻：鄱阳南信息员吴正卫反馈，鄱阳南相比鄱阳中和鄱阳北，受灾整体要轻。但早稻扬花季节正碰接连下雨，授粉遭遇影响，导致早稻空壳现象偏多，部分也出现黑壳、麻壳现象。而且，近期受持续雨天影响，病虫害暴发，主要是稻瘟病和纹枯病，目前出现早稻茎叶发黄现象。另据信息员反馈，早稻采取直播，大部分3月22日左右直播，这部分持续强降雨期扬花期已过，相对受灾很小。而4月5日左右直播的早稻，扬花时正遇持续大雨，受灾影响明显，大

致占比 40%。

中稻：信息员反馈，吃一堑长一智，受 2016 年高温雨季对中稻不利影响，2017 年农民也采取了一定的应对措施，推迟了中稻种植时间点，目前该种粮大户仍有 30%未栽下去，当地普通农户 80%还未栽中稻。目前中稻存在受淹现象，农户选择机械电排积极排涝。

2. 万年县——早稻受灾偏重发生

万年信息员吴平远，为种植 500 多亩大户，经验丰富。他反馈到，2017 年早稻晚熟品种黑壳空壳现象重于早熟品种，预期早熟品种减产在 10%以上，晚熟品种减产在 20%～30%。当地中稻基本种植在低洼地块，当地低洼地块上半年养鱼养虾多，6 月 20 日左右栽下的中稻基本受淹。每年这个时候逢雨季，农户也早有防备，早栽下去也无用，受灾概率大。目前还有 2 000多亩中稻未栽下去，秧苗储备在高地势田块中，等待雨停后再栽下去。

万年信息员黄秀峰反馈：2017 年早稻前期长势良好，然而近期正值早稻扬花期，持续强降雨天气不利早稻生长，幸好间断有晴天，降低了对早稻影响，但中熟品种出现麻壳和空壳现象。

3. 南昌县——早稻受洪涝灾害严重

南昌县蒋巷镇娄玉涛信息员发愁地说，天公不作美，当地 2017 年早稻受洪涝灾害很严重，他家种早稻 20 多亩，早稻扬花期持续密集下雨一个多月，偶尔间断，导致早稻扬花不成功，普遍出现稻壳呈黑色现象，预期 2017 年早稻减产幅度较大，质量也将下滑。

中稻种了 8 亩左右，受淹情况偏重发生。调查时信息员正在赶时间挖深沟排水，附近还能听到机器轰隆隆的声响，信息员说有村民用机器在帮助排水。

4. 泰和县——普遍结实率降低，出现麻壳现象

泰和信息员郭龙华无奈反馈：2017 年早稻扬花期，连续雨季，影响较大，减产已是板上钉钉的事；另据泰和信息员罗文平反馈，2017 年早稻普遍结实率降低，出现麻壳现象，尤其常规稻品种麻壳现象更为突出。而且，当前纹枯病偏重发生，预期减产质降无疑，信息员估测亩均稻谷减产在 10%以上。

中稻受灾情况地区有所差异，靠近赣江田块基本受淹，而且洪涝无法退去，农户基本都无指望，决定改种晚稻。而非靠近赣江田块，前十多天刚种下中稻，

虽然受洪涝内淹，但间断停雨时，退淹较快，目前影响还未显现。

5. 安福县——早稻受灾相对轻微，中稻受淹偏重发生

安福信息员彭森林反馈，受持续强降雨影响，早稻出现空壳、白穗现象重于往年，2017 年产量减少、品质下降无疑。

6. 樟树——早稻受灾相对轻微，中稻受淹偏重发生

樟树信息员田银生反馈：受天气影响，2017 年早稻早熟品种出现发芽情况，相对不严重。但黑壳现象普遍，平均每株穗有 15～20 粒稻谷出现黑壳现象。中稻基本淹掉，无法排涝，一直淹着。天气若继续不利，只能到时改种晚稻。

樟树信息员陈海波 6 月 23 日反馈：扬花期刚过，但前段时间雨天密集，导致目前早稻出现白穗现象重于往年，在 10%～20%。

7. 信丰县——早稻影响甚微

信丰县信息员谢焕荣和李钟反馈：相对其他地区，赣州地区早稻种得迟一些，扬花期也来得更晚，当地已经停雨四五天，正常情况恰好这时扬花，栽种更晚的要过几天才扬花，所以早稻扬花期没有碰上持续雨季，影响甚微。期间部分农田出现受淹现象，受赣南地区地形所致，洪涝来得快，去得也快，所以目前对早稻和中稻都暂时未表现出影响。

二、2017 年江西省早稻产购销情况调查

1. 早稻生产情况

2017 年江西省早稻生产延续了 2016 年发展态势，呈现“面积下降、单产和总产量均减少”局面。其中，早稻播种面积 1 918. 815万亩，较 2016 年减少 128. 79 万亩，降幅 6. 29%；单产 373. 73 公斤，较 2016 年减少 10. 06 公斤，减幅 2. 62%；总产量 143. 41 亿斤，较 2016 年减少 13. 77 亿斤（减少 68. 83 万吨），减幅 3. 8%，但仍处于历史高位。2017 年江西省早稻面积和产量有所下降，主要原因在于以下几点。

一是 2017 年早稻最低收购价降低，市场行情不佳，农户信心减弱，加上我国粮食连年丰产和消费者饮食结构的变化，早稻市场需求日渐萎缩，导致种植面积小幅下降。

二是种植成本增加，收益下降。其中，耕地租金和人工成本呈上涨态势，

而粮价却呈逆势下行走势。

三是从上半年江西省气象条件看，5 月之前风调雨顺，气候温和，适宜作物生长，但进入 6 月后，正值江西省早稻拔节抽穗期，赣中、赣北等粮食主产地遭受持续强降雨袭击，对早稻生长造成不利影响。据江西省农情调度，截至 7 月 2 日，全省早稻大田累计受灾面积 377.48 万亩，成灾 137.47 万亩，绝收 12.79 万亩。

2. 早稻购销情况

7 月 28 日起，江西省率先在全国全面启动了早籼稻最低收购价执行预案，2017 年早稻购销进度明显快于往年，农户无惜售和储粮意愿，市场交易活跃，不存在卖难问题。据各地信息员反馈，江西省各地早稻价格在每百斤 115~130 元，整体较 2016 年持平略减。

据省粮食局统计，截至 9 月 30 日，江西省早稻最低价收购结束，全省累计收购早稻 63 亿斤，同比增加 1.7 亿斤，占全国最低收购价早稻收购总量的 74%。其中国有企业收购 34.6 亿斤，同比减少 5.8 亿斤，托市收购 13.8 亿斤，同比减少 7.2 亿斤，民营企业收购 28.4 亿斤，同比增加 7.5 亿斤。

江西省 2017 年执行粮食收购预案情况如下。

一是率先启动早稻最低收购价收购。经过国家有关部门批准，江西省从 7 月 28 日起，启动 2017 年早稻最低收购价执行预案，截止日期为 9 月 30 日。根据国家公布的 2017 年最低收购价格，以国标三等粮为标准品，早稻最低收购价（均指到库价）为每斤 1.30 元，比 2016 年降低 0.03 元/斤。这是自 2016 年早稻最低收购价首次下调后的第二次下调。

二是托市收储库点较 2016 年减少 64 个。2017 年，全省库存高，有效仓容不足，地区之间不平衡问题依然突出。全省通过加快建仓扩容、维修改造、政策性粮油出库等措施，腾出有效收购仓容 203 万吨。经中储粮江西分公司、江西省粮食局、中国农业发展银行江西省分行联合确定并报国家有关部门批准，先后分 4 批共确定委托收储库点 350 个，实际启动 274 个。

三是全省各地挂牌价基本实施国家标准。全省各地国有粮库早稻收购挂牌价基本实施国家最低保护价每百斤 130 元，仅有信丰县和安远县国有粮库挂牌价要高于国家标准，分别为每百斤 133 元和 135 元。考虑到国有粮库收购除杂和运输费用，大部分农户更愿意将自家稻谷直接卖给个体粮商，再由个体粮商卖给国有粮库。

2017 年江西省早稻购销进度较快，主要原因有：一是早稻收割后全省天气普遍晴好，阳光充足，有利农民售粮；二是受早稻最低收购价接连下调的影响，农户信心不足，普遍预期稻谷价格呈现下降趋势，农户无惜售和储粮意愿。加上近两年江西省烘干设备增加较多影响，农户直接卖湿谷增多，呈“快收快卖”态势；三是中央储备、地方储备集中轮入早稻。据省粮食局统计：至 8 月底，中储早稻轮入计划基本完成，省储轮入计划已完成 78.4%；四是受早稻托市价下调、国有粮库仓容紧缺等因素影响，2017 年民营企业收购异常活跃，分流了大量粮食，特别是代省外企业收购量较大，达到 10.8 亿斤，占收购总量的 1/5。

3. 需要关注的几个问题

一是粮食丰产不丰收，需要扎实推进农业供给侧结构性改革。

2016 年，全省粮食总产量达 427.6 亿斤，实现“十三连丰”。然而，粮食生产成本高企，严重挤压种粮利润，陷入“丰产不丰收”怪圈。主要原因在于：①人工成本过高。据全国农产品成本收益资料数据显示，2010—2015 年我国稻谷亩均总成本 1 041.42元、人工成本 419.96 元，同期美国为 1 005.88元和 77.71 元，可见，农业人工成本下降空间大。②国内外价格倒挂，粮价下行。据联合国粮农组织（FAO）发布的报告，2017 年泰国稻谷进口到岸税后价格约 1.90 元/公斤，远低于江西省早籼稻 2.47 元/公斤的价格，也大大低于每公斤成本（2.38 元/公斤）。

建议：一方面，大力发展现代农业，推进农业机械化，加大科技投入、推广规模化经营、优化资源要素配置，对劳力不足的双季稻区种粮大户，可适当种植部分再生稻调配生产季节，通过全要素生产率的改善，促进单位面积用工量和农资投入量下降，实现节本增效；另一方面，调结构，优种植模式。坚持市场导向，从绿色供给端推进粮食结构优化，引导农民调整粮食种植结构，生产更多对接市场需要的优质安全绿色粮食品种，促进粮食生产由以数量为主转向数量安全质量并重，更加注重效益，注重市场导向，更好满足消费者需求。同时，大力推广“双季机插”模式，积极示范推进“早籼晚粳”模式、“晚稻早种”模式、“晚稻早种+再生稻”模式、“高效共生种养”模式（如稻蛙、稻虾、稻鳖）、“减肥减药”模式，试验“双季直播”模式，着力推动机械化精量穴直播技术及其配套栽培管理技术，推动水稻节本高效技术应用。

二是稻米在粤市场份额逐年大幅萎缩，部分加工企业转型粮贸业务。

广东一直是江西大米的传统市场。但近两三年，赣米在粤销量每年以10%~15%的速度萎缩。2014 年以来江西大米加工企业在以每年 150 家左右的速度减少。原因在于：一是越南等低价进口米大量涌入广东市场，米价比国内米低六毛钱。二是低价进口米造成产销区倒挂，广东、浙江等销区粮食逆向流入产区，雪上加霜。三是随着广东经济转型，内地打工者返乡，江西中低端大米在粤消费群体不断萎缩。

长期形成稻强米弱格局难以打破，部分稻米加工企业为节省成本求生存，选择电价较低的晚上进行生产，甚至有些加工企业自身并不生产，而是直接从外省调米（从浙江调米 1.87 元/斤），然后抛光包装成品牌大米进行销售。另外，部分加工企业增加粮贸业务，从农户手中收粮，进而将其以每百斤 140 元（早稻）的价格转卖到广东、福建和浙江，维持企业运转。

建议：一方面，推行国有粮库供给侧改革，加速全省现有大米品牌资源整合，高位推进稻米品牌建设，厘清品牌乱象；另一方面，强化顶层设计引导，推动粮食加工业改造升级，以市场需求为导向，积极探索订单模式，延长产业链，增加附加值，增加中高端产品和精深加工产品供应，打造市场强势品牌，大力发展“互联网+农业”。

第三章　江西省水稻产业发展调查（2018）

2018 年中央一号文件明确提出要"确保国家粮食安全，把中国人的饭碗牢牢端在自己手中"。新常态下，我国粮食供给由总量不足转化为结构性矛盾。江西省积极响应党中央、国务院号召，出台了《江西省关于加快推进农业供给侧结构性改革大力发展粮食产业经济的实施意见》，明确提出围绕"稳粮、优供、增效"目标，推进优质稻米产业发展工程和稻米区域公用品牌建设，增强粮食等重要农产品供给保障能力，不断深化江西水稻产业供给侧结构性改革，努力实现粮食主产省向粮食产业经济强省转变。

第一节　江西粮食产业供给侧结构性改革成效及优化路径

江西粮食产业发展形势总体平稳，但供需结构矛盾仍突出，产业竞争力较弱。仍需以"质量兴粮、绿色兴粮、品牌强粮"理念为引领，推动江西粮食供给侧结构性改革和全产业链协调发展。

一、江西粮食产业发展现状

1. 粮食总产持续高位

从图 3-1 可以看出，近十年来，江西粮食播种面积、总产量、单产总体上保持平稳态势，其中，播种面积稳中走低，总产量和单产受气候和病虫害影响有小幅波动。但自 2013 年以来，江西粮食总产量持续保持在 2 100万吨，处于历史高位。

2. 水稻种植结构调整加快

从表 3-1 可以看出，江西水稻种植面积基本稳定在 330万公顷，早稻种植面积2013年后逐年减少，且缩减速率加快；中稻及一季晚种植面积呈明显上升态势，双季晚稻种植面积在近几年与早稻类似，呈下降趋势。此外，据江西省农业厅农作物播种意向调查显示，2018年稻谷面积预计326.8万公顷，同比2017年下降1.6%。其中，早稻预计128.2万公顷，同比下降4.9%；中稻及一季晚预计47.17万公顷，同比上升7.6%；双季晚稻预计146.16万公顷，同比下降3.1%。由此看出，江西水稻“双改单”趋势明显。

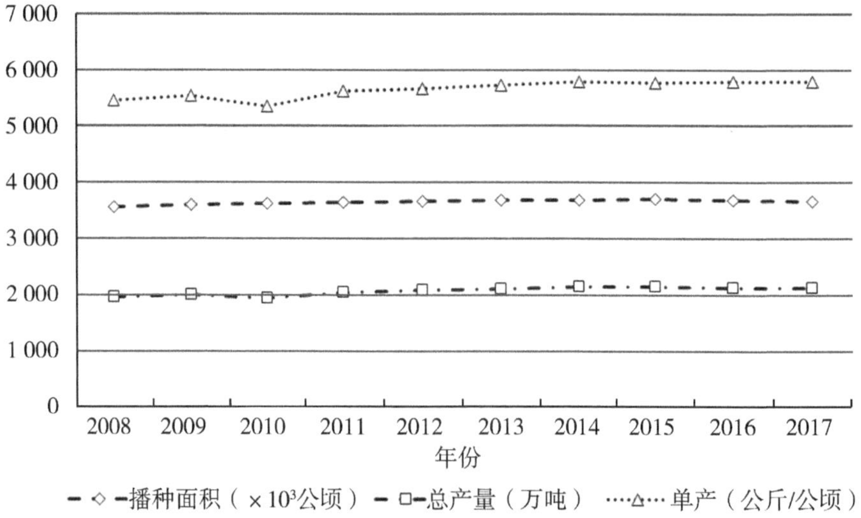

图3-1　2008—2017年江西粮食播种面积、总产量和单产走势

数据来自历年《江西统计年鉴》和《中国农业统计年鉴》。

表3-1　2010—2017年江西省水稻种植规模

年份	水稻种植面积/（万公顷）	早稻面积/（万公顷）	早稻单产/（公斤/公顷）	中稻及一季晚稻面积/（万公顷）	中稻及一季晚稻单产/（公斤/公顷）	双季晚稻面积/（万公顷）	双季晚稻单产/（公斤/公顷）
2010	331.85	140.11	5 035.5	39.19	6 609	152.55	5 859
2011	331.77	138.43	5 676	40.15	6 631.5	153.19	5 863.5
2012	332.83	138.95	5 880	39.81	6 672	154.07	5 908.5
2013	333.81	139.79	5 914	39.29	6 732	154.73	5 892
2014	333.94	139.46	5 880.2	39.45	6 907.5	155.03	6 015
2015	334.23	139.15	5 834.7	39.98	6 932.2	155.1	6 036
2016	331.64	136.51	5 757	42.46	6 964.2	152.67	6 054.3
2017	329.53	134.87	5 608.5	43.83	7 095.1	150.83	6 179.9

注：数据来自历年《江西统计年鉴》和《中国农业统计年鉴》。

3. 耕地流转稳中有降

2014 年江西省出台了《江西省人民政府关于规范引导农村土地承包经营权流转发展农业适度规模经营的意见》，促进农村土地流转和农业适度规模经营。目前，江西依托农经机构（农经局、农经站）建成 11 个市级流转服务中心，102 个县级流转服务中心，1 454个乡级流转服务中心。截至 2016 年底江西省农村承包土地经营权流转面积 1 150. 2万亩，流转率为 36. 2%，部分县市农村土地流转率高达 50%以上。然而，在土地流转不断加速同时，调研发现粮食主产区受粮食最低收购价下调政策影响，粮农种粮积极性下降，存在“退租”现象，土地流转率和土地流转价格小幅下滑。

4. 成本收益率分化明显

从图 3-2、图 3-3、图 3-4 可以看出，江西早中晚稻总成本和总收益基本保持稳中略升趋势，但从成本收益率来看，中稻成本收益率最高，晚稻其次，早稻最低。尤其是 2016 年受气候和病虫害影响，江西早稻减产，其成本收益率再次滑落低谷。2018 年上半年，课题组前往江西多地调研粮农早稻成本收益情况发现，在种植成本年年攀升背景下，早稻干谷售价为每百斤 110 元，而 2017 年为每百斤 120 元，多数粮农反馈 2018 年早稻成本收益持平甚至亏损。因此，随着我国粮食最低收购价政策逐步取消，优质优价，中晚稻将成为水稻种植方向。

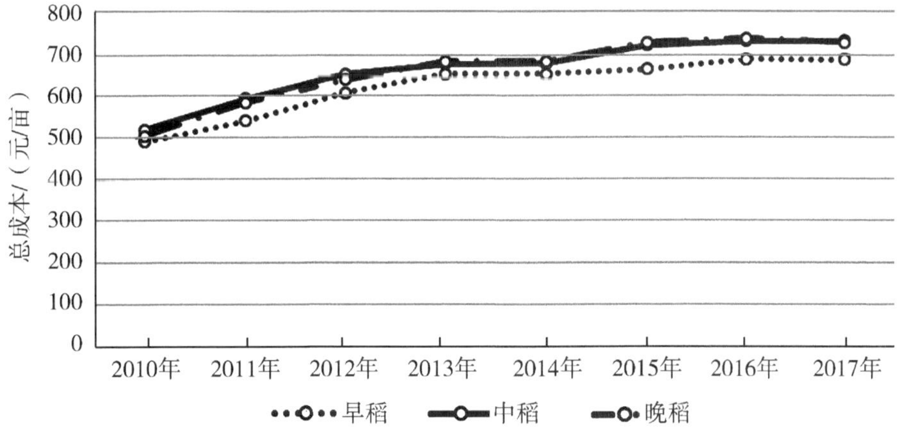

图 3-2　2010—2017 年水稻亩均总成本趋势

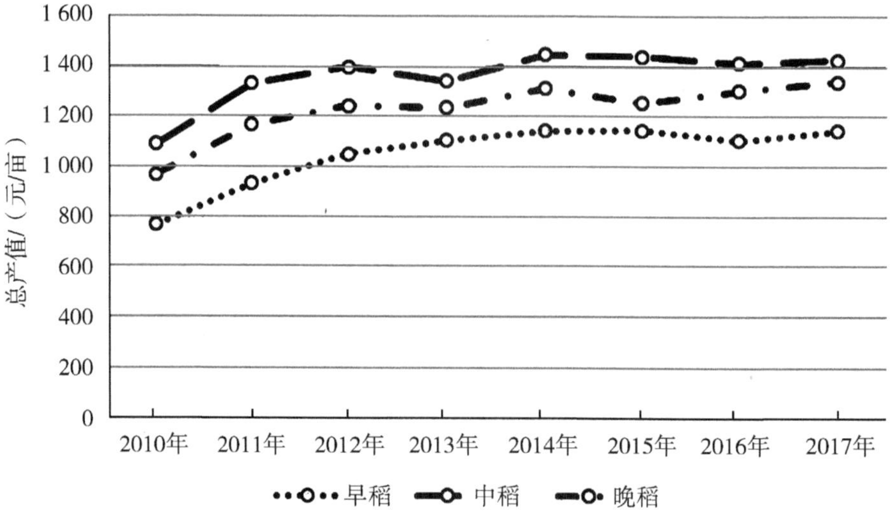

图 3-3　2010—2017 年水稻亩均总产值趋势

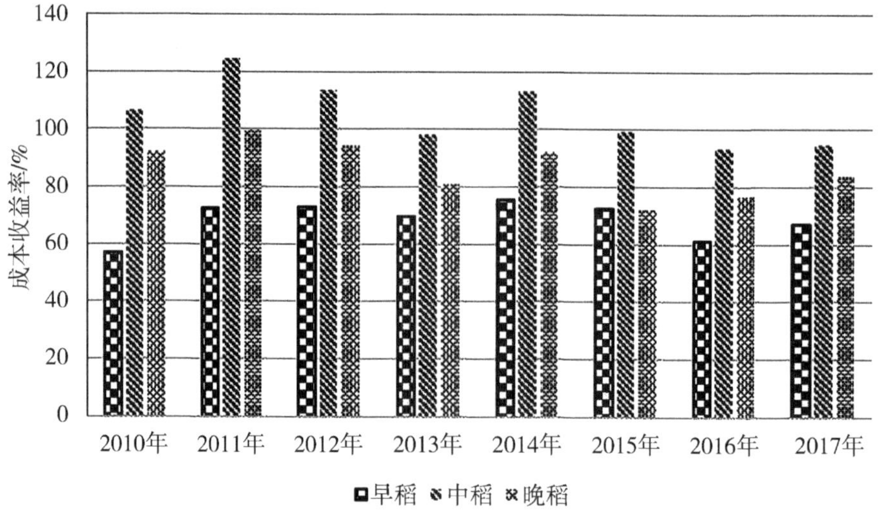

图 3-4　2010—2017 年水稻亩均收益趋势

5. 农业机械化程度快速提升

自国家实施农机购置补贴和江西省粮食适度规模经营补贴政策以来，江西省农业机械化取得了跳跃式发展。2016 年全省新增乘坐式插秧机 971 台，新增无人植保机 523 架。截至 2018 年 5 月中旬，江西粮食烘干机保有量达 0.91 万台，增幅位居全国第一，粮食烘干机械化水平 40.65%，高出全国平均水平 20 个百分点。从图 3-5 可以看出，江西省水稻种植机耕率稳定提升，2016 年机耕率已基本实现全面机械化，年增长 2.2 个百分点；2016 年机收率达 99%，年增长 5.2 个百分点；机械种植面积在 2013 年有小幅回落后稳定增长。

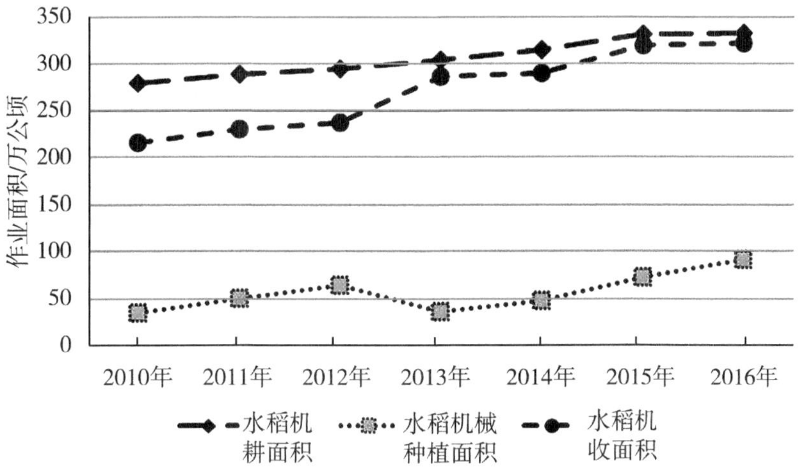

图 3-5　2010—2016 年水稻机械化作业面积走势

6. “快收快销”交易活跃

2014 年我国开始停止上调稻谷最低收购价，至 2018 年早、中晚籼稻和粳稻的国家最低收购价再次下调为每百斤 120 元、126 元和 130 元。基于此，课题组调研发现，江西省水稻购销进度明显快于往年，受国有粮库布点、开仓收购期限、收购标准、路途远近、排队时间、自身仓储有限等多方影响，稻谷以卖给下乡收购的贩子和社会加工企业为主，部分为订单农业，农户机械化收割稻谷，直接卖湿谷已成普遍现象。农户无储粮意愿，“快收快销”市场交易活跃，不存在卖难问题。

7. 规模化经营程度上升

随着规模经营的推进，全省家庭农场和种粮大户得到较快发展，据农口部门统计，2018 年上半年，全省累计培育农民合作社 6.67 万家，同比增 11.3%；家庭农场 3.83 万家，同比增 4.1%；新型职业农民 11 万人以上，农业社会化服务组织 10 万个以上。规模经营程度提高急需土地流转加速，截至 2018 年上半年，江西省农村承包土地经营权流转面积 1 513万亩，流转率为 47.2%，部分县市农村土地流转率高达50%以上，部分解决了耕地细碎化、连片经营难的问题。此外，全省高标准农田建设不断深入，省委、省政府统筹整合资金360亿元，在全国率先提出了“三变、三创、八结合”的“江西建设路径”，将全省高标准农田建设投入由亩均1 200元提高到亩均3 000元，明确提出2017年至2020年集中力量建设高标准农田1 158万亩。

8. 大米加工行业集中度有所提高

江西省粮油集团有限公司作为江西省国有独资大型粮食企业集团，充分发挥农业产业化国家重点龙头企业的示范带动作用，有效整合收储资源，先后组建了新干购销有限公司、吉安购销储备有限公司和安福公司等区域性大型粮食购销企业，稳步推进国有粮食企业整合重组。目前，全省粮食产业化龙头企业有“中国名牌产品”6个、“驰名商标”11个、“省名牌”37个、“著名商标”94个。“金佳”“玉珠”“万年贡”等品牌得到市场的广泛认同。

随着行业集中度提高，加上国内稻米市场稻强米弱形势，行业优胜劣汰加剧，江西省大米加工行业“小乱差”的格局也得到了有效改善。2009年全省大米加工企业为1 402家，而从2014年以来，江西大米加工企业在以每年150家左右的速度减少，到如今，大米加工企业数已经不足千家，小型企业不断被清理。

9. 稻田综合种养模式迅速推广

随着市场对绿色有机产品需求的增长，粮食生产继续调优增绿，从追求产量的增长转向追求综合效益的提高，提高了粮食产业利润。早在2003年江西省就启动以稻鸭共栖为主要技术的绿色大米发展计划。近年来，在江西省农业厅及国家、江西省现代农业产业技术体系大力推动下，探索推广了一批稻田综合种养模式，如崇仁县稻田养蛙试验，亩产值超过5万元；永修县云山垦殖场稻田养鳖试验，亩产值1.5万元。截至2017年，全省建成稻渔综合种养面积50万亩，亩均增效1 000元以上。稻渔综合种养模式既能产出绿色优质的大米和其他产品，确保生态安全，还能深度开发旅游文化，提升产业效益，打造地方农业特色，实现一产促二三产，拓宽农民增收渠道。

二、江西粮食产业发展难点

1. 粮食生产成本收益差距拉大，供需结构矛盾凸显

一是江西粮食总成本和总收益基本保持递增趋势，但具体分析来看，水稻

生产成本刚性增长，而收益因粮食最低收购价政策的调整受到很大影响。据2018年7月课题组针对部分种粮大户调查数据显示，2018年早稻（干谷）亩产900斤，售价每百斤113元，剔除成本817元，2018年早稻亩均收益200元；2017年早稻（干谷）亩产800斤，售价为每百斤125元，剔除成本650元，2017年亩均收益350元。由此看出，2018年亩均早稻收益相比2017年减少了150元。从表3-2看出，江西某县普通农户2017年早稻纯收益仅为286元。反推，按照2018年江西早稻亩产提高到900斤，售价1.1元/斤，即使在生产成本保持不变情况下，早稻纯收益也仅为231元。然而，现实中生产成本刚性递增，产值递减，种粮收益年度差距拉大，粮农种粮积极性受挫。多数粮农表示弃种或改种其他作物。

二是江西水稻种植品种多为籼稻，粳稻偏少，品种结构单一。调查样本中只有10%的水稻种植大户同时种植籼稻、粳稻，且粳稻种植面积仅为20%左右。但从市场销售情况反馈，因粳米外形丰满肥厚且营养丰富，消费者更多选择粳米。而截至2017年江西粳稻种植面积80万亩，相比全省近5 000万亩的水稻种植面积而言，占比极低，江西水稻种植品种结构与市场需求不符。

三是在长期的粮食最低收购价政策引导下，粮农种粮往往唯产量和成本为第一决定因素，导致农户种植结构与市场需求错配，导致优质稻种植比例严重扭曲下降，稻谷供给质量低（表3-2）。

表3-2　2017年江西某县水稻成本收益调查

种类	育秧成本	物化成本/（元/亩）			机械成本/(元/亩)		人工成本/（元/亩）			
		种子	农药	化肥	机耕	机收	移栽	施肥	打药	运输、晒谷等
早稻	0	39	90	115	100	65	10	30	40	35
中稻	20	40	155	150	100	65	160	30	50	35
晚稻	20	40	130	130	100	65	200	30	50	35

种类	土地成本/（元/亩）	其他 水费/(元/亩)	亩产/斤	售价/（元/斤）	产值/（元/亩）	纯收入/（元/亩）	备注
早稻	200	10	850	1.2	1 020	286	直播
中稻	400	20	1 200	1.26	1 548	323	人工手插
晚稻	200	20	1 000	1.26	1 290	270	人工手插

2. 大田生态环境堪忧，重金属污染防控和修复有待推进

一是粮农长期的“重量轻质”的意识下，在粮食生产中投入了大量轻简便的化肥、农药、农膜以获取高产出，而需投入较多劳动力的红花草、有机肥等生产资料投入较少。过量的农药化肥造成土壤酸化板结、耕地地力不足、耕作层变浅，使农田面临资源、环境双重约束。

二是工业遗留的重金属污染问题对农业生产造成区域性威胁。江西大部分工业远离耕地，但受历史因素影响，工业企业乱排乱放所造成的农田土壤污染仍威胁着粮食安全。在调研中发现，某粮农耕作的农田周边多年前有一家蓄电池厂，虽已拆迁，但原厂址周边区域的农作物重金属超标，大米被拒收，给粮农造成了巨大损失。

三是重金属污染防控和修复研究工作未得到有效推进。由于耕地重金属污染具有隐蔽性强、点多面广、治理难度大等特点，基层政府和民众对耕地重金属污染认识和重视不够，加之防治经费严重不足，导致防治效果不理想。此外，针对江西省各区域污染特征方面开展的关键技术研究严重滞后，科研投入严重不足，能够大规模应用和商业化推广的熟化技术稀缺。

3. 农业基础设施建设不足，耕地利用结构不利于粮食生产

一是长期执行的土地经营制度，导致江西农业经营主体散小，耕地碎片化严重。尤其是在农村老龄化、高龄化的人口压力下，对农村基础设施投入不足；以及土地流转的短期行为普遍，种植大户基本一年一签，过度压榨耕地资源。这些导致江西全省农村基础设施建设明显滞后于农村的经济发展，耕地适度规模经营困难。尽管江西省加快推进高标准农田建设，但从调研情况看，部分区域高标准农田建设仓促，形式大于实效，新建基础设施实用性和持久性有待考证，且从江西所具有的特殊山区丘陵地形地貌看，要实现全部耕地农业基础设施高标准建设难度系数高。

二是随着大量青壮年劳动力外出务工，工商社会资本进入农村，农村土地流转率加快，近几年江西耕地流转费基本在每亩400元，部分区域一级耕地甚至达到600~800元。由于种粮效益低下，加之流转费居高不下，多数流转土地用于非粮种植，直接影响了粮食生产能力提升。

4. 水稻研发技术有待提高，科技发展不均衡

一是水稻研发技术仍存在诸多难点。江西直播稻在实际生产中存在采用长

生育期优质常规稻、出苗不整齐，后期易倒伏、肥料利用率不高等技术难题。目前筛选出来的比较适宜的、再生能力强的可适用再生稻品种少，未能形成标准化再生稻技术规程，生产中存在机收、抗病等关键技术环节问题有待解决。江西省高效立体综合种养模式共生共养技术仍存在漏洞。

二是水稻全程机械化尚有瓶颈。江西水稻生产全程机械化发展有着“先天不足”，历经多年发展，目前仍存在一些问题。江西目前双季稻机插率仅为13%，只有全国的一半。双季稻机插过程中存在如水稻品种选择、机插均匀度、氮肥利用率等技术难题。适应杂交稻、超级稻高产机械化和免少耕高产栽培以及秸秆全量还田高产栽培机械化发展需要的新机具研发与创新仍不能满足杂交稻和超级稻大面积高产栽培的需要。

5. 江西粮食陷入“托市困局”，市场竞争力不足

一是私营粮企自有收购资金不足，且企业自身贷款融资难度较高，多数为商业贷款，贷款利息高，导致私营企业大多只能收购自身资金承受能力内的稻谷存量，边加工边收购，而一旦过了收购集中期，粮农无粮可售，企业只能通过轮拍或更高价从其他渠道获得。此外，2018 年上半年中央储备粮轮出节奏过快严重冲击市场平衡，国家储备粮轮换过快、过多，流入市场的原粮激增，严重冲击着粮食市场，企业自身存粮销售更加困难。

二是大米品质缺乏品牌竞争力。近年来越南等低价进口米大量涌入粤、闽市场，赣米难以进入传统销区，传统销区大米反而逆向流入江西产区，造成产销区倒挂。传统销区正逐步丧失，原有的江西大米加工企业 1/3 运转正常，1/3 倒闭，1/3 勉强维持。得以生存的粮食加工企业大米外调大幅减少，转为内销为主，且大多加工链条虚化，加工大米的正品率低，稻谷加工损耗率高达 5%左右，中高端大米加工品少，市场竞争力低。

三、江西粮食产业供给侧改革优化方向

江西粮食产业发展以“质量兴粮、绿色兴粮、品牌强粮”理念为引领，立足“提产能、调结构、促加工”，推动粮食全产业链协调发展。

1. 深入推进产业发展前端建设，保障“稳粮、优供”

一是实施好高标准农田建设，扩大轮作休耕面积，实现藏粮于地。在坚持

最严格的耕地保护制度，确保耕地数量不减的同时，狠抓农田质量的提高，加强农田基本连片整治，完成好年度高标准农田指标任务，以保证全程机械化作业和粮食生产机械化水平的提升。当前已进入高标准农田建设施工的攻坚期，要严把工程建设质量关，在保质前提下，加快工期进度，确保建设面积和耕地质量不下降，形成农田基本连片，保证全程机械化作业和粮食生产机械化水平的提升，真正把高标准农田建设成为绿色生态农田。同时，结合“耕地保护与质量提升行动”和2018年农业结构调整补贴，扩大稻油轮作休耕试点，改善土壤，培肥地力，提升耕地质量和产出率。

二是注意耕地面源污染的防治和重金属污染的处理。深入实施绿色生态农业“十大行动”，探索一批绿色生态防控模式，大力深入实施农药化肥“负增长”行动，推出绿色投入品，扩大绿色防控覆盖面，推广生物农药、有机肥，推广水稻控肥、控苗、控病虫的“三控”施肥技术，有效遏制农业面源污染，保障农田自身生态环境。开展农业面源污染和重金属污染防治项目建设，尽快修订和完善江西省农用地土壤环境质量标准评价体系，实施土壤质量动态监控，严控污染物流入耕地，从外部环境上确保农产品质量安全。地方政府要熟化推广已有重金属污染耕地治理的适用技术，严管农业投入品使用，科学施用有机肥，构建循环立体生态模式。

三是积极示范推广粮食绿色高效技术。根据《农业农村部办公厅关于开展农业重大技术协同推广计划试点的通知》，充分利用好国家生态文明试验区（江西）、国家级、省市县级现代农业示范区建设，现代农业（水稻）产业体系项目或水稻科研项目建设，紧扣江西省农业结构调整的优质稻米产业工程，充分发挥江西省水稻产业技术体系各岗位专家的技术专长，深入到各县市开展优质稻绿色高效集成技术协同推广，推广优质稻全程机械化绿色高效种植技术、优质稻绿色抗倒栽培技术等重大技术，积极试验示范和推广新型高效水稻种植模式，形成地方示范带动效应，带动周边区域均衡发展。此外，现代农业产业体系学科间也要不断加强技术交流，共同探讨稻田综合种养模式中的技术问题，科学判断稻田综合种养适应区域、范围和种养规模，确保耕地地力不降，又能提升产业综合效益。

四是构建江西省水稻丰产栽培全程机械化技术体系。选型或研发配套的秸秆还田、种植、施肥、灌溉、植保等先进机具与农艺技术，加大低成本、高性能、高可靠性、多元化的播栽机械研发力度，加强本土化水稻机械化（超）高产高效栽培关键技术研发。

五是积极开展“互联网+”现代农业行动。推动现代信息技术在粮食生产领域的广泛应用，建立生产智能监测服务平台和病虫害实时自动监测系统，对作物生育进程、生长环境、土壤肥力、苗情、墒情、灾情、病虫等信息进行定点监测、实时数据采集分析，因时、因地、因苗指导作物生产。

2. 注重产业发展中端打造，实现“提质”

一是从农田自身生态环境建设角度，推广“三控”施肥技术。深入实施农药化肥“负增长”行动，推出绿色投入品，扩大绿色防控覆盖面，推广生物农药、有机肥，推广水稻控肥、控苗、控病虫的“三控”施肥技术，有效遏制农业面源污染。

二是抓好水稻种植结构调整，实现高效生产模式。重点集成双季双抛、双季机插、双季直播等高产高效技术；组装“双季稻+油菜（绿肥）”“一季稻+再生稻+油菜（绿肥）”“早籼晚粳”“一季中粳+油菜/绿肥”等高产高效模式，选育优质早稻和早稻直播专用品种，压籼扩粳，压常规稻、扩优质稻，加大优质水稻品种推广，如‘甬优 1538’‘春优 84’。对劳力不足的双季稻区，可适当种植部分再生稻调配生产季节，提高二茬稻谷质量。

三是发展优势品种，优化产业布局。继续优化粮食生产布局，依据地区资源禀赋重点建设“四个产业园”，即鄱阳湖优质大米产业园、抚吉优质大米产业园、富硒功能大米产业园、赣西有机大米产业园，并以市场需求为导向，大力发展优质大米、富硒功能大米、有机大米等三大优势品种。

四是推广“水稻+”综合种养模式。积极引导和扶持种粮大户、家庭农场、农民合作社、农业龙头企业等新型经营主体，开展稻鸭、稻蛙、稻鱼、稻虾等绿色生态的稻渔综合种养示范，构建绿色生态种养技术规程。

3. 注重产业发展后端打造，实现“增效”

一是重视加工研发，推进粮食精深加工与转化。地方政府安排专项资金支持粮食加工企业贷款贴息、订单奖励和宣传推广等关键环节，鼓励支持企业改造升级，提升粮食加工技术装备水平，控制盲目投资和低水平重复建设，倒逼落后加工产能退出。结合江西省优质粮食产业工程，鼓励粮食型龙头企业加大加工研发投入，开展粮油副产物循环、全值和梯次利用的粮食精深加工与转化，大力推动米胚、米糠、碎米、淀粉糖、油脂精练和稻壳发电等副产物综合利用，提高粮食综合利用率和产品附加值，实现粮食主产省向粮食产业经济强省的转变。

二是强力注入稻作文化，提升区域公用品牌效应。根据“江西好粮油行动计划”，深入实施“生态鄱阳湖、绿色农产品”品牌发展战略，按照“一个优势区域、一个公共品牌、一套标准体系、多个经营主体和产品”的品牌整合路径，尤其要抓好已通过审定的7个区域公用品牌和2个绿色特色品牌建设，进一步整合现有商标资源，同时大力推进以优势企业和优势品牌为核心，实行统一品牌、统一包装、统一宣传、利益分享，培育和创建一批质量好、消费者认可度高、市场占有率高、市场竞争力强的全国性粮食品牌，逐步解决江西省粮食品牌“杂小弱”的局面。鼓励、支持优势粮食加工业改造升级，提升粮食加工技术装备水平，倒逼落后加工产能退出，加速江西大米加工企业重新洗牌，延长产业链，增加附加值，增加中高端产品和精深加工产品供应，打造市场强势品牌。品牌打造中强化绿色生态稻作文化的注入，使稻米具有生命力和精神力，使受众食“赣米”有所感、有所悟。同时，江西各级粮食部门以产权制度改革为核心，加快推进粮食企业混合经济改革，推动地方国有粮食企业引入社会资本参与企业改制重组，培育一批生产“江西大米”品牌的国有骨干粮食企业。

三是树立“大农业”观念，实现三产融合。依托田园综合体、现代农业示范（产业）园、特色小镇的建设，大力发展与稻米相关的休闲农业、观赏休闲旅游业、电商业、商贸物流业、生产性服务业、绿色餐饮业等二三产业，加大粮食文化资源的保护和开发利用力度，支持爱粮节粮宣传教育基地和粮食文化展示基地建设，推动文化产业、休闲产业与稻米生产相交叉的新型产业发展，进一步促进农业产业结构调整，实现一二三产业融合发展。

四是拓宽企业融资渠道，加大对企业补贴扶持。地方银行积极开展“银担惠农贷”业务，为自身无法提供有效担保的种植大户、家庭农场、农民合作社、农业社会化服务组织及与粮食产业相关的农产品加工、销售领域的新型经营主体，提供担保贷款，并开通绿色通道、实施优惠利率、提高审批效率，创新金融服务等举措，大力支持农业生产过程中的各项融资需求，确保“银担惠农贷”取得实效。此外，落实国家、省关于支持农产品加工业发展的各项政策，安排专项资金支持粮食加工企业贷款贴息、订单奖励和宣传推广等关键环节；对区域品牌加工企业与种粮经营主体签订的优质稻收购订单给予专项补助，建设一批产业融合紧、种植效益好的优质大米基地。同时，金融机构要加大对企业监管，防控金融风险。

四、江西粮食产业发展趋势

1. 粮食总产爆发性增长可能性降低，绿色优质大米将加速发展

早期国内粮食总量不足，供求偏紧，为了避免粮价大幅波动而影响国家粮食安全，以及调动农民种粮积极性，国家于2004年出台并实施了粮食最低收购价政策。之后，连续多年提高最低收购价水平，有效促进了粮食总量增加，目前中国粮食生产实现“十三连增”，粮食产量不断创新高。2016年，我国人均粮食拥有量已达到445.7公斤，远远超过同年世界人均粮食拥有量286.23公斤，达到世界平均水平的1.56倍。因此，中国对粮食需求增速将进一步放缓，国内粮食产量爆发性增长可能性大幅降低。

与此同时，十多年的粮食收购政策使得国储粮存量已攀升至极高水平。在如此庞大的粮食存量下，我国粮食正加速进入一个去库存时代。未来一段时间，在“快速去库存措施”和“取消最低收购价政策”下，大米加工行业所依赖的优质稻米需求也随之大幅提升。稻米调品种调结构需求日益明显，将加速优质稻米在粮食种植结构中的比重。

2. 市场需求格局深刻变化，国际合作增强

过去几十年里，我国既是粮食生产大国，也是粮食消费大国，中国粮食产量变化足以影响世界粮食安全和国际贸易。一直以来，美国是世界上最大的粮食出口国，出口量约占全球粮食出口总量的1/4，其中以大豆和玉米为主。中国则是全球第一粮食进口大国，且2017年中国首次允许美国向中国出口大米。而2018年以来，中美贸易摩擦处于不断升级态势，中国宣布对美采取加征关税措施，美国粮食出口受限。在此情形下，俄罗斯积极加强粮食出口，自2017年7月1日至2018年5月15日，俄罗斯对华出口粮食及其加工产品总量达123.1万吨，创下“俄罗斯现代史上的绝对纪录”。同时，除美国外，我国还大量从

越南、泰国和巴基斯坦进口大米，这些地区的粮食经由“一带一路”大量出口至我国。此外，多年来，江西大米出口量长期保持全国前列，以低端大米为主，出口地多集中在非洲等地；自2005年伊始，江西大力开发高端大米，出口地拓展到东欧、南美、东南亚等市场。可以预料，随着“一带一路”倡议的深入推进和亚太地区对华出口增加，江西市场上可供选择的进口大米品种增多，江西大米出口渠道同样得到拓宽。

3. 产业布局优化，集中度将进一步提高

当前，在技术发展创新、资源禀赋变化、环境治理严格、市场需求升级等因素影响下，江西粮食产业布局正在发生深刻变化。依据地区资源禀赋，结合地理优势和资源优势，江西将继续优化粮食生产布局，形成地理位置上的集中，重点建设“四个产业园”，即鄱阳湖优质大米产业园、抚吉优质大米产业园、富硒功能大米产业园、赣西有机大米产业园，并以市场需求为导向，大力发展优质大米、富硒功能大米、有机大米等三大优势拳头品种。在少部分大米加工企业保持较强竞争力的同时，大部分弱势大米加工企业因成本上升、产品销售困难而退出市场，江西粮食产业集中度不断提高，大量淘汰落后产能，行业利润向龙头企业集中，构建功能上集聚的空间布局。

4. 产品结构升级，行业绿色发展渐成趋势

经过几十年的粗放型发展，江西粮食产业进入了转变发展方式、优化产品结构的重要时期。随着我国粮食市场需求接近饱和，特别是低价政策性稻谷大量出库、进口冲击以及稻谷最低收购价大幅下调效应不断发酵等因素影响，未来一段时期，预期江西粮食行业竞争加剧，大米企业唯有通过延伸产业链、优化产品结构、提高产品质量等来提高企业竞争力。

同时，伴随着政策环境、市场环境的转变，粮食行业也进入“新常态”。优质化、安全化、市场化、国际化成为未来粮食行业发展的重要指导思想，粮食行业绿色发展渐成趋势。

第二节　提升鄱阳湖大米区域公用品牌竞争力的思考——基于鄱阳县调查

2018年，江西全省各地以农业供给侧结构性改革为主线，以市场为导向，

以效益为中心，以创建区域公用品牌发展品牌农业为方向，推动农业供给侧结构性改革。为了解江西省大米区域公用品牌建设情况，2018 年课题组前往鄱阳县展开实地调研。调研结果表明，创建区域大米公用品牌是解决江西省大米行业发展不充分的重要抓手，是实现产业兴旺、乡村振兴的重要举措，也是加快鄱阳县粮食产业发展、经济发展的有效途径。

一、现状与问题

1. 鄱阳县水稻生产概况

鄱阳县得鄱阳湖滋润，饱汲天地之精瑞。自古“稻饭鱼羹”，是江南有名的“鱼米之乡”，素有“富饶之州”“银鄱阳”之美誉。鄱阳县是我国重点商品粮生产基地，全国粮食生产大县，连续 9 年获评全国粮食生产先进县，成为江西最大的粮仓，是江西省第一个粮食总产量超过 20 亿斤的水稻大县。2017 年粮食播种面积 270 万亩，总产量 110.8 万吨，其中水稻分别占 96%和 98%，全县全年提供商品粮 65.9 万吨，商品率 49%。近年大力发展订单农业，有效促进了优质米产业发展。

鄱阳湖大米色泽如玉、晶莹透亮、粒型整齐，营养丰富，富含钙、锌、硒、维生素 E、维生素 B_1 和微量元素。米饭烹煮时满室飘香，口感润滑、食之清甜细软，凉饭不回生，堪称米中之精品，是优质、安全、健康、质量可追溯食品。为优质大米区域品牌创建提供了良好的生态条件和文化基础。

2. 鄱阳湖大米区域公用品牌创建情况

鄱阳县共有 11 家省级龙头大米企业。鄱阳湖大米区域公用品牌创建以江西鄱阳湖米业有限公司和江西盛态粮食股份有限公司两个龙头企业为核心，构建稻米现代化生产经营体系和产业体系，逐步形成覆盖鄱阳全县的完整稻米产业链。形成生产订单化、产品优质化、全程标准化、营销品牌化的产业格局。逐步建立“优势互补、紧密联系、分工协作、利益分享、融合发展”的优质稻米产业发展新机制。力争通过 3 年时间，把“鄱阳湖大米”培育成全国知名的区域公用品牌。

江西鄱阳湖米业有限公司 2014 年注册成立，大米年加工能力 10 万吨，其知名客户包括深圳泰香米业、广东天润粮油、华润集团上海大润发、上海家乐福超市等，生产的“鄱阳湖”大米荣获第十五届中国国际农产品交易会参展产品金奖和2017江西“生态鄱阳湖·绿色农产品”（广东）展销会产品金奖。主营农业种植、加工和生产服务等。公司已经流转5万多亩优质水稻生产基地，2017年订单面积21万亩，2018年扩大到30万亩，正在开展3万亩稻田养虾等绿色生产方式。

江西盛态粮食股份有限公司，2012年认定为江西省农业产业化经营省级龙头企业，是全省唯一的新三板上市米业公司，2007年成立，2016年挂牌。大米年加工能力10万吨，2015年度、2016年1—8月营业收入分别为5 969.51万元、4 524.38万元，净利润分别为57.31万元、112.89万元。经营范围涵盖粮食加工、销售；粮食收购；粮食仓储；米制品加工、销售；粮食加工、仓储及其技术研发与咨询服务；农业投资；农作物种植；农业技术研发与咨询服务。建有8万亩生产基地，订单面积20万亩。公司立足粮产区，专注原产地好稻米，致力打造鄱阳湖大米品牌，倡导“中国好米，南有鄱阳（籼米），北有五常(粳米)!”。公司现有“米篮子”品牌鄱阳产地优质大米，获得多项金奖，被评为江西省名牌产品、江西省著名商标，充分利用自由的销售网络并借助相关合作平台（代为华润五丰米业公司贴牌加工），销往港澳市场、深圳、广州乃至北京、上海、重庆、西安等地，深受追求高品质生活的消费者喜爱。

鄱阳湖大米区域公用品牌创建的相关策划主要包括以下内容。

产品定位：健康高品质的生活。

核心价值：原始，健康，高端。

行为方向：一湖清水，育一方好米。

品牌形象：北米五常，南米鄱阳。

总的来说，鄱阳是江西省水稻面积最大的县市，利于品牌建设。一是粮源丰富。二是以双季稻为主，晚稻品质好于周边中稻或晚稻，利于生产优质稻米。三是基础较好，烘干、仓储、加工、质量检测、物流等设施齐全，种子、肥料、农药、生产、订单、加工、销售、溯源八位一体，条件好。目前，鄱阳县大力发展虾稻连作3万亩，也将促进稻米质量和安全性，利于鄱阳湖大米品牌的创建。

然而，鄱阳湖大米区域公用品牌建设也还存在不少问题与执行偏差。一是两个米业构成品牌创建联合体，但尚未形成步调一致的机制。二是尚未完全敲定经费扶持范围。三是鄱阳湖大米品牌已由政府注册 10 年，但一直未成气候，尚未成为公用品牌，没有产生品牌效益，需要大力拓宽品牌价值空间。四是主导品种是‘黄华占’，属于中档优质米，难以适应品牌创建的高端需求。五是米企一般只有品种需求，没有配套技术需求，也不太懂水稻生产技术，缺乏品种知识，认为这是种植户的事情，导致即使有优质稻品种也不一定能获得优质粮源。六是资源碎片化现象严重。在大米品牌建设中也存在一些问题，如，多数本地大米企业以大包装的形式供应给发达城市米企，发达城市米企再分装销售，最终沦为他省品牌的嫁衣；大米企业品牌小、多、杂、乱比较普遍，还缺乏能深入人心的、具有领军意义的品牌。多年来始终面临品牌杂、标准不统一、供应链短等三大短板。因此打造优势大米品牌，小船借大船出海势在必行。调研发现多个米业公司都想使用区域公用品牌，却又担心品牌创建效果，有的在期待，有的在观望。

二、对策建议

农产品区域公用品牌是指特定区域内相关机构、企业、农户等所共有的，在生产地域范围、品种品质管理、品牌使用许可、品牌行销与传播等方面具有共同诉求与行动，以联合提供区域内外消费者的评价，使区域产品与区域形象共同发展的农产品品牌。高端化、个性化、差异化需求，使中国大米产业进入了转型升级的关键时期，对品牌建设的需求越来越迫切。大米区域公用品牌不属于某个企业或个人，它可以在政府或部门的引导和支持下，由 1~2 家实力雄厚的大米企业带头建立，设置从生产到销售的标准和门槛，引导本地相关企业准入，形成县域经济的核心竞争力，最终塑造成县域文化。

1. 强化品牌创建要素

品牌逐渐成为影响消费者选择商品的重要因素，品牌战略已成为企业竞争制胜的关键。在品牌建设过程中，首先要建立从种植、田间管理到储藏、运输一系列流程的操作标准，把好产品质量关。最关键的是要稳定粮源和确保品质。把控好品牌的唯一性，要做到个性化与差异化。鄱阳湖大米特异性要素就是我国最大的淡水湖生态圈优越的气候、土壤、水肥、生态条件和相匹配的优质稻最佳栽培技术，独此一家。品牌创建需要突出品牌文化、消费区域和产品特色。

2. 积极发挥行业协会凝聚力和龙头企业的引领作用

成立大米行业协会，统一思想，做实行为规范。创建区域公用品牌，要保证各方得利，大多数米业愿意利用区域品牌，而非挂靠华润、益海嘉里等企业品牌。这就需要定思路、定品种、定技术、定标准、定市场、定规则。要积极发挥鄱阳县水稻产业协会的作用。同时大米公用品牌的创建，需要选出几家实力雄厚的米企发挥引领示范。在行业协会和政府部门的指导和监督下，结合现有国家和地方行业标准，由米企主导大米公用品牌的创建。稻米产业链上的主导企业必须加强沟通、协调、分工，完善公用品牌建立的标准，带动地区米业的行业准入，增强公用品牌大米的供给能力和影响力，形成利益共存体。

3. 确立市场定位，提升品牌竞争力

根据发展形势和现有基础，准确市场定位。重视专业营销队伍建设，拓宽电商等销售渠道，保障企业、农户双赢。迎合新时代消费升级需求，以中高端产品为主，突出食味口感，兼顾大众市场与小众市场，根据品牌对象，投其所好。如福建喜欢有油脂而华润可口的大米，广东则喜欢小粒型有香味的优质稻。

4. 确立适宜当地生态条件的优质稻品种

品种是创建大米品牌最重要的基础。选好品种是关键，品种太多了反而不利，品种多，粮源就杂，江西有‘黄华占’‘万象优’‘泰优’‘野香优’‘Y两优’等很多品种，而安徽都是丰两优，且都是统一季节生产，粮源质量稳定，这成为安徽大米抢占浙江等市场的主因。东胜米业徐胜宾董事长认为，‘923’一直是最好的品种，在福建市场是唯一可与五常大米匹敌的品种，有绝对优势，可惜现在粮源少，主要是品种退化严重，种子纯度没有保障。当前只有‘923’品种可以收回福建市场，也可以打入上海市场。因此，第一要遴选公用品牌中2~3个具有市场竞争力的核心品种，从目前江西的优质稻品种竞争力看，‘923’‘926’和‘外引7号’可以作为塑造公用品牌的优选品种；第二要加大优质稻新品种引进筛选力度，大力推荐订单优质稻品种；第三要重点抓好‘923’品种的提纯复壮；最后，鄱阳是典型的双季稻区，引进筛选出像‘湘早籼45号’的长粒型优质早稻品种也至关重要。

5. 加强技术创新，强化科技支撑

在积极引进筛选适宜当地的优质稻品种的基础上，着力提高大米品牌的内在质量和影响力。科学利用当地光温生态条件，试验制定区域配套栽培技术标准，加快发展节水节肥节药等节本技术。针对优质稻普遍抗倒伏能力弱和环湖风大的影响，重点研发优质稻抗倒栽培综合技术，以便于机械化收割。实施配方施肥、无人机病虫害防治技术，突破清洁生产、农业面源污染防治、产地污染治理修复等技术，开展畜禽粪便处理、秸秆综合利用等科研攻关，为绿色发展提供强有力的科技支撑。

6. 保障优质粮源与产品标准、稳定产品质量

鄱阳县是双季稻高产区，土地流转价格高，多数种植大户为摊平土地成本，多以双季稻为主，而早稻长粒型优质稻少，圆粒型早稻落地谷对创建优质大米品牌的不利影响不容忽视。若要生产高档优质晚米，早稻就不宜种植圆粒型储备粮和加工专用稻品种，而应种植长粒型优质早稻。为缓解“双抢”紧张和劳力，种植大户也会种植一定面积的一季稻，一季稻灌浆期温度相对晚稻要高，品质不如晚稻或一季晚，这就导致粮源质量不稳定，这也是近几年江西省失去浙江稻米市场的主要原因。而筛选灌浆期耐高温的优质稻品种至关重要。应坚持鄱阳湖大米食用安全，与绿色食品生产相结合，采用有效栽培措施，从生产地源头上阻断重金属超标的稻米生产。另外稳步加强稻米仓储能力，以保证7—10月稻米生产空窗期的供给能力，创建品牌初期可租借国家粮食直属库或市场冷库储存，在公用品牌长足发展后可自己建立仓储库。

7. 提升各方信誉度

据米业公司反映，有些农户竟然在‘美香占2号’中掺杂‘岳优9113’稻谷，导致优质稻粮源质量缺乏保障。而去年米业公司开展万象优华占订单，因为倒伏严重后期又碰到下雨出现穗上发芽，最后米业公司不收了，合作社自己找销路卖掉了。这就要求公用品牌的创建要兼顾农民的利益，尤其是种粮大户的利益，通过价格、技术、保险、补偿等措施保障农民的种粮积极性，要坚持从品质中给农民产值，增强米业公司与种植大户间的信誉度，确保公用品牌大米的长足供应。

8. 加大土地流转和基地建设力度，落实订单

通过米业企业担保，缓解种植大户贷款融资难问题。盛态米业表示非常愿意为种植大户担保，以此建立稳固的订单关系。其次要创新土地流转机制和利

益联结机制，做好产业链衔接与融合。

9. 聚集优势企业、开展全产业链联合

发挥资源优势，培育区域公用品牌。壮大企业品牌，培育规模化的大米龙头企业。通过品牌经营、资本运作、产业延伸等方式进行联合重组。光靠一个企业是很难把品牌做起来的，关键是量的问题，仅鄱阳湖米业一家不能保证市场供应，一断货就会砸了品牌。要让有积极性的企业享受区域公用品牌，增强企业自律。尽快制定可行的联合行动方案，避免各自为政、各搞一套的碎片化运作。如东胜米业想挂靠鄱阳湖米业，又担心它是否具备实力，景田米业也很想共用鄱阳湖大米品牌，又担心能否生存？因此，应由政府大力推动区域公共品牌建设，把老企业捆绑起来，形成凝聚力。在量上保证品牌营销时不断货，在质上小范围内可与万年贡米抗衡，大范围内能与华润等大品牌竞争。米业公司期待鄱阳湖大米能实现传统米业的转型升级，突出食味品质和食品安全，打造放心粮，最终成为一艘航空母舰，打败益海嘉里和华润。

10. 促进三产融合

建设以稻虾等稻渔产业为主题的乡村休闲旅游示范点，建设游客中心、稻田亲子体验、邻水栈道、采摘垂钓体验、餐饮品尝、会员订制等农业休闲观光设施，弘扬稻作文化，建立品牌情感。围绕“美居、美业、美游、美文”进行文化发掘、村庄整治、土地整理、生态保护、产业转型等农业资源综合开发。结合打造田园综合体和特色小镇，为乡村振兴添砖加瓦。

11. 政府要加大宣传力度，并负责建立监管追溯体系

在进一步加强宣传的基础上，多组织考察学习。在创建方案中，鄱阳湖大米排名第二，在江西省仅次于袁州区的宜春大米公用品牌，但和万年贡米和宜春大米还有很大差距，更不能与五常大米等全国著名品牌相提并论。组织行业协会会员单位外出学习交流。建立一套完善的符合市场规律、弘扬品牌价值的标准体系、认证体系及监管追溯体系，提升政府公信力，增强消费者信心。引导企业市场开拓与品牌营销、争取品牌荣誉、稳定客源、提升品牌价值。

公用品牌的创建是一项综合工程，需要政府的政策和资金支持，也需要科研院所和农技部门的技术支撑，更需要贷款和社会资本的融入。政府或农业部门应有服务品牌的意识，加强农业基础设施的资金投入和建设；联系相关技术

单位开展生产技术培训和生产区域环境调查监测；提供产业和资金信息，发挥信息和资金的桥梁纽带作用。

第三节　粮食最低收购价连续3年下调对粮农的影响——基于万年县调查

早期国内粮食总量不足，供求偏紧，为了避免粮价大幅波动而影响国内粮食生产，国家于2004年出台了以粮食价格调控为主要内容的粮食最低收购价政策，以保障国家粮食安全和提高农民种粮积极性。之后，连续多年提高最低收购价水平，有效促进了中国粮食增产，实现“十三连增”。然而，连续增产表象下隐藏着国内粮食品种结构、质量与市场需求不符，粮食产量、库存量与进口量“三量齐增”现象凸显。国家积极探索“市场定价、价补分离”改革措施，逐步构建由市场形成价格的粮食购销新格局，以期推动农业供给侧结构性改革，完善农业政策。由此，粮食最低收购价政策改革拉开序幕，自2014年开始停止上调稻谷最低收购价，并从2016年至2018年连续3年下调稻谷最低收购价，我国粮食最低收购价政策改革的步伐逐渐加快。通过对江西万年县12个乡镇600户粮农展开问卷调查，系统掌握粮农对粮食最低收购价下调的想法，认为短期内粮食最低收购价政策不宜立即取消，地方政府则应不断完善粮食价格形成机制、补贴保险机制，加强对中储粮系统引导、监管，促进产业集群发展，提高粮食综合生产能力，引导粮食经营主体主动适应市场，提高抵御市场风险能力。

一、粮食最低收购价下调背景下粮食产业现状分析——以江西万年县水稻主产县为例

为准确了解粮食最低收购价下调对粮农造成的影响，2018年7月，调研组深入江西万年县12个乡镇，向农户发放调查问卷600份，收回有效问卷520份。在本次调研中发现，专业型种植户和散户对粮食最低收购价下调的关注不同，表现出对政策的需求存在差异性。

（一）江西万年县水稻种植概况

万年县位于江西省东北部、鄱阳湖东南岸，生态环境好，是世界稻作文化

的起源地之一，水稻种植历史在12 000年以上。全县现有耕地面积2.16万公顷，水稻播种面积在3.33万公顷左右，占作物播种面积的70%左右，90%以上的农户从事水稻种植，稻谷产量每年在20万吨以上。万年已被列入江西稻米区域公用品牌，“万年贡”品牌价值高达48.36亿元。万年大米每年除8万吨左右农民自留消费外，其余稻谷均外销或转化，商品率达到60%以上，比全省平均水平高50%，是水稻主产县之一。

受最低粮食收购价下调和优质优价调节影响，万年县水稻产业呈现以下几种现象：一是“双改单”趋势明显，一季稻增多。2018年万年县早晚稻面积各24万亩，同比减2.5万亩；中稻5.5万亩，同比增2.5万亩。二是土地流转活跃。全县34万亩稻田，其中30亩以上流转面积达17.2万亩，流转率达50%以上，比2017年略有增加。三是水稻规模化、机械化种植程度高，单产水平高。据统计，2017年早稻（干谷）单产在800斤/亩，晚稻（干谷）在1 100斤/亩，中稻（干谷）在1 300斤/亩。

（二）水稻调查户基本情况

1. 年龄结构多以中老年为主，农村老龄化、高龄化趋势明显

本次接受调查的农户基本为男性，其中有效调查散户220户，专业型种植户300户。从图3-6可以看出，无论是专业型种植户还是散户，高龄化趋势明显，30岁以下从事种粮农户为零。散户年龄最大69岁，最小35岁，平均年龄53.3岁，其中50岁以上（不含50岁）占52.27%，30~45岁（含45岁）仅为29.55%；专业型种植户最大72岁，最小35岁，平均年龄51.7岁，其中50岁以上（不含50岁）占50%，30~45岁（含45岁）仅为13.33%。同时，50岁以上（不含50岁）散户中60岁以上（含60岁）占65.22%，50岁以上（不含50岁）专业型种植户中60岁以上（含60岁）占40%之多。由此可见，留守农村的大多为50岁以上的农民，还有很大一部分即将步入60岁行列，江西农村老龄化、高龄化趋势明显。

2. 大多为兼业型农户，但部分专业型种植户从事与水稻相关生产、服务

从表3-3看出，有75%的农户收入来自多种经营，多为兼业型农户。散户的家庭收入来源渠道多样，但仍以水稻种植作为家庭收入主要来源，主因在于散户中的老年人居多，这些老年人多安守几分（亩）耕地，多从事农业生产；

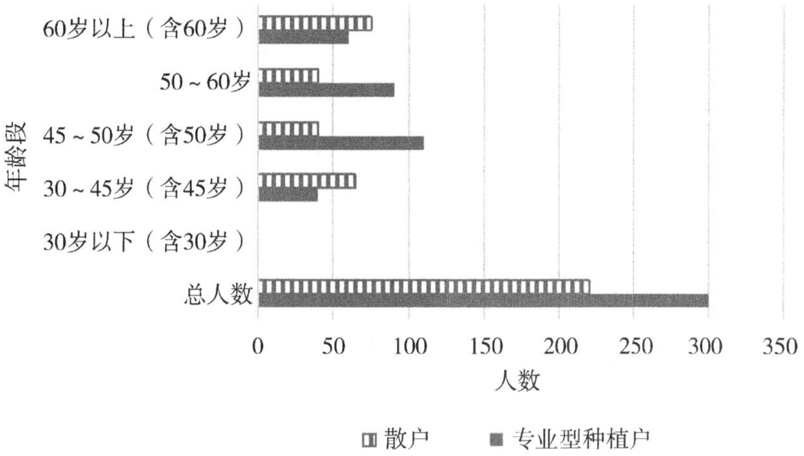

图 3-6　调查户年龄分布

散户中的中青年则多为兼业型农户，大多务工或经商或养殖，种粮仅为实现口粮消费。专业型种植户中以水稻作物为单一收入来源，以双季稻为主，且大多实现全程机械化；但以水稻为第一收入来源的专业型种植户占比高，高达66.67%，而其他部分专业型种植户同时从事与水稻种植相关的农机社会化服务、育秧栽培或稻渔综合种养。

表 3-3　调查户家庭收入来源分布　　单位：户

收入来源渠道	水稻单一收入来源	水稻第一来源收入	养殖第一来源收入	务工第一来源收入	经商及其他
散户	55	85	10	60	10
收入来源渠道	水稻单一收入来源	水稻第一来源收入	养殖第一来源收入	水稻农机服务	其他
专业型种植户	75	200	5	20	0

3. 受教育程度多为初高中文化，有助于提高粮食生产能力

随着上一批老龄人丧失劳动力，家庭农田转移给后代，目前这批劳动力的文化程度较父辈有所提高，从图 3-7 看出，农户的文化程度集中在初中或高中，两者占总的调查对象比例约 70%。较高的文化水平促使粮农的粮食生产能力得到提高，能迅速了解到国家出台的各项政策措施，能更快掌握和使用最新农业技术和农机具，获取更高效益。

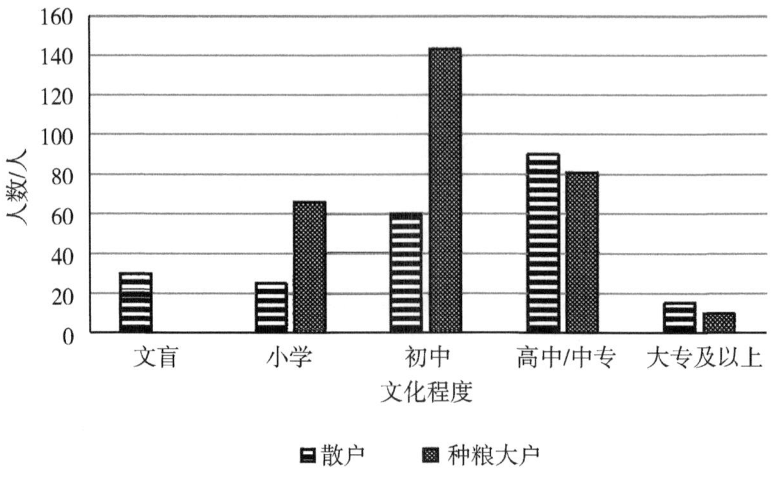

图 3-7 调查户文化程度分布

4. 对技术更新的要求不同，水稻品种多为优质稻

从调查中发现，多数散户以“父传子”模式承袭家庭老一辈的种植技术，多数专业型种植户则会随着社会进步和科技发展，根据社会宣传和周边试验示范效应，向农业专家、当地农业部门咨询，不断更新种植技术和种植品种。此外，粮农到种子店购买种子的时候，基本都会要求购买适用于早、中、晚阶段的优质稻。如，早稻选择‘中早 33’‘中早 35’‘中早 39’，晚稻较多选择‘新香优 906’‘926’等杂交稻，一季稻则选择‘黄华占’‘D 优 33’杂交中稻。

5. 以直销湿谷为主，部分销售干谷

调研中发现，无论是散户还是专业型种植户，大部分都缺乏仓储和烘干能力。因此，多数农户从粮田中收割湿谷，直接销售到烘干厂或大米加工企业，据调查，受最低收购价下调影响，2018 年，万年县早稻湿谷和干谷售价分别在每百斤 72~80 元和 110 元，而 2017 年早稻湿谷和干谷售价分别在每百斤 90 元、120 元。部分中小型农户，在天气利好情况下，也会自己晾晒后出售干谷。

6. 稻谷销售渠道多以经纪人（烘干厂）或加工企业居多，少部分专业型种植户销售给国有粮库

近几年，万年县稻谷烘干厂发展迅速，烘干厂规模不大但网点众多，承担着类似经纪人的职能。受国有粮库布点、开仓收购期限、收购标准、路途远近、排队时间等多方影响，调查中发现 80% 以上粮农乐于选择将稻谷销售给经纪人

（烘干厂）或加工企业，专业型种植户直接通知经纪人（烘干厂）或加工企业到稻田现场装车、称重，按照稻谷质量等级定价，拒收情况很少，且经纪人（烘干厂）或加工企业在收到稻谷同时直接将谷钱转至粮农账户，交易较为简单。从图 3-8、图 3-9 可以看出，77. 05%的专业型种植户更倾向选择稻谷经纪人（烘干厂），43. 90%散户选择稻谷经纪人（烘干厂），各有 22%左右散户选择国有粮库和大米加工企业。由此看出，散户的稻谷销售渠道多样，专业型种植户销售渠道基本单一。

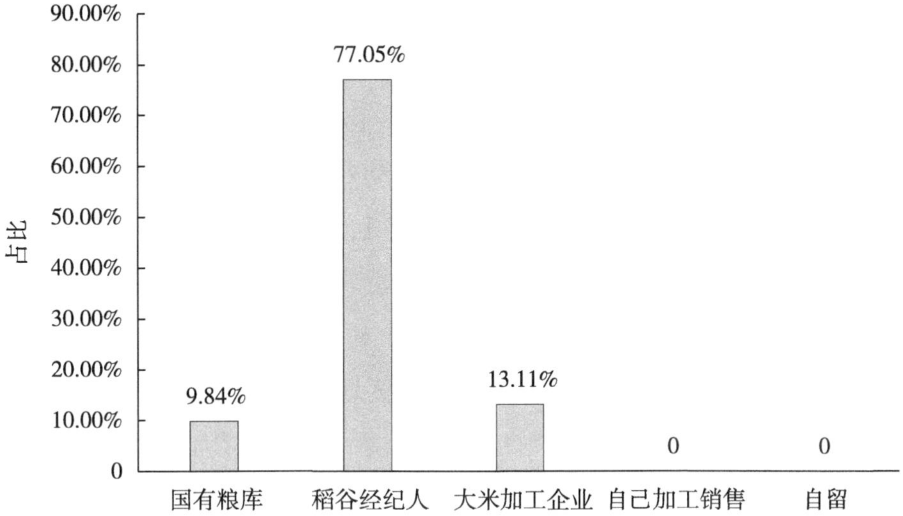

图 3-8　专业型种植户稻谷销售渠道分布

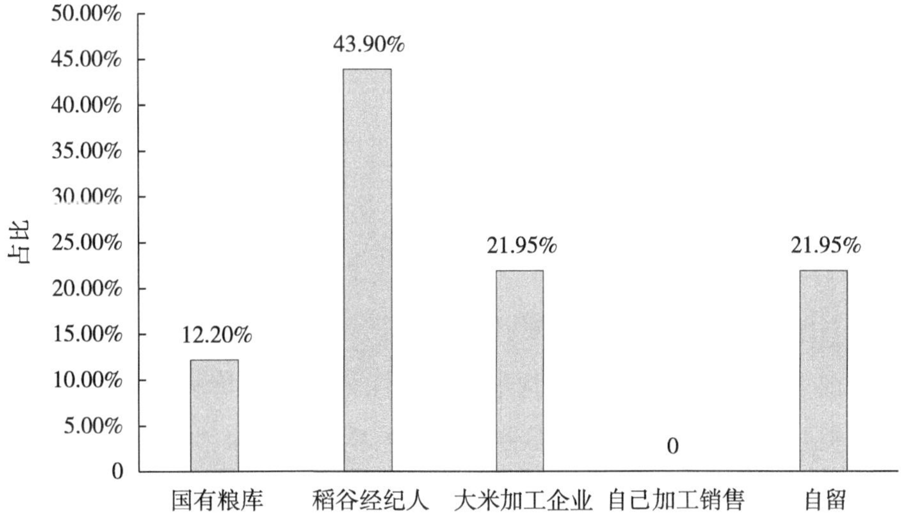

图 3-9　散户稻谷销售渠道分布

同时，到粮库和中央直属库调研时发现，部分粮库提前启动省级储备粮收购，有些库点完全参照国家收购标准和国家最低收购价，早稻收购价与2018年国家最低收购价持平，达到每百斤120元，有些库点收购价则略低，达到每百斤113~115元。在国有粮库现场，我们也看到部分种植大户在此售粮。

7. 散户与种粮大户产前、产中、产后行为反应同异共存

调研发现，①水稻种植模式选择存在很大差异。为了有更多时间兼业，50%散户选择以中稻种植为主，而大户往往从经济效益出发，提高水稻复种指数，超过81%大户选择种植双季稻，仅有9%大户选择种植中稻或中稻轮作模式等。②一季水稻的种植成本基本相近。散户多为中稻种植，对田块的亩均投入成本约在750元，而大户以双季稻投入计算，亩均投入成本约在1 400元。③农机社会化服务得到推广。越来越多的散户主动对接农机社会化服务，采取机耕机收，而大户多自购耕田机、插秧机和收割机，但购买烘干机的极少。④对农村金融信贷和农业保险需求存在较大差异。散户因自身种植规模小，通常不会考虑农村金融贷款和农业保险。而大户对农村金融信贷需求旺盛，但受限于“难贷款”与“贷款难”局面，使得民间借贷现象普遍；大户对商业保险基本不考虑，而对于政策性农业保险则持犹豫态度，认为受灾后获赔率太低，难以覆盖生产成本。⑤粮食外销程度不同。散户尤其是兼业散户，种植水稻只为口粮消费，外销很少。大户则以水稻外销获取家庭收入，大多从收获的晚稻中留足自家口粮，其余全部外销，而早稻全部外销，不自留。

二、粮食最低收购价下调可能引发的效应

通过在江西万年县开展“粮农对粮食最低收购价下调的反应”调研，发现粮价下调引发以下效应。

1. 挫伤粮农对未来种粮的信心，但仍希望政府给予相应扶持

一是对粮价下调有预期，但对托市政策仍存希望。调查中发现散户或小农户因其种植水稻仅为口粮消费，基本不太关注最低收购价政策的变动。但专业型种植户则非常关注，对粮食最低收购价下调反应较为强烈，指出受2018年收购价下调影响，2018年早稻收益降低，生产成本提高，成本收益持平略亏。但仍有部分专业型种植户表示从2017年粮价下调来看，已预计2018年会有下调

可能。但是，我国长期执行的最低收购价政策确实达到了调动农民种粮、地方抓粮的积极性，起到促进农民增收的效果，因此粮农仍希望政府出台相关直接惠农政策扶持粮食产业，稳定粮食市场。二是预计 2019 年粮价仍会下调，但农户无法承受继续下调。从调研来看（图 3-10），多数农户对 2019 年粮价走势无法判断，但通过电视、网络、政府宣传，近 20%的专业型种植户预计 2019 年粮价将继续下调，表示目前规模种植效益已被粮价下调和成本上升所抵消，无法承受粮价继续下调。三是粮价继续下调将缩减耕种土地或“双改单”或改良种植品种。种植 10 亩以内的散户，因耕地基本不需要支付地租成本，种植的粮食除保证自己口粮外，少部分外销仍有盈余，如果粮价下调到一定水平后，散户将直接减少耕地面积，仅确保口粮。多数专业型种植户表示粮价继续下调，则考虑减少流转地面积，因目前一级耕地地租在 500 元/亩，甚至高达 600~800 元/亩，一亩地种植成本太高，目前统计来看，专业型种植户在早稻上的投入成本（不含人工成本）约在 700 元/亩，散户（无地租、无人工）约在 400 元/亩。部分专业型种植户则表示受政策导向影响，将会调整目前种植品种，选择更优质的稻谷种子，实现优质优价。四是目前我国出台的耕地地力保护补贴针对的是确权登记颁证到户的耕地面积，农户只能享受到登记证上的直补，一定程度上降低了流转大户种田积极性。

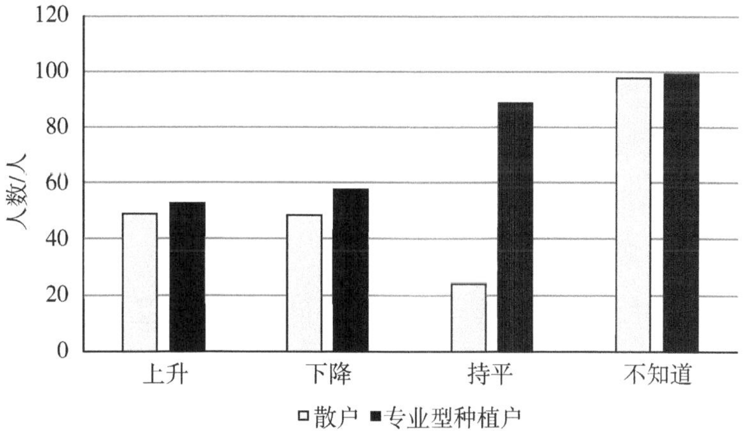

图 3-10　调查户对 2019 年粮价最低收购价走势预期

2. 土地流转价格下滑，土地流转或土地流失加速

调研中发现，多数农户表示粮食最低收购价下调或取消趋势下，会减少耕

种面积，那么现实中有几种情况出现：一是土地流转价格小幅下滑，以一级地而言，2018 年相比 2017 年减少 50～100 元/亩，但其他品级耕地减租不多；二是加速土地流转，土地集中到更少数专业型种植户或企业，有利于实现粮食产业的规模化经营，推动水稻全程机械化操作，提升新型农业现代化水平，利于市场经济发展；三是农资、人工成本难以控制，规模效益连续下滑，多数经营主体放弃种植水稻，土地大面积抛荒出现，无人务农；四是部分转型种植或经营其他农产品的农户增多，但苦于自身素质、调整农业技术难易程度和农产品销售渠道等问题，也会导致务农人员减少。

3. 国有粮企享受最低收购价政策实惠，进一步削减私有粮企竞争力和粮农收益

受国家政策性补贴影响，中储粮系统、国有粮食购销企业和粮管所享受着国家给予保管费、轮换补贴和优惠贷款，粮企和私营粮企处于不平等竞争，国有粮企基本垄断了托市粮收购市场，无法达到“藏粮于民”的目的。众多大米加工企业、烘干厂、粮农反馈，粮管所库点少，多数不能按时启动最低收购价开仓收购，且收购时压价严重，粮农没有真正享受到最低收购价实惠。

4. 私营粮企自有收购资金不足，中央储备粮轮出节奏过快严重冲击市场平衡

私营企业收购资金均为自有，但农村金融产品单一，企业自身贷款融资难度较高，多数为商业贷款，贷款利息高，加上民间借贷欠规范，导致私营企业大多只能收购自身资金承受能力内的稻谷存量，边加工边收购，而一旦过了收购集中期，粮农无粮可售，企业只能通过轮拍或更高价从其他渠道获得。此外，2018 年上半年国家储备粮轮换过快、过多，流入市场的原粮激增，严重冲击着粮食市场，企业自身存粮销售更加困难。

5. 推动农业种植结构调整成效不大，但加速专业型种植户转型升级

调研中发现，尽管专业型种植户表示会不断缩减耕种面积，但对于调整种植结构仍存保守态度，一是长期以来自身只掌握了水稻生产技术；二是突然改种其他作物，种植技术难以掌握，尤其是专业型种植户手中拥有较多农机设备，不太愿意改行从事其他农作物生产；三是水稻相对其他经济作物而言，田间操作简单，空闲时间较多，偶尔可以从事其他活动；四是多数加入合作社的社员仍单打独斗，合作社形同虚设。因此，如何开展行之有效的新型职业农民培育

和田间课堂，让一部分专业型种植户实现转型升级，并让合作社发挥其成立之本意，示范带动周边粮农发展是当务之急。

6. 更加重视绿色无公害品质提升，推动农田大环境整治建设

为应对粮食最低收购价下调，多数农户表示考虑改良种植品种，但同时也担心在保证自身稻田绿色种植基础上，不能确保自家稻田周边的生态环境。即使改良品种，如果品质受损，仍无法得到较好收益。调研时有粮农提及，前几天将收割的早稻送到大米加工企业，企业检测发现重金属超标拒收早稻，追溯下来发现自己耕种的地块周边早年有一家蓄电池厂，虽已拆迁，但遗留了众多污染问题。因此，粮价下调以及大众对绿色无公害农产品消费导向下，迫使粮农团结起来共同改善农田大环境，控制稻田外部环境，确保稻谷质量。也推动着地方政府尽快开展、完成高标准农田建设，以及农业面源污染整治、重金属和有机污染防治工作，还农业一片生机农田。

三、应对粮食最低收购价下调影响的建议措施

结合国内外粮食市场形势和江西万年县粮农调研反馈来看，当前我国粮食最低收购价政策不易立即取消，短期内国家仍需完善粮食最低收购价政策，地方政府则应不断完善相关体制机制建设，积极引导粮食经营主体主动适应市场。

1. 积极宣传粮食收购政策背景，努力营造优质优价市场竞争氛围

地方政府要积极向粮食经营主体宣传国家出台粮食最低收购价政策的背景、意义、目前国内国际粮食产业发展形势，以及长期执行的最低收购价政策与市场需求不相适应。唯有减少政府对粮食价格的直接干预，粮价与政府补贴脱钩，由市场自主调节，市场对资源配置的决定性作用才能得以充分发挥。而市场竞争推动农户改善种植品种、提升种植技术、注重种植环境，有利于优质粮食市场构建，推动地方农业供给侧结构性改革，优质优价必将赢得市场和较高收益，引导粮食经营主体早日主动适应市场。

2. 完善补贴机制，有效控制生产成本

完善补贴机制，大力推行物化和技术补贴方式，控制生产成本上涨，提高农户种植收益。一是地方政府统一组织专业技术队伍，免费为农户提供服务。二是采取更灵活的农机具购置补贴政策，让更多粮农用得起农机，愿意从事水

稻轻简化生产。各县区可以根据地方实际，因地制宜适当调整补贴范围和补贴机型，满足农民的生产需要；也可以根据供求关系适当调整补贴比例，可以考虑对农机具购置实行二次补贴，即除国补外，省内各县区对应性给予同等财政补贴。三是地方政府加大对生产者补贴政策的探索，在当前国家出台的制度基础上，依据“高质高补贴”原则，构建农产品目标价格制度，按照市场差价补贴生产者，逐步完善水稻农产品目标价格制度。四是加大对农村金融创新力度，探索形成一批符合地方农业农村特点的金融服务模式，大力推行“财政惠农信贷通”政策，种粮大户、家庭农场、农民专业合作社以及大米加工企业享受无抵押、无担保的贷款优惠，解决粮食经营主体金融信贷需求。

3. 加大水稻保险制度建设，提高粮农风险防范意识

一是尽可能减少农户因灾损失。提高理赔标准，扩大完全成本和收入保险范围，从“保成本”转到“保收入”，进而提高到“保效益”上。二是尽可能减轻农户保费负担。提高政府承担保费比例，有条件的地方政府全部承担保费；对无理赔的参保业主给予相应的奖励，在下一年度续保时保费优惠。三是提高保险损失界定的精准性。建立一套由政府、保险公司、农户代表、技术专家等主体组成的多方定损评估机制，提高农户参与度，确保定损公平公正。四是提升理赔效率。优化理赔工作流程、简化理赔单证手续；在发生大面积、广区域受灾情况下，配置先进设备，加快查勘理赔速度，及时发放理赔款，提升理赔兑现率。五是做到“想保尽保，应保尽保”。适应当前我国粮食生产“应种尽种、宜种尽种”要求，允许低洼、荒地、旱地等区域农田纳入承保范围，制定不同农田等级的投保和赔付标准。六是扩大政策性农业保险范围。将自然灾害（如“寒露风”）引发的农作物减产列入赔偿范围，不断创新地方特色农产品保险，并在起步试点阶段制订“一品一策”或个性化条款，推进农业保险增量扩面。

4. 短期内应加大对中储粮系统监管，合理引导粮食市场

一是国有粮库收购时应充分体现优质优价。鼓励和引导地方中储粮系统根据市场粮食品种、品质，实行更加精细的差别化定价策略，实现优质优价，适当调低供给过剩粮食品种的省市储备粮收储价格，使农民种粮收益与粮食品种、质量直接挂钩，运用价格杠杆引导农户优化粮食品种结构。二是地方政府要加

强对辖区内中储粮系统和收购库点挂牌收储网点的监管，引导其进一步增强服务意识，改进工作方法，规范收购程序，严厉打击变相压级压价等侵害农民利益的行为，降低农户售粮成本及风险。

5. 加快培育多种形式的一二三产业融合发展主体，促进产业集群发展

江西作为稻米主产区，可依托粮源优势，吸引多种形式的适度规模经营主体，通过合作、托管、订单等多种形式与粮农合作，为粮农提供产前、产中、产后多个环节的服务，也带动更多农户直接从事原料生产、加工物流、市场营销、观光休闲、生态保护等一体化产业集群发展，实现三产融合和农民增收。

第四节　2018 年江西省秋粮产销情况调查

为掌握江西省秋粮生产、销售情况，课题组自 2018 年 4 月中稻种植至 11 月，对南昌县、进贤县、万年县、鄱阳县、樟树市、泰和县、安福县、信丰县等 8 个全省水稻主产县市的粮农、经纪人、加工企业等 50 户固定调查对象展开追踪调查。调查了解到，受粮食供给侧结构性改革和稻谷最低收购价连续下调影响，2018 年，江西粮食生产总体稳定，粮农普遍主动调整种植结构，呈现品种“普转优”“双改单”态势。

一、秋粮生产情况

2018 年，江西省秋粮生产呈现“面积上升、单产升降并存、总产稳定”态势。其中，中稻单产下降，总产量有所下降；晚稻单产上升，产量稳中有升。主因在于：受 8 月持续高温天气影响，造成严重干旱，给江西省部分地区中晚稻生长带来一定程度不利影响，尤其是赣中北部地势偏高的丘陵山区中稻受影响更大，分蘖和抽穗期受影响，导致中稻产量下降明显，多地调查反馈中稻减产 10%左右。其中，万年、鄱阳等部分地区有一定比例田块因干旱且抽不到水出现绝收情况。但是，水源较充足或能抽到水地区产量正常，甚至有所增产。进入 9 月后下了几场及时雨，晚稻生长形势后期转好，为粮食丰产奠定基础。

二、秋粮市场销售情况

一是延续快收快销模式。进入 11 月，江西省中晚稻全面上市粮农延续往年

快收快销习惯，收购进度快于2017年。

二是晚稻收购价整体下降，但优质优价特征明显，优质杂交稻种子需求呈快速增长。由于口粮消费结构升级，市场供应偏紧的优质中晚稻品种深受加工企业青睐，企业收购积极性较高，收购价一直坚挺，如，‘早软粘’上市以来稳定在每百斤150元左右，远高于托市价；‘美香占’在赣州地区售价长年坚挺，卖给粮贩每百斤175元，比2017年高1元；‘双竹粘’在吉安地区售价在每百斤170元左右，明显高于稻谷最低收购价；‘野香优’系列、‘泰丰优’系列、‘万象优’系列等优质杂交稻售价在每百斤160元，供不应求。预计今后几年，江西省既优质又高产的优质杂交稻面积扩大，种子供不应求。而据调查，2018年干旱导致中晚稻减产，普通稻和一般优质稻价格不行，粮贩下乡收干谷每百斤115~116元，低于国家稻谷最低收购价。

三、当前存在的突出问题

一是市场收购价偏低，收益明显下降，粮农种粮积极性受挫。当前，农资价格全面上涨，国家稻谷最低收购价较大幅度下调，导致2018年中晚稻市场收购价比往年低10%左右，加之收购启动时间推后等因素影响，种粮成本和风险上升，收益明显下降。调研时，多数粮农表示，如果粮价继续下调，则考虑减少流转地面积，或考虑“双改单”，或调整目前种植品种，选择更优质的稻谷种子，实现优质优价。

二是未出现明显“卖粮难”问题。所谓的“卖粮难”准确说应该是价格低、收益低的问题，并不是粮食难卖。

三是国有粮库不分品种、不论质论价，即使是已经完全烘干除杂稻谷，仍然面临无理由霸王条款除杂。

四是部分区域重金属检测引发的压价、拒收等问题。部分地区粮库和大中型加工企业会测重金属指标，测到有重金属国有粮库不收，加工企业不收或压价收购。如万年和鄱阳地区会测重金属，地方大米加工企业等收购主体不管田块有没有重金属污染，直接压价10%~20%。吉安大部分地区不测重金属，只有少部分靠近矿污染区域会测。赣州地区粮库和加工企业都不会测重金属，但收购价低。

五是优质杂交稻品种数量偏少且易倒伏，农机需求缺口较大。目前江西省市面上口感好、品质佳的优质杂交稻的品种数量还是偏少，选择余地不大，尤其是缺乏适合稻田综合种养模式的优质杂交稻品种。同时，食味越好的优质杂交稻品种越容易倒伏，影响了农机操作和水稻产量。此外，生育期长的水稻品种，收割期明显较往年有所延后，到 11 月下旬仍有秋粮陆续收割，然而这就面临着后期多雨，收割期稻田土壤湿度大，农机无法下田作业，偶遇晴天，农机服务却跟不上，粮农无法在第一时间抢收。而抢收的稻谷含水量偏高，如果未及时干燥，易导致稻谷品质变异，发热霉变，发芽率降低，整精米率不稳定。

四、建议

一是制定与最低收购价下调相配套的体制机制。在推进粮价市场化改革的同时，尽快建立稻谷生产者补贴制度，对有关稻谷主产省份给予适当补贴支持，有条件的区域鼓励支持补贴农业经营主体自愿购买农业保险，以保持优势产区稻谷种植收益基本稳定。

二是调结构优模式，加强政策引导帮扶，强化基础科技研发和应用。坚持市场导向，组织实施农业科技创新重点专项和工程。近期应重点开展：优质常规稻提纯复壮研究、优质杂交稻不育系的选育、优质杂交稻抗倒栽培技术，满足市场对优质早稻、中晚稻需求和农机操作收割需求。在全省范围内示范推广 7 种新型生产模式：双季机插、双季机直播、晚稻早种—连种、晚稻早种—再生稻、早籼晚粳、有机水稻+鳖/黑木耳、稻鳖综合种养，尤其是“晚稻早种—双种”模式大有可为。同时政府及时公布受市场欢迎的绿色健康营养的优质水稻品种，引导粮农选择优质稻品种，实现优质优价。

三是研发适合江西丘陵山地地形的农业机械化装备和稻谷烘干、仓储机械设备，采取更灵活的农机具购置补贴政策，提高水稻轻简化栽培水平，确保稻米品质，稳定整精米率。

四是开展农业面源污染和重金属污染防治项目建设。对全省耕地摸清家底，通过权威机构、权威平台发布重金属污染标准以及江西省重金属污染分布，规范重金属检测行为，防止市场粮食收购主体“一刀切、恐慌式”的压价“掠夺”行为。地方政府要熟化推广已有重金属污染耕地治理的适用技术，严管农业投入品使用，科学施用有机肥，构建植物—土壤—环境循环立体生态模式。

第四章　江西省水稻产业发展调查（2019）

党的十八大以来，以习近平同志为核心的党中央高度重视粮食安全，提出了国家粮食安全新战略，确保口粮绝对安全。2019 年中央一号文件提出“要稳定粮食产量，巩固和提高粮食生产能力”。习近平总书记 2016 年、2019 年先后两次视察江西，嘱托江西“要夯实粮食生产基础，发挥粮食生产优势，巩固粮食主产省地位”。江西省始终牢记习总书记嘱托，高位推动江西省粮食生产，切实保障粮食质量安全，展现粮食主产省的责任担当。

第一节　江西现代水稻种业发展调查

农业现代化必须首先实现种业现代化。种业位于农业产业链条的最前端，是农业供给侧结构性调整的起点，也是农业科学技术和其他投入要素发挥作用的重要载体。加快发展现代种业，积极转变育种方向，抢占种业发展制高点，发挥种业的先导作用，夺取现代农业发展的话语权和主动权，才能更好地维护粮食安全，才能实现农产品由数量满足型向质量安全型转变。

稻谷是世界上三大粮食作物之一，我国则是世界第一大稻谷生产国。据 FAO 统计，2017 年度中国水稻播种面积约占世界播种面积的 28%，位居世界第二；中国水稻总产量约占世界总产量的 19%，位居世界第一；中国水稻单产达到 6.91 吨/公顷，是世界播种面积第一的印度水稻单产 3.85 吨/公顷的 1.8 倍；主因在于我国水稻育种和制种技术领先世界，尤其是杂交稻单产水平在世界上居主导地位。

然而，中国是世界上水稻栽培历史最悠久、产量最高的国家，是生产大国而非强国。与泰国相比，大米是泰国出口量最大的农作物，深受世界各地消费者喜爱，尤其是茉莉香米已成为泰国的明星产品，在稻米品质、营销、价格方面的影响力均居世界首位，泰国是世界大米出口强国。近年来，中国水稻产业发展形势逐年向好，供给侧结构性改革成效显现，但优良品种研发和推广力度不够，优质大米品牌影响力不高，未能占据中高端国内国际市场。

一、江西水稻种业发展优势与劣势因素分析

（一）优势因素

1. 水稻种子市场容量大

江西是我国重要的水稻主产区，水稻是江西省种植面积最大的粮食作物，水稻播种面积和总产量基本稳定在340万公顷和2 000万吨左右（表4-1）。2018年江西稻谷播种面积343. 62万公顷，占全国稻谷的11. 38%，稻谷产量2 092. 5万吨，占全国总产量的9. 86%，均居全国第三位，仅次于黑龙江和湖南省；其中，双季稻播种面积252. 64万公顷，年需水稻种子1亿公斤以上，用种量位居全国前列。尤其是随着南方稻区“籼改粳”推进和人工撒直播栽培方式推广，江西常规直播稻面积逐步扩大，每亩用种量加倍，江西种业市场潜力很大。此外，高质量发展背景下，我国社会主要矛盾已经转化为人民日益增长的美好生活需要和不平衡不充分的发展之间的矛盾，优质、高端、绿色农产品紧缺，为优质绿色水稻品种攻关留出了巨大空间。

表4-1　2009—2018年江西稻谷播种面积　　单位：万公顷

年份	江西稻谷播种面积	早稻	晚稻	中稻
2009	328. 206	140. 08	148. 873	39. 251
2010	331. 844	140. 107	152. 547	19. 19
2011	331. 771	138. 425	153. 193	40. 153
2012	332. 833	138. 953	154. 067	39. 813
2013	333. 795	139. 77	154. 74	39. 29
2014	333. 945	139. 46	155. 04	39. 45
2015	334. 24	139. 15	155. 1	39. 99
2016	331. 631	136. 51	152. 67	42. 46
2017	350. 469	127. 921	136. 683	85. 865
2018	343. 62	120. 76	131. 88	90. 98

2. 地方水稻种质资源丰富

20世纪70—80年代，江西地方政府对全省主要农作物开展了种质资源调查、收集、鉴定等方面的研究工作。据不完全统计，目前江西收集、保存水稻种质资源10 662份，包括地方品种3 172份、育成品种518份、国外引进品种6 698份、杂交稻亲本57份、野生稻217份，是我国保存稻种资源最多的省份之一。其中，3 172份地方品种收集保存在江西省农业科学院水稻研究所。而被誉为植物“大熊猫”的东乡野生稻的发现极大丰富了江西水稻种质资源库，江西省农科学院利用东乡野生稻育成野败不育系‘协青早A’‘东A’等不育系，为地方粮食产业作出了积极贡献。

3. 杂交稻育种和示范推广得到稳步发展

2014—2018年江西省审定通过的236个水稻新品种中，有201个杂交稻新品种，常规稻和不育系仅有35个（表4-2）。可见，杂交稻品种占据江西水稻育种和推广的主导地位。但同时发现，尽管2014年、2015年审定通过的杂交稻新品种占水稻新品种比例高达97%左右，但2016年之后，通过审定的杂交稻新品种基本维持在80%，这表明江西水稻育种结构逐步走向均衡调整。

表4-2　2014—2018年江西省审定通过的水稻新品种　　单位：个

年份	杂交稻	常规稻	不育系	合计
2014	33	1	0	34
2015	47	1	0	48
2016	29	5	3	37
2017	44	4	9	57
2018	48	8	4	60

4. 企业逐步成为水稻品种选育的主体

美国农作物育种基本上90%以上由种企自主研发，且育种效率高。2011年中央下发《关于加快推进现代农作物种业发展的意见》中明确国家重点支持“育繁推一体化”种子企业，要求加快以企业为主体的商业化育种体系建设，加快种企自主研发步伐。在此背景下，2014—2018年江西省审定通过的236个品种中由企业选育的品种有110个，科研院所选育的有32个，科企合作选育为

94个，而且科企合作选育呈递增势头（表4-3）。此外，截至2018年，经农业部确认的超级稻品种131个，江西共有15个，其中2016年农业部确认的超级稻品种中，‘吉优225’由科研单位培育，‘五丰优286’由企业独立育成，‘五优航1573’‘五优662’则由科企联合选育。企业逐步成为水稻育种创新主体。

表4-3　2014—2018年江西省审定通过的水稻新品种选育单位　　单位：个

年份	企业	科研院所	科企
2014	18	3	13
2015	30	4	14
2016	19	8	10
2017	24	9	24
2018	19	8	33
合计	110	32	94

（二）劣势因素

1. 口感好、品质佳的优质常规稻品种较少

近年来，江西省通过审定的水稻新品种数量不少，如2018年度就审定了60个水稻新品种，但大多数品种只具有丰产特性，优质品种较少，尤其缺乏口感好、品质佳的常规稻品种，导致目前江西省稻米市场上优质常规稻品种数量偏少，可选择余地不大。据统计，2015—2018年江西省发布的水稻主推品种中（表4-4），连续4年主推的常规中稻品种有‘黄华占’和‘赣晚籼38号（原名外引7号）’，这两个品种分别在2005年、2008年通过审定，但因其口味佳，至今仍受江西当地稻农追捧。

表4-4　2015—2018年江西主推水稻品种分类　　单位：个

年份	常规早稻	杂交早稻	常规中稻	杂交中稻	常规晚稻	杂交晚稻
2018	4	0	5	2	0	6
2017	2	3	4	3	0	8
2016	1	4	4	3	0	5
2015	2	4	3	3	0	5
合计	9	11	16	11	0	24

2. 适合稻田综合种养的优质杂交稻品种缺乏

当前江西稻渔综合种养规模持续增长，从 2017 年的 4.33 万公顷增长到 2018 年的 6.67 万公顷左右，形成了以稻虾、稻鱼、稻鳖、稻蛙、稻鳅和稻蟹为主的 6 种综合种养模式，但缺乏适合不同地区、不同稻田综合种养模式的优质杂交稻品种。同时，食味越好的优质杂交稻品种越容易倒伏，影响了农机操作和水稻产量。

3. 种企规模小难以承受市场风险

由于水稻育种需要大规模投入固定资产建设，且投资回收期长，加之种业改革之初国家对其扶持力度不大等因素影响，江西省种子企业基础薄弱，多数民营企业 2004 年以后才成立，规模偏小，且经营品种、项目、环节单一，承受市场风险的能力相对较小。根据中国种子协会 2018 年行业信用评价结果显示，截至 2018 年，江西省仅有现代种业股份有限公司、天涯种业有限公司、科源种业有限公司、兴安种业有限公司这 4 家荣获 AAA 级信用企业称号，仅占全国获得 AAA 级信用企业总数的 3.5%。目前，江西省注册资本 1 亿元以上的也仅有现代、天涯 2 家种业公司，且水稻种子年营业收入完全无法与邻省的隆平高科相比。

4. 水稻育种专项经费不足导致地方品种竞争力不强

受水稻育种投入大、周期长、见效慢、科研条件有限和科研人才缺乏等多因素影响，大多数江西水稻种子企业规模小，资金有限，自主研发投入的资金偏少，育种研发能力不强，拥有自主知识产权的水稻品种不多。而周边省份（湖南、广东）经济实力较强的种企研发投入呈快速增长态势，极有占领南方稻区种子市场的趋势。

由于通过课题申报获得的水稻育种专项经费仍不足，农业科研单位只能开展少量原种的提纯复壮和优质稻品种选育，自育品种覆盖率低，难以满足大面积生产的种子需求，且品种选育普遍受农作物遗传背景狭窄的制约，品种同质化现象严重，突破性品种少，杂交水稻核心不育系基本由周边南方稻区科研单位垄断，育种成就与江西水稻种植大省地位不符。

5. 科企联合机制不完善阻碍商业化育种推行

科企强强联合不够，构建的产学研战略联盟多以课题、项日为纽带，多是针对当前具体问题的短期性和应景性研究，缺乏基础性、长期性研究内容，双方难以构成持续合作团体。加之，育种科技成果评价体制中论文导向与市场导向的矛盾，以及科技成果转化政策中创新成果难以快速找到市场，无法转换成经济收益等问题，阻碍了科研院校科技人员开展商业化育种的积极性。

二、江西水稻种业发展机遇与威胁因素分析

（一）机遇因素

1. 国内对优质大米需求旺盛

粮食安全、质量安全理念已深入人心，消费者对大米品质标准提高，对高档优质大米需求旺盛。而高档超市的大米多来自日本和中国台湾生产的生态米、有机米，自产大米能上高档超市的极少。但随着粮食供给侧结构性改革的推进和江西九大农业产业工程的推行，江西农田生态环境治理工程的开展，江西优质稻选育和种植、加工技术的改进，必然会有越来越多符合生态、有机标准的江西大米供应国内外市场，江西大米还有很大发展空间。

2. 育种技术及示范推广不断提高

据中国知网统计显示，近 10 年国内有关水稻选育方面的科研论文数量基本稳定在 300～400 篇。以湖南农业大学和广东省农业科学院为首，其次为中国水稻研究所。这 3 所农业科研院校所在地均为水稻主产省，水稻选育研究实力较强，科研论文发表数量也位居全国各水稻科研院校前列。虽然和周边省份（湖南、广东）相比，江西水稻育种能力有待提高，但以江西农业大学和江西省农业科学院为核心，各地市农业科研院所为辅助的江西水稻育种研究团队仍拥有较强的品种选育能力。例如，江西省农业科学院培育的‘赣优 735’‘徽两优靓占’被评为全国优良品种；育成的‘野香优靓占’‘赣 73 优明占’被评为福建省十大优质稻。此外，以江西水稻研发团队为主所选育的‘九香粘’‘泰优航 1573’水稻品种被江西省种子局列为 2018 年全省示范推荐优质稻品种。其中，江西省农业科学院育成的常规稻品种‘九香粘’2018 年在全省推广面积 10 万亩，江西省农业科学院选育的‘赣晚籼 38 号（原名外引 7 号）’被鄱阳和抚州两地作为优质稻品牌大米鄱阳大米和麻姑大米的地理标识。

（二）威胁因素

1. 部分地方品种资源面临流失和灭绝危险

随着气候条件变化、社会经济发展和城镇化快速推进，农业种质资源尤其是农作物野生种质资源生态环境破坏严重，很多野生种质资源已经灭绝，还有一些野生种质资源面临消失的危险；此外，高产优质水稻品种不断更新换代，许多珍贵的地方水稻品种资源由于缺乏有效的保种设施，尤其是江西省至今还未设立专用农作物种质资源库，大部分种质资源只能进行简易设施保护，种质资源生活力下降甚至丧失，不利于江西甚至全国水稻种质资源保存的规范化和标准化。

2. 种业发展环境不佳

目前，由于种子管理机制尚不规范，种业发展环境不佳。品种侵权现象比较严重，假冒种子难以鉴定，种企难以保证自身权益。其次，品种审定工作滞后，审定制度和标准单一，注重增产指标忽视其他抗逆性指标，且品种区试耗时长，程序多，制约育种材料和技术储备及转化。此外，由于缺乏有效的品种跟踪管理，有些不适应生产需要、种性退化的品种未能及时退出审定品种目录。

3. 国际国内竞争压力巨大

在种业国际化背景下，跨国种业公司大举进入中国市场，已有35家外资企业进入国内市场，国际种业前10强已入驻我国。跨国种业公司的进入丰富了中国农作物种质资源、带来了先进管理经验和技术，但也给江西种业发展带来了挑战。同时，江西水稻种业也面临湖南、广东、四川等省份的竞争压力。尤其是湖南隆平高科旗下的亚华种业和湖南民生种业的杂交水稻研发能力超群，杂交水稻种子市场份额全球第一，在国内推广面积位居前列。

4. 农民种植习惯影响优质稻品种推广

受自留种成本较低而外购种子成本约在20 000元/吨的影响，农民喜欢自留常规稻种子，但目前机收普及率高，每亩机收损失率计0.5%~1.0%，早稻收获后每公顷有75~150斤早谷散落田间，大于晚稻播种量，导致优质晚稻粒型混杂不优质，容易引起优质稻退化。此外，受物价和人工成本持续高涨影响，优质稻种子价格连番上涨，稻农在外购种子时仍会选择价格相对低廉的水稻品种，不利于江西水稻产业的优质发展。

三、发展措施

根据上述分析，要提升江西水稻种业竞争力，必须从现阶段存在的优势、劣势、机遇和威胁四方面，趋利避害，形成江西水稻种业发展策略。

1. 资源重组，提高地方种企核心竞争力

（1）通过收购、兼并、合资、战略联盟、技术协作等资源重组方式，整合全省种子企业的优势资源，促进资本向“育、繁、推、销”一体化的龙头种子企业集聚优化，逐步提高种子行业集中度，打造本土优势种业集团，提高地方种企可持续发展核心竞争力。

（2）借助国际水稻遗传评价互联网和国际种子联盟，与国内外优势种子企业采取技术合作、合资合作等方式，多渠道引进国内外优良种质资源和先进育种技术，增强地方种企核心竞争力。对于无法实现合作的企业和单位，应扬长避短，集中有限的资源在种子科研育种、生产加工或营销的一个环节或领域来建立自己专业化经营的竞争优势。

（3）引导科企协作，加快推进公益性育种转向商业化育种，全面提升种子自主创新能力。推动科研院校与企业合作，共同设立研发基金、实验室、成果推广工作站等方式，发挥科研院校专家在商业化育种中的引领作用，协调商业化育种与科研创新的双轮驱动，提升种业的创新能力。

2. 设立优质稻育种专项和种质资源库，重点扶持优质稻攻关研发

种质资源是种子产业发展的基础和核心，是保障国家粮食安全的战略性资源。

（1）政府部门要加大粮食优质化科研和育种应用研究支持力度，设立育种专项经费，组织科研单位根据优质稻品种的特点，加强杂种优势利用、分子设计育种、高效制繁种等关键技术研发，培育和推广适应机械化生产、高产优质、多抗广适的突破性新品种，重点开展优质杂交稻不育系的选育和优质杂交稻抗倒栽培技术；加快优质常规稻提纯复壮研究，尽早开展优质早稻和早稻直播专用品种育种研发，解决优质早稻品种不足和优质稻退化问题；完善良种繁育基地设施条件。

（2）建设地方种质资源库，组建省级种质资源共享平台，收集保存具有优

良基因的种质资源，采用常规育种与生物技术育种相结合的方式，对高产、抗病育种材料不断改良和创制，提升江西水稻种业科技创新能力及核心竞争力。

3. 创新营销模式，构建“卖种子”到“卖服务”的完整产业链

（1）水稻是江西传统农作物，种植面积和种子需求量均大，建议采用“种企—经销商—零售商”的扁平化营销渠道，可探索建立良种直销试点、示范店、种子超市等零售形式，既能节约成本，解决当前种子销售市场混乱、农民选种难等问题，又能较好地控制营销渠道。此外，还可以借助电商平台，提高交易速度，但种子不同于其他农产品，在完成网络销售后，仍需加强售后服务跟进，提供大量的技术服务。

（2）强化企业社会责任感和品牌意识，确保在种子优质精品和科技含量基础上，构建一支科技服务能力强的示范推广队伍，提高整体服务水准，定期对零售商以及终端农户进行技术培训，并深入田间地头帮助农户解决生产中的技术问题，构建起“研发—生产—推广—销售—播种—收获”的完整产业链。

4. 推进科研成果权益分配改革，加快人才队伍建设

（1）深入推进种业领域科研成果权益分配改革。借鉴中国水稻研究所科研权益分配机制，完善成果权益转化分配链条，让育种科研者到企业兼职激发“主人意识”并能“体面获益”；主动造血破解“两张皮”难题，实现科研成果产业化；不卖品种也能“分得蛋糕”，基础研究同享“改革红利”；将权益与贡献相挂钩，充分调动科研院校科研人员内生创新力，真正实现科企合作。

（2）加快企业科研人才队伍建设。积极对接科研院校水稻专家，吸引科研院校专家通过兼职、挂职、签订合同等方式与企业开展人才合作，充实企业科研人才队伍。改革科研院校职称制度，既要鼓励科技创新人员离岗创业，又能确保离岗创业人员与在岗科技人员同样享有参加职称评审等权利；实现全部竞聘上岗，形成能上能下的用人机制。探索企业技术人员的专业技术职称通道，定期开展技术培训与交流活动，稳定企业科研队伍。

5. 健全管理机构，提高市场监管能力

（1）健全种子管理机构，完善种子管理体系。明确种子管理机构公益性职能，强化县级种子管理机构建设，优化各地各级种子管理机构工作环境，并加强对管理队伍的职业技能和专业素质培养。完善种子质量检验、品种区试、信

息服务的基础设施建设和装备条件，建立种子管理和种子质量监督检验体系。

（2）加强与工商、公安等职能部门沟通、配合，加大联合执法力度，严格种子生产、经营行政许可管理，依法纠正和查处骗取审批、违法审批、制售假劣、套牌侵权等行为。种业监管重点由事前向事中、事后、日常执法转变。

（3）充分发挥种子行业协会在现代农作物种业发展中的协调、服务、维权、自律作用，规范种子企业生产经营行为；依靠行业协会，继续完善种子企业信用等级评价体系，对信用等级高的种企给予优惠政策和投入方面的倾斜。

（4）严格执行新修订的种子法，尽快修订植物新品种保护条例，深化品种测试、品种审定、品种保护和品种退出制度，构建涵盖种质资源、育种技术、植物新品种权保护、植物专利保护、商标保护等多方面、多层次的知识产权保护体系。

第二节　推进高标准农田建设的江西方案

高标准农田建设是确保国家粮食安全的重要保障。习近平总书记 2016 年和 2019 年先后两次视察江西，提出“两个目标定位，五个推进”的重要要求，对江西粮食生产和粮食安全作出重要指示。江西省委、省政府始终牢记习总书记的重要指示，认真落实党中央、国务院关于高标准农田建设的决策部署，要求全省上下把高标准农田建设项目，打造成民生工程、民心工程、德政工程，助力乡村振兴战略实施。

一、经验做法

2019 年中央一号文件提出“到 2020 年确保要建成 8 亿亩、力争建成 10 亿亩生态友好、集中连片、稳产高产、旱涝保收的高标准农田”。江西省自 2017 年启动新一轮高标准农田建设，探索出一套卓有成效的“江西做法”，概括起来为“五个一”。

第一，强化“三变”“三统一”，形成全省“一盘棋”。一是项目管理变各自为战为统一指挥。组建“省级政府+地方政府”上下联动、高效执行的组织模式，形成了省市县乡村五级联动、多部门通力协作的工作格局。二是项目资金变多头管理为统一管理。建立了“省级统筹整合、县级集中使用”的农田建设资金管理新机制，将发改、财政、国土、水利、农业等部门管理的“五大类”农田建设资金，集中由省里统一管理分配，做到“多个渠道引水、一个池子蓄水、一个龙头放水”；建设资金不足部分引导金融资金和新型经营主体等投融资，2019年在全国首次发行乡村振兴（高标准农田建设）专项债券，弥补资金缺口。三是项目建设变多重标准为统一标准。制定了江西省统一的高标准农田建设规范，明确了土地平整、土壤改良、灌溉与排水、田间道路、农田防护和生态环境保持、农田输配电等“六大工程”建设标准，将亩均投入标准由以前的1 200元左右提高到3 000元。

第二，坚持规划引领，“一张蓝图”绘到底。一是坚持规划管总。根据江西省总体规划，以县为单位，按照新建为主、区域推进的原则，统一划定建设区域，将2 825万亩新建指标落实到县。二是坚持分年推进。围绕年度290万亩建设任务，将建设任务分解到乡、村、组、田块。三是坚持连片打造。打破区域阻隔，集中力量、连片实施，整乡整村推进高标农田建设。四是突出建设重点。优先在“三线两区”（高速公路、铁路、国省道及粮食生产功能区和贫困地区）安排项目。五是强化耕地保护。按照“少硬化、不填塘、慎砍树、禁挖山”要求，充分挖掘和利用项目区内非耕地、荒芜园地、废弃地等资源，提高项目新增耕地率。六是注重工程建后管护。重点引导以利用促管护，建立“县负总责、乡镇监管、村为主体”的管护机制，做到“五个明确”：明确乡镇政府是监管主体，流转经营户和村委会为实施主体；明确建成并已上图入库的高标准农田全部纳入管护范围；明确管护人员的工作职责和管护事项；明确由县级政府在年度财政预算中安排建后管护经费，并多渠道筹措建后管护资金；明确将建后管护列入农田建设考核重要内容。七是保障农民权益。坚持依法自愿有偿原则，确保流转土地农民的惠农补贴不缩水，维护农民承包经营权。

第三，狠抓关键环节，“一把标尺”严把关。在工程质量上，围绕“田成方、渠相通、路相连、旱能灌、涝能排”建设要求，坚持“一把标尺”严把关。一是严把设计关。项目区各施工内容，均由专业技术人员负责勘测、设计等，规划设计实行“三进三出”：一进片区，绘制出现状图；二进片区，制定出施工图；三进片区，村组、农户签字确认。二是严把招标关。项目设计、施工监理等严格执行基本建设项目法人制、招投标制、监理制、合同制等制度。三是严把施工关。落实县牵头部门为一级法人、乡（镇）为二级法人的双重管理制度，高标准农田办、乡镇定期调度督导，聘请村组义务监督员同步监督；监理单位分标段派驻人员，对施工过程开展旁站式监理。四是严把进度关。坚持定期调度，即时排位，全省通报，对发现的进度问题，成员单位和厅挂点处长深入市县督导整改。五是严把验收关。变部门验收为统一验收。落实县级主体责任，实行项目到县、资金到县、责任到县。由省领导小组统一组织绩效考评，并引入第三方机构对项目建设进行评估验收。制定了《验收工作细则》，对不合格项目纳入“问题清单”。

第四，提升治理能力，完善“一套制度”。一是建立了项目管理规范化体系。制定出台了高标准农田建设“1+15”政策体系。二是建立了督查常态化体系。构建了“定期调度、对接督导、挂点督查”三项常态化监督机制，由省高标准农田办每周定期调度各地进展情况，11 个省领导小组成员单位分别对接督导 11 个设区市，省农业农村厅安排百名处长挂点督查 96 个项目县，及时掌握各地项目建设进度和质量情况。三是建立了科学的考核体系。制定《江西省高标准农田建设绩效考评办法》，实行“县级自验自评、市级全面验收、省级绩效考评”三级考核办法，建立“奖优罚劣”绩效考评激励机制。

第五，探索多种模式，实现高效利用“一个目标”。在确保粮食产能的基础上，涌现了多种产业发展新模式，加速了土地流转和农业产业结构调整优化，高标准农田得到高效利用。一是“高标准农田+企业+特色产业基地/示范园区+农户”模式。余干县 2017 年在该县现代农业示范园区内建设高标准农田 2.1 万亩，创建标准化生产基地，打造生态有机产品。2017 年，投资建设了全国最大规模的以芡实加工为主的余干芡实产业园，同步打造中国芡实生态养生庄园，实现三产融合发展。二是“高标准农田+土地流转+适度规模经营”模式。鄱阳县在推进高标准农田建设过程中，创新土地流转机制，组建村级股份制合作社，采取土地入股的办法，通过整村土地流转，实现土地变资产，资金变股金，农民变股东，用于规模种植设施蔬菜、瓜果、食用菌等高效经济作物，拓宽农民增收渠道。鹰潭市余江区采取“先流转先建设，边流转边建设，建成后快流转”高标准农田建设思路，土地流转加速的同时，新型经营主体发展加快，仅 2018 年依托高标准农田建设平台，新增种粮大户、专业合作社、农业龙头企业等新型经营主体 25 家。三是“高标准农田建设+龙头企业+脱贫攻坚+农户”模式。于都县高标准农田建设项目区贫困户以产业扶贫贷款入股村级合作社，村级合作社将股金投入县级合作联社，县级合作联社再将股金入股山东鲁盛集团在该县注册的蔬菜企业，股本由公司负责偿还，贫困户每年按股本的8%获得固定分红，已吸纳当地70%的贫困户1 700多户入股，每户股金3万元，每户每年可获得分红收入2 400元。在高标准农田建设实施中，政府还要求项目施工单位多使用有劳动能力的贫困户劳力，项目区内的贫困户因此不仅可以获得分红，还可以获得务工收入。

二、江西高标准农田建设中存在的阻力

虽然江西省高标准农田建设进度与成效在全国处于第一方阵，创新性地提出了高标准农田建设“三变三创三保障”的“江西方案”，但结合2018年、2019年调研发现，受地理地势、地方宣传度、农民接受度、工程推进度、建后管护机制等因素影响，高标准农田建设仍存在阻力。如从宏观层面看，项目设计方案存在不科学不合理之处、项目工程质量把关不严、长效管护利用机制不全、工程进度稍滞后农作物生长期、区块选择呈现明显地域偏好；从微观层面看，土地流转受阻、补贴标准认可不同、农户对土地平整接受度不同、农用水价改革遇阻以及道路、渠道硬化等问题，这些仍困扰着江西省高标准农田建设的加速推进。

三、推进江西高标准农田建设路径

（一）提高高标准农田项目建设与运营政策精准度

1. 优化高标准农田项目规划

一是提高项目宣传影响度。通过召开高标准农田建设推进会、项目建设乡村干部大会和群众座谈会，将省、市文件精神和要求贯彻到位，同时通过张贴公告、悬挂横幅、树立田间标语、发放致农民一封信、村组老党员干部带头宣传等形式，广泛宣传高标准农田建设成果和富民效益，让项目区群众充分了解到高标准农田建设的政策意图，主动参与项目勘测、选址、设计全过程，并配合做好纠纷调解和土地流转等工作，营造良好建设氛围。

二是提高项目设计精准度。严格执行高标准农田建设标准，做实做细项目设计前期勘测，科学合理确定“六大工程”建设内容，确保项目设计符合“集中连片、旱涝保收、稳产高产、生态友好”要求。

三是提高评审可信度。对于项目设计评审工作，一定要对照评审有关要求，遴选好评审专家组成员，通过专家现场查勘等方式，严格审查设计内容，确保项目设计上水平、接地气。

四是有选择性优先立项。重点对乡镇领导重视、群众积极性高、基础条件较好的项目优先立项。并加快对偏远山区高标建设布局，避免偏远山边田大面积抛荒现象出现。同时，加快推进对小面积的成片土地的高标准农田建设步伐，增加农民收入。

2. 健全高标准农田项目工程实施制度

一是建立健全工程质量管理制度，严选施工、监理单位，严把工程质量关。项目前期引入竞争机制；严格执行招投标制，对工程项目的勘查、设计、施工、监理进行公开招投标，让资质高、信誉好、实力强的公司承担相应任务；规范项目公示制、项目法人制和工程监理制，强化施工企业和监理单位的工程质量管理责任；完善日常监督检查和竣工验收制度。

二是加强“五大”保护。在项目实施过程中要加强耕作层保护，认真落实耕作层表土剥离、回填操作程序，打消农民对土地平整顾虑；对于机耕道占用农田，政府给予适当补助。加强湿地保护，充分发挥生态塘堰湿地调节功能。加强水系保护，坚决避免对排水沟的过度硬化，切忌过度将现有河道裁弯取直，切实保护农田生态系统。加强山地保护，未经林业等有关行政主管部门审批同意。加强林网建护，结合高标准农田建设，沿机耕道、主干沟渠等处选择适宜树种，合理布置林网，拓展农田生态系统的垂直空间，优化农田生态系统结构，增强农田生态系统功能。对机耕道无法硬化的，采取地表铺置硬沙或碎石块，改善下雨后地表污泥深陷问题。

3. 严格高标准农田建设项目验收标准

验收工作是高标准农田建设的关键，必须将其列入地方政府目标管理考评内容和督查工作的重点。

一是加强工程监管人员队伍建设。各地高标办要充实工程、财务、管理方面的专业技术人员，加强有关政策、规范和标准的业务培训和交流学习，添置必要的检测设备，打造一支政策熟、业务精、效率高的工程质量监管队伍。

二是严格工程质量监管。高标办要监督工程监理单位履职到位，监理人员要全天候式检查验收所有施工活动和工艺过程，每项工序、工程完成后应先由监理人员验收签认，未经验收或验收不合格，不得进入下一道工序，不得拨付工程进度款，不得竣工验收；鼓励引导村民理事会参与工程质量监管，形成高标办、监理单位、乡政府、村委会、村民理事会齐抓共管工程质量的格局。

三是实施工程质量“回头看”。通过奖优罚劣机制，严格工程建设质量。既要对工作力度大、管理规范、成效突出的县给予通报表扬和资金奖励，对工作不力的进行通报批评及扣减资金规模。也要对承建单位进行评比。对年内新建工程项目进行评比，对被评为“优质工程”的施工企业，给予一定的奖励；对完成工程质量差的，给予施工单位处罚，特别是对那些不按有关规范施工、造成“豆腐渣”工程的企业，应予以重罚，并纳入“黑名单”。

4. 完善高标准农田项目建后管护机制

一是组建管护机制。按照“谁受益、谁管护”以及“市场手段与政府补助相结合”等原则，建立“县负总责、乡镇监管，村为主体，引导专业大户、家庭农场、农民合作社和村集体”等参与高标准农田设施的运行管护机制。

二是落实管护经费。各县（市、区）政府要把高标准农田建后管护经费列入年度财政预算，并通过高标准农田项目结余资金、新增耕地指标交易收益、村组集体经济收益等，多渠道筹集建设管护资金，有条件的地方，可考虑收取水费辅助解决管护经费，以收取水费促进节水。

三是探索管护新模式。取得高标准农田经营权的新型农业经营主体为管护实施主体，由其自行选定管护人员，并承担建后管护费用；未流转的高标准农田，所在村委会为管护实施主体，负责选定管护人员，并与管护人员签订管护合同。同时要积极探索委托养护、合同养护、承包养护、专业化管护公司养护、组织受益农户投工投劳等第三方购买服务等管护新模式。

四是明确管护内容。重点加强项目田间路、灌排系统、农田防护、输配电等工程的管护，维持机耕路路面平整，路沿完好平直，保持畅通，路碑、标志保持完好清洁，水利设施完好，保证正常运行；搞好日常巡视检查和泵站等设备的日常保养，中小沟渠、沉砂池的日常清淤等；对较大规模的沟渠要及时进行维修清淤、道路修整、设备更换等。

（二）科学构建高标准农田建设投入与考核机制

1. 扩大资金筹措渠道

一是积极争取国家部委的支持，放大财政资金杠杆作用，并强力统筹整合高标准农田建设财政资金，变资金统筹渠道，突破部门管理界限，将各部门安排用于农田建设方面的中央和省级涉农资金统筹使用。建立“多个渠道引水、一个池子蓄水、一个龙头放水”的资金统筹整合使用机制。

二是采取财政贴息、税收减免、先建后补、以奖代补、优先安排用地指标等方式，吸引社会资本投入，引导种粮大户、家庭农场、农民合作社和涉农企业等新型经营主体投资高标准农田建设。

2. 强化政府投入与绩效考核标准

一是考虑到地形和地区差异，适度提高特定区域的补贴标准，并加快向特定区域建设步伐。持续加大高标准农田建设力度，从地势地理条件好的区域逐步向山区丘陵位置偏僻、耕作条件差、面积小的区域覆盖，并根据平原、滨湖、丘陵和山区等不同地形，以及各地的材料、工资等物价综合水平，在限定标准基础上，政府应因地制宜调整高标准农田建设亩均财政投入标准或给予相应的政策扶持，逐步解决因基础条件太差等客观因素导致耕地抛荒问题。

针对发展适度规模经营和设施农业的新型农业经营主体，给予财政、金融、保险、税收、用地、技术等政策扶持，采用先建后补措施，先用自筹资金先行建设高标准农田，经管理部门组织验收合格后，对所建工程给予适当财政资金补助。

二是强化制度建设，加强对资金运行全过程风险的防控，由省级政府组建省高标准农田建设领导小组，并对省内各地高标准农田建设实施统一组织绩效考评，加强对项目实施全过程和建后的项目管理制度、验收考核及奖惩制度的统筹管理，确保建设和建后验收标准一致。各级各有关部门应将统筹整合资金政策文件、管理制度、资金来源、用途、分配，项目建设和工作进度等信息及时向社会公开，接受社会监督，并实施公平、公正和公开的分级验收考核，严格绩效考核、实施奖优罚劣。

（三）综合调整高标准农田主要用途及结构

在确保粮食总产稳定的基础上，结合农业结构调整“九大工程”的实施，努力构建更加灵活的土地流转政策，形成规模适度、形式多样、功能完整、业态丰富、三产融合的高标准农田建设新模式。

1. 农业结构调整必须遵循三大原则

一是与调优农业产业结构相结合。优先支持在高标准农田上种植优质稻，重点促进粮食主产区提升产能。在确保粮食总产量稳定的基础上，统筹项目布局，优先支持比较优势突出的产业，如，在水源条件好的区域适度发展稻渔综合种养结合等具有区域特色的农业主导产品、支柱产业和特色品牌。

二是与三产融合发展相结合。推进山水林田湖综合治理，吸引新型经营主体和农业龙头企业投入高标准农田建设，形成“高标准农田+企业+特色产业基地/示范园区+农户”等以三产融合带动乡村振兴的高标准农田建设新模式，提高土地流转率，实现土地适度规模经营，促进乡村产业活力。

三是与生态环境建设相结合。坚持“科学规划、合理利用、用养结合、严格保护”的方针，不得擅自改变耕地性质和用途，破坏粮食产能，不得在项目区内挖塘养鱼、种植草皮和多年生经济作物及其他破坏耕作层的生产经营活动。发展稻渔综合种养要严格执行农业农村部《稻渔综合种养技术规范》。

2. 土地流转要坚持“三个原则”

一是坚持规模效益原则。积极引导项目区以高标准农田为平台，推动土地规模流转，不断提高高标准农田经济效益。对暂未规模流转的高标准农田，要因地制宜开发利用，坚决杜绝土地抛荒或低效利用现象。对于确因工程建设而错过耕种季节的，要认真做好群众思想工作，给予合理补助并妥善调整种植业结构，减少土地撂荒半撂荒情况。

二是坚持维护农民利益原则。保障农民土地承包经营权，将土地确权颁证作为高标准农田项目选址的前置条件，土地确权颁证工作没有到位的地区，原则上不搞高标准农田建设。地方政府可引导农民以稻谷计价、以田入股等方式流转土地承包经营权，延长土地流转期，减少土地纠纷。可参考借鉴江西省丰城试点，在县、乡、村三级建立统一规范的土地流转平台，规范土地流转行为；对达到一定规模和年限且集中连片流转的乡村、流出方（原承包方）、经营主体、土地股份合作社实施奖励政策；积极发展土地股份合作，引导农民以土地经营权入股合作社，合作社通过自营或委托经营等方式实现集约化经营，农民可获保底租金和股份红利，破解难流转、难集中、难做工作等问题。

三是坚持农民主体地位原则。充分发挥乡镇人民政府和村级组织在农村土地流转中的引导和规范管理作用，在尊重承包农户意愿的前提下，对未流转或不愿流转的土地，按照“确权确面不确地”原则，在项目区内划出与原承包地同等面积、质量相近、相对集中的地块给承包户耕种，让小农户分享高标准农田项目建设红利。也可在充分尊重农民意愿的前提下，返还或低价返租给当地农户耕种。

第三节　“卖粮难”问题再现调查

一、“卖粮难”问题再现

2019 年春节期间，课题组成员前往老家江西樟树市郭坊土湖余家村拜年，就水稻销售问题深入当地老乡家中调研了解到，2018 年早稻销售顺畅，开初收割期的早稻地头价每百斤 74 元，之后从 72 元降至 70 元，尽管价格趋低，但粮贩子每天到地头来收购，基于此，粮农家中基本没有早稻存粮。但晚稻销售情况堪忧。一是当地 70% 散户（10 亩以内）种植的晚稻基本没有销售出去，不少打包晒干的晚稻堆放在自家谷仓。二是大户（百亩以上）种植的晚稻基本销售出去，但截至春节期间仍未收到卖粮款，手上保留着粮贩的白条，对能否顺利回收卖粮款颇为担忧。而前几年卖粮款都会在年前结清。三是受 2018 年水稻销售受阻影响，当地粮农对 2019 年水稻种植前景看低。

二、“卖粮难”问题再现因素探究

江西樟树市郭坊土湖余家村地处赣北平原，水田连片，土质较好，地势条件优越，非常适合机械化水稻种植，当地农田基本都种植水稻，其他经济作物种植较少。2018 年以前，卖粮难问题在当地大范围出现较少，但 2018 年再度重现，细细探究，大致为以下五点。

（1）国家去库存速度太快，市场原粮猛增，稻谷市场行情下滑。2018 年 3 月开始，国家采取提前重启拍卖稻谷、降低起拍价、增加拍卖频率等措施加大了去存库力度，拍卖稻谷迅速成为市场原粮供给的主渠道，市场上对新粮需求快速下滑。

（2）进口低价大米持续冲击国内市场，国内米价上涨乏力，且粮食最低收购价再度下调。2018 年我国稻米进口量同比减少 36%，但仍是大米净进口国，且进口大米价格低廉，制约了我国国内大米上涨空间。加上，自 2014 年我国粮食最低收购价政策改革拉开序幕，水稻规模种植效益已被粮价下调和成本上升所抵消，粮农种粮收益趋减。

（3）早稻落地谷严重影响优质晚稻发展。当地多数粮农年龄偏大，热衷于机械化操作。由于机收普及率高，机收损失率按 0.5%～1.0%计，早稻以储备粮为主，收获后有 5～10 斤早谷散落田间，大于晚稻播种量。机直播模式下，早稻落地谷易造成优质晚稻粒型混杂不优质。

（4）市场对稻谷品种的需求偏好与粮农对市场需求的正确反应存在不对等。市场上对口感好、品质佳的优质杂交稻品种需求大，如万象优系列组合、野香优系列组合、泰优系列组合、软华优 1179、泰优航 1573 等。但粮农缺乏技术和指导，种植的多为传统优质常规稻品种，而这些品种已应用很多年，难免存在品种退化和混杂现象。

（5）加工厂卖米难，粮贩现场收购量骤减，且一再压价。国有粮库对收储粮要求严格，且收储点一旦完成收购任务，则停止收购。而粮贩子或大米加工厂则比较简单，直接到田间地头剔除水分计量付钱。但 2018 年当地粮贩或大米加工厂也堆积了很多稻谷未加工售卖，对稻谷需求趋少。即使有粮贩子到地头收购，收购价一压再压，粮农无钱可赚而惜售。

基于以上分析，可以看出 2018 年“卖粮难”问题再现的导火线在于，当年国家去库存速度太快严重影响了市场，引发消费端市场供给过剩传导生产端稻谷需求压缩的由上而下快速收紧的产业链，挤压末端种植户销售和收益。但随着国家去库存速度逐步放缓，进口大米标准提高，国家粮食政策改革推进，卖粮难问题不可能长期存在。而“卖粮难”问题准确来说应该是“低品质、低价格、低收益”问题，而非难卖。调查中，当地不少乡亲仍乐观表示，年后应该会有粮贩上门收购，预计晚稻干谷价格在每百斤 125 元以上。

三、推动粮食产业发展建议

随着市场经济体制的完善和粮食市场化改革推进，“卖粮难”问题不再是粮食产业发展的主要问题，如何形成“安全粮、优质粮、品牌粮”则是产业发展重点。

（1）短期内稳定粮食最低收购价政策和快速去库存，构建优质优价机制。一是短期内国家仍需完善粮食最低收购价政策，积极引导粮食经营主体主动适应市场。二是加大去库存力度。在高强度的去库存背景下，尽管短期内存在阵痛，但长期来看，有利于优质优价机制形成。

（2）优品种、提品质、严标准，以稻米品牌建设带动产业转型升级。一是力求实现各镇一主一辅、各村统一品种的品种布局，鼓励支持涉农企业发挥对农户的带动作用，引导、规范订单种植和收购，建立水稻产业风险基金，形成产业合力。二是大力实施种业工程，强化食味好的优质香稻品种选育和优质不育系选育。进一步推进“早籼晚粳”模式以调整早稻品种结构，克服早稻落地谷难题。三是培育品牌主体，树立品牌意识，严格制定特色品牌大米标准，严格管理品牌，推广“一稻一名”“一区一牌”的品牌战略，培育新业态，实现三产融合。

（3）加大对粮食经营主体的信贷支持，适当引入民企参与粮食储备业务。一是加快信用体系建设、健全抵押担保机制，解决粮食经营主体金融信贷需求。二是发展农村金融租赁业务，试点资金供给社区内助、拓宽农业众筹与互联网金融等资本补充渠道。三是培育多元化粮食经营主体，适当引入民企参与粮食储备业务。

（4）培育新型职业农民群体，推动农业服务组织快速发展。一是加大对新型农民的技能和经营理念培育力度，推动农户有意识根据市场调整种植结构、品种，增加绿色优质稻米供给。二是明确各类农业服务组织的功能定位，规范农业服务组织发展，解决劳动力短缺难题。

第四节　2019 年江西省早中晚稻相关情况调查

2019 年不利气候给江西省水稻，尤其是早稻生产带来不利影响。但全省农业大讲堂、防止耕地抛荒、灾后补种、秋粮增产行动等一系列稳定粮食生产措施，以及绿色高产高效创建和优质稻协同推广等项目实施，有效稳定了粮食生产，仍然实现了江西粮食总产量 430 亿斤的目标。

一、2019年江西省早稻产销情况调查

1. 生产情况

通过对江西省稻米全产业链信息员调查发现，3月下旬至4月下旬，江西省各地处于早稻浸种、播种和移栽高峰期。受近年水稻种植效益走低、重金属超标引发的“新卖粮难”以及高标农田流转问题等影响，2019年江西早稻种植面积出现较大幅度下降，“双改单”特征非常明显。土地流转租金顺势下降20%~30%。此外，受5—7月多轮持续强降雨不利天气影响，早稻进入分蘖期，但低温雨水天气偏多对早稻分蘖造成一定不利影响，病虫害有所抬头，预计2019年早稻总产量和单产双双下降。同时，优质稻种植比例增加，但优质优价不明显（尤其卖湿谷优质优价更不明显）。受近期国家稻田综合种养新政策影响，预计各地会出现一定规模稻渔综合种养整改、退养现象。反映情况典型的如下。

南昌蒋巷镇娄村信息员娄玉涛反馈，受粮价降、农资涨、人工成本上升等因素影响，种粮收益低下，种两季成本收益不划算，早稻种植面积由2018年的20多亩降到2019年的10亩以下，降幅达50%以上。当地2019年“双改单”特征异常明显，目前2/3的农田种植一季中稻，双季稻仅占1/3。在谈及种植品种问题方面，该信息员一脸无奈，优质品种普遍产量低于一般品种，但价格与普通品种价格每百斤仅相差10元左右，价格和品种关系没预期那么大，导致粮农对种植品种改革和期盼意愿没那么高。此外，受政策和国内外市场影响，种粮效益下降后，田租价格出现普遍理性下降，大约由原来的450元降至300元，降幅达33.3%。

万年湖云乡吾峰村信息员吴平远反馈到，2019年早稻种植面积比2018年降1/3以上，提高了中稻种植比例，“双改单”现象会加剧。受近期国家稻田综合种养新政策影响，卫星拍摄进行整改，预计当地会出现大规模稻渔退养，改种水稻（单季稻）为主。在稻谷品种选择方面，以优质稻为主，主要原因是优质稻米好卖一些，但优质优价特征还是不明显，除非少部分订单农业基地。尤其是近年天气异常，每到收割就遇洪涝，被迫卖湿稻，更难体现优质优价。

奉新县干洲镇岗上村种植信息员戴隆斌反馈到，中小散户“双改单”现象普遍，该粮农种植3 000多亩水稻，其中早稻800亩左右，以中稻为主。主要原

因在于：一是流转耕地中都是好坏一起流转，有些禀赋差的耕地不适合种双季；二是保留部分优质田种双季稻可以稳定收益，有 2 次获利机会；三是目前劳动力成本高且不好请，因此提高中稻比例。地租顺势下降，由 2017 年的 500 元/亩逐步下降至当前的 300～350 元/亩。稻谷品种方面，种植特优质稻，根据国家和省审定十大籼米品种，以消费者需求为导向，尤其是广东和福建消费需求导向，稻米收获后基本调往广东、福建一带，粮价每百斤高于省内 10 元左右，利润更高。

从赣州全南县各乡镇调查来看，由几年前双季稻种植基本全部改为单季稻种植，仅保证口粮消费。而且目前种植单季稻的农户数量也在缩减。主因也在于种植水稻收益远低于种植其他经济作物，而且在高标准农田建设推动下，多数农户的水田流转外包，自家不种田，大米消费来自超市、米店购买。且当地种植大户流转过来的水田也多种植玉米、蔬菜等，不从事水稻种植。

总体来看，受种粮效益低，且种植早稻的成本收益率更低影响，粮农为了止损，更多倾向双改单，预计江西早稻种植面积呈一定幅度减少，早稻品种仍多选择优质稻。

2. 市场销售情况

通过对江西稻米信息员调研发现，2019 年 7 月，江西省各地早稻陆续进入收获高峰期。2019 年早稻收割期间，江西省经历强降雨过程，严重影响收割和晾晒。开镰时间比 2018 年推迟 1 周左右，稻谷水分也高于 2018 年。整体来看，由于农民赶着“双抢”，交售的早稻以湿谷为主，现阶段市场化收购主体是粮食经纪人、稻谷烘干厂和有烘干能力的加工企业。全省早稻市场整体继续偏弱运行，同比价格明显下降。烘干企业短期因供不应求，存在拒收、压价等现象，农户价低卖粮现象普遍，加上 2019 年早稻减产，种粮没有收益甚至亏本。

据省粮食与物资储备局统计数据显示，各价格监测点，30%水分的湿谷，粮贩田头收购价在每斤 0.65～0.70 元，送到企业收购价每斤 0.7～0.8 元，折算成标准粮，企业收购价在每斤 1.0～1.1 元，比 2018 年跌 0.1 元左右。其中：丰城市 30%水分、4%杂质的湿谷，粮贩田头收购每斤 0.7 元左右，送到企业收购每斤 0.76 元；渝水区 35%水分、1%杂质的湿谷，田头收购价长粒形每斤 0.65～0.68 元、短粒形每斤 0.62～0.65 元，送到烘干厂每斤 0.72～0.74 元。此外，泥谷、芽谷、瘪谷等外粮价格更低，永丰县一些泥芽谷甚至每斤 0.3 元都卖不出去。目前，各地烘干企业都在开足马力进行烘干，大部分县反映通过近年粮食产后服务体系建设，稻谷烘干能力能满足本县需要，但早稻上市集中、水分较高，也有的县反映烘干不过来，一些待烘干的粮食出现发酵情况。

南昌蒋巷镇娄村信息员 A 反馈，2019 年早稻可以用惨淡来形容，生长期和收获期均遭遇强降雨影响，出现部分倒伏和发芽情况，产量大幅下降，亩产 600~700 斤，比 2018 年低 200 斤/亩。天气不利，无法晾晒，只能卖湿谷至烘干企业，价格为每百斤 75 元。烘干企业供不应求，受烘干能力和收购容量影响，趁机压价行为普遍，农民粮食价低难卖问题突出。该信息员反馈，2019 年种早稻忙活了大半年，一分钱没赚，甚至还亏本。一斤粮还不如一瓶水，2020 年不再种早稻，考虑全部种中稻，然后农闲时出去打工赚钱，否则生计都成问题，更何谈种田实现小康。

安福信息员 B 反馈，2019 年种田没赚钱，除去自己打田和收割费用，种早稻都亏本。受不利天气影响，早稻亩产下降较大，亩产湿谷在 800 斤左右，往年好的时候亩产干稻谷都有 800~900 斤。此外，早稻收割时当地农田发芽现象偏重发生，由于收割时正遇持续强降雨，需要自己拖运到烘干厂里销售。关键还不好卖，主因在于多数农户集中那一小段时间卖湿谷，且稻谷品质也不太好。再加上烘干企业供不应求，趁机压价明显，有农户稻谷送了三四天还没卖出去，看着发芽严重，托关系卖掉，否则损失更严重。据信息员反馈，收割早些的农户，湿谷可以卖到每百斤 75 元左右，后期降至 70 元，还得求着烘干厂收购，质量差的稻谷甚至低至 63 元。

此外，调查中还有信息员算了一笔账表明，2019 年种田亏损严重。按平均亩产湿谷 800 斤算，亩收入 800×0.7 元=560 元。犁田 1 亩 100 元，种子秧盘 60 元/亩，收割 100 元/亩，农药 55 元/亩，化肥 100 元/亩，除草剂 4 元/亩，抛秧 100 元/亩，成本 519 元/亩。如果加上农田水费，自己的无偿劳动在内，种田一分钱不赚，连自己吃饭的米都没赚回来，让农民成为“体面的职业”任重道远。

二、2019 年江西省中稻产销情况调查

10 月，课题组就江西中稻产销情况对江西稻米全产业链信息员开展多次跟

踪调查发现，2019 年江西省中稻生产总体稳定，种植面积有所增加，单产和品质有所提升，市场收购价低于 2018 年同期，优质优价特征明显。

1. 生产情况

一是中稻种植面积出现一定幅度增加。2019 年国家继续实行最低收购价政策，对水稻生产起到一定的支撑作用。同时，受“双改单”影响，江西省早稻面积出现较大幅度减少（据国家统计局数据，2019 年江西早稻面积 109.59 万公顷，比 2018 年减少 11.17 万公顷，减幅 9.3%）。调研发现，减少的早稻面积大多转为中稻种植。此外，调查发现江西耕地抛荒现象存在但不是特别严重。

二是“普改优”现象普遍，优质品种增多。江西省水稻供给侧结构性改革进程加速，水稻品种呈现“普改优”快速转换趋势，市场呈现“优强普弱”格局。调研发现，前几年，农户大量种植常规品种，但因市场价格低迷，未能获得较高收益。近年优质稻更受市场青睐，收益整体较高。2019 年，绝大多数粮农改种受市场青睐的优质品种，如‘万象优 982’‘野香优航 1573’‘万象优华占’‘猫牙玉针’‘野香优莉丝’‘泰优 871’‘鹅湖香稻’‘软华优 6100’‘泰优 398’‘泰乡优粤丝苗’等优质品种。

三是持续性高温天气和病虫害抬头影响少部分区域中稻单产水平。通过调查发现，2019 年中稻生长条件总体有利，但 7 月以来江西出现持续性高温天气，对中稻分蘖、扬花结实和灌浆造成一定影响，局部地区稻飞虱迁入量较大，病虫害呈重发态势，致使中稻有效穗减少，秕谷增多，预计 2019 年江西省中稻单产整体水平稳中略增，部分地区出现下降。典型的如，樟树市洲上乡受天气影响严重，不仅干旱而且稻飞虱情况严重，2019 年亩产明显低于 2018 年，下降 100~200 斤/亩；种植成本却增加了 100 元/亩，主要用于抗旱引水灌溉与电费方面。

2. 市场销售情况

据江西粮食调控监测显示，10 月江西省大部分地区国有粮企尚未启动中晚稻收购工作，以个商收购为主。国有粮企收购均价为每百斤 126.6 元，环比减少 0.9 元、减幅为 0.7%，同比增加 0.3 元、增幅为 0.2%；个体粮商收购均价为每百斤 121.7 元，环比减少 0.6 元、减幅为 0.5%，同比增加 5 元、增幅为 4.3%。

通过对江西省多地稻米信息员调查发现，自 9 月下旬起，江西省新季中晚籼稻陆续上市。总体上看，2019 年中稻收购延续 2018 年呈“快收快销”态势，价格同比稳中有降，呈现明显的“优强普弱”格局。据多地稻米信息员反馈，目前中稻市场价格整体低于往年且低于国库收购价每百斤 126 元，整体比往年低 10~15 元。调查区域内大部分散户基本以现场销售湿谷为主，种植大户以销售干谷为主，同时还会依据市场情况，收购其他种植户的中稻，经过烘干之后，择机出售干稻或者加工出售，赚取中间差价。

通过对多地稻米信息员进行典型调查发现，2019 年江西省中稻收购呈现以下特点。

一是目前以市场收购为主，市场购销活跃。当前江西省大部分地区国有粮企尚未启动中晚稻收购工作，以个商收购为主。自 9 月下旬中稻上市以来，各级地方储备及米企、贸易商积极入市收购，整体质量也较开称初期有所好转。据江西省价格监测中心的专家反馈，2019 年中晚籼稻刚成熟，前来采购的省外及外资粮商就络绎不绝，尤其是优质晚籼稻，更是成为抢手的香饽饽，预计随着省内中籼稻收获上市量增加，各级储备轮换收购热情有所提高，市场购销进一步活跃，有望带动收购价格继续上涨。

二是卖湿谷现象普遍，收购价格同比下降，呈现“优质优价”特征。据多地信息员反馈，常规品种价位一般在 1.10~1.25 元/斤（干稻）；优质品种价位一般在 1.35~1.50 元/斤（干稻），比往年低 0.10~0.15 元/斤。相较于常规品种，优质品种更受市场青睐。具体来看，‘黄华占’1.36 元/斤、‘竹香粘’1.42 元/斤、‘美香占’1.75 元/斤、‘象牙粘’1.85 元/斤，可见，价格相比常规品种要高出不少。受不利天气、价低效应和便利性影响，大多农户选择直接卖湿稻谷，普通品种价格在每百斤 75~100 元（湿谷），优质品种一般在每百斤 110~120 元（湿谷），比往年低 2~13 元。其中，樟树地区湿谷价格最低，为 0.75 元/斤，同比 2018 年每斤下跌 0.13 元；安福地区价格相对最高，基本维持在 1.1 元/斤，优质稻基本维持在 1.15~1.20 元/斤，价格同比持稳。

三是种植大户“自产自销”现象较往年增加。种植大户为了应对市场价格变动对自身的影响，多数会选择购置烘干机以及稻米加工设备，通过帮助周边地区农户进行稻谷烘干赚取收益，或者通过对自种以及收购周边地区的稻谷进行稻米加工以自建稻米品牌对外出售，获取较高的利润。典型的如奉新县加工企业反馈到，自产自销可以大大降低种植成本，而且能够灵活应对市场稻谷价格变动，目前加工后的普通大米对外售价在2.5~3.0元/斤，优质大米在4~6元/斤，利润空间较大。

3. 加工企业情况

总体来看，江西大米加工企业原粮采购需求日趋旺盛，目前主要以收购种粮大户新粮为主。由于市场供给充足，江西省中稻过后，晚稻陆续上市，导致加工企业原料库存相对较低。当前，加工企业开工率正常，平均在60%左右，与2018年同期基本持平。中稻收购价呈现“优质优价”特征，一般品种收购价在每百斤110~120元，特优品种高达每百斤145~150元。稻米出厂价普通中稻大米2.03~2.05元/斤，优质稻大米2.3~2.8元/斤，定制优质品种大米高达4~6元/斤，且优质大米销售形势更好，加工企业收购稻谷的信心得到缓慢提升，预计收购需求有望进一步增长。

典型的加工企业如宜春市某加工企业反馈，中稻加工从9月就没有停过，目前的开工率60%~70%，与2018年相比基本持平，加工规模达200吨/日。企业基本不收早稻，主要收购中晚稻。中稻的收购价在每百斤118~120元，稻米出厂价格，普通中稻大米2.03~2.05元/斤，优质稻大米2.3~2.8元/斤，优质稻会更好卖一点，主要销往周边省市，如湖南、湖北、福建以及广东等地。2019年整个市场情况不太好，呈现疲软状态，好的品种收不上来，可能原因在于农户优质稻种植面积依然不广，市场价位不是特别高。

奉新县某加工企业反馈，2019年中稻开工率在40%左右，基本与2018年持平，加工规模20吨/日。目前市场早稻收购价为每百斤110~120元，普通中稻每百斤125元左右，优质稻每百斤145~150元（干稻）。一般以现场收购为主，干湿稻都有，湿稻市场价格一般在每百斤90~95元。目前普通稻大米出厂价在2.5~3.0元/斤，优质稻大米在4~6元/斤，销售区域主要以省内为主，目前的市场环境还行，变化不大，主要是竞争相对激烈。

4. 需重点关注的问题及建议

（1）种植大户融资难问题突出，政策受益不明显。多地种植大户反馈，目前粮食种植的最大瓶颈就是资金匮乏，尤其是种植初期，需要大量的资金投入，但是手头资金偏紧，加之政府给予的政策支持力度不够且难以享受到政策福利，导致种植大户自身资金难以周转，制约水稻种植进度与规模进而影响规模经济效应。

典型问题：①鄱阳县反馈，其水稻种植面积达 800 多亩。其中，中稻 460 多亩，每年在种植初期，需要投入大量的资金，资金周转相对困难，平时想贷款也没有门路，政府也没什么显著支持政策，基本上就是赚的钱又投进去了。2019 年遇到了干旱，中稻质量同比往年有所下降，且湿稻对外售价比 2018 年每百斤低了 2 元，影响挺大，这样下去也不敢扩大规模。②万年县反馈，其水稻种植面积超过 500 亩，主要种植双季稻。一方面，当地水稻保险做得不够，风险防控做得不好，2019 年稻瘟病很严重，影响比较广；另一方面，当地落实粮食保护价力度不够，种植大户无法享受实惠，目前售价远低于国库收购价，但是为了回笼资金，又不得不卖。③万安县反馈，其水稻种植面积达 700 多亩，主要是种植绿色优质稻。当前最大的问题就是资金问题，现在融资困难，当地政府部门对于种植大户没有很好的政策支持，也没有融资渠道，本想扩大规模，自建仓库，因为没有资金的支持，现在只能搁置。④种植绿色优质稻比较耗资金，首先种植方面要求不打农药，不施化肥，前期需要种植油菜培肥，后期需要投入大量的人力维护；其次就是仓储问题，因为本身就缺乏资金，自建基本不可能，租赁仓库存在不达标问题，影响优质绿色稻米储存。

建议：立足维护粮食安全，拓宽农业生产的融资渠道，给予种植大户绿色融资途径，加快完善金融保险等配套支持政策，积极引导加工企业、社会资本与种植大户合作，尝试多渠道解决种植大户融资难问题。另外，落实稻谷补贴与奖励政策，加快种植大户资金回笼，持续推进规模化经营。

（2）市场上水稻品种过多，易造成农户选种困难，增加了加工企业品种鉴定成本。据部分加工企业反馈，目前市场上水稻品种过多，已经造成了许多农户选种困难，甚至出现年年换品种，年年需要增加鉴定费用的现象。另外，市场上水稻品种过多，极易影响粮食种植的稳定性，甚至对粮食收购以及备储产生极其不利的影响。

典型问题：①宜春市加工企业反馈，其常年从市场上收购大量的中稻，目前最令人头疼的就是市场上水稻品种太多太杂。许多农户因为信息闭塞，容易受到种子公司“忽悠”，时不时更换种植品种，导致种植的水稻品种过多过杂，对此加工企业就需要花大力气、大成本去鉴定与筛选品种质量。作为企业，最怕的就是无效益的投入，加工企业出钱鉴定了品种，增加了经营成本，市场上其他企业就可能搭便车，而且与其竞争，加价抢收优质稻，导致加工企业收购不到好稻谷；②奉新县加工企业反馈，作为本地稻米加工企业领头羊，自己平时做了很多工作，包括品种鉴定、选种方面，每年的投入都是比较大。许多农户完全根据市场趋向选择品种，品种太多且种植的品种变动频繁，对于加工企业收购都存在着一些不利影响，大大增加了品种的鉴定难度。

建议：立足市场，以市场为导向，政府鉴定机构做好优普品种区分工作，择优筛选出主导品种，引导农户种植。另外，鼓励加工企业进行全产业链发展转型，健全种业、收购、加工与销售环节，密切加工企业与种植大户的合作关系。

（3）重金属检测趋严，部分地区“卖粮难”问题凸显。在典型调查过程中，多地水稻种植户反馈，今年中稻重金属检测相对严格，粮库收储时陆续加大了重金属检测力度，周边加工企业也增加了重金属检测环节。对于重金属超标的稻谷，地方粮库会适当扣秤，加工企业则会压低收购价，部分地区的种植大户以及经纪人因此遭受损失，积极性受损。

典型问题：①安福县经纪人反馈，该地区的水稻种植有明显的重金属超标现象，时间久了，也就习以为常了，对于种植大户的粮食，也就照常收购了。但是收购来的稻谷基本都是外售周边省市，尤其是广东地区，那边重金属检测非常严格，因为超标被罚了 6 万～7 万元，并且还被压价出售，但又不能不卖。屯粮跨期销售，基本无利可图，2018 年屯粮到 2019 年卖，也亏了 10 多万元，现在收粮难，卖粮也难；②信丰县、万安县、鄱阳地区反馈，2019 年重金属检测相当严格，各地都在加强这一块的检测。据悉，偏北地区相对好很多，目前未听到有重金属超标现象，但偏南地区，尤其是吉安地区及以南，重金属超标就比较严重，可能是矿产资源比较丰富，影响了水质与土壤。地方粮所虽然都会收，但是会扣重量，基本上 100 斤里扣 1～2 斤，加工企业或者粮贩基本就是压价收购，不卖又不行，屯着到最后就卖不出去了。

建议：加强地方重金属污染治理力度，对矿产资源开发进行严审严批，加强开发后地区维护、水质监测、土壤重金属含量检测等工作；积极做好水质保护、土壤防护等工作，减少化肥以及农药施用量，倡导秸秆全量还田培肥，推动地方农业绿色发展。

（4）水稻种植模式单一，油菜种植覆盖面小，综合种养局限于小范围。通过对多地水稻种植户调查发现，各地区水稻种植模式相对单一，部分地区会选择稻—油模式，但覆盖面小；由于缺乏经验与技术，综合种养仅局限于小范围。

典型的如：①奉新县反馈，油菜每年都会适当种一点，但规模不大，地空在那里也是空，种点油菜顺便培下肥。2019 年受天气影响，中稻收割延期，冬种油菜面积可能会缩小。对于综合种养，既没经验也没技术，暂时没有考虑。②南昌县蒋巷镇反馈，暂无打算种植油菜，周边农户也很少种植，主要是没有利润，收益极低，另外低洼地排水困难，成本很大，丘陵地区会相对多一点。综合种养的话，目前没听说周边有谁尝试过。自己会考虑种植蔬菜，2019 年会扩大种植规模至 7~8 亩，比 2018 年翻倍，主要种植小青菜、小白菜（1~2 元/斤），收益预计会高过种植水稻与油菜。③信丰县反馈，目前没有种植油菜或者进行稻田综合种养，主要是没有市场，也没有经验。中稻收割完，基本秸秆全量还田，稻田进入冬休。④樟树市洲上乡反馈，油菜每年都种，但是规模不大，2019 年要看天气，如果下雨，收完晚稻就会考虑种一部分。本地稻虾轮养面积达到 800~1 000亩，收益高于水稻种植。2020 年想尝试稻虾、稻蛙、稻鳅轮养，预计 20~30 亩。⑤鄱阳县反馈，由于是湖区，农户养鸭居多，基本不冬种油菜，一般在春夏交替季节，会选择稻虾轮养，但规模不大。

建议：因地制宜地推广稻—油、稻—蔬、稻—虾等高效轮作种植模式，同时对尝试综合种养的种植大户给予政策支持与资金支持，提供技术指导与销售渠道，增强农户进行稻田轮作以及综合种养的信心。

三、2019 年江西省晚稻产销情况调查

2019 年江西省晚稻生产总体稳定略降，优质晚稻种植面积比例顺势提升。受天气以及光温条件等影响，晚稻单产相对稳定，品质略优于 2018 年。自 11 月初，晚稻陆续进入市场，收购主体存在压价现象，市场收购价低于 2018 年同期，生产效益依然低迷，部分地区因重金属检测趋严导致卖粮困难。

1. 晚稻生产情况

受稻谷最低收购价政策及江西部分地区重金属超标引发的“新卖粮难”问题困扰影响，2019 年农民种粮积极性有所下降，导致主产区江西“双改单”特征非常明显，相应地早晚稻播种面积出现一定幅度下降，甚至部分地区出现退租和劣等地弃种现象。根据往年实践经验，江西种植晚稻面积略高于早稻面积，

预计2019年江西省晚稻面积为120.947万公顷左右，较2018年减少约10.933万公顷，减幅8.29%。

当前，江西省晚稻收割接近尾声。通过对江西省稻米全产业链信息员调查发现，2019年前期干旱天气对晚稻生长造成了一定不利影响。但后期天气整体有利于晚稻生长，病虫害偏轻发生，晚稻单产整体稳定，品质稳中向好，种植收益略好于2018年。

具体如鄱阳县信息员张良桂反馈，2019年晚稻种植面积200亩，亩产在1 400斤左右，与2018年基本持平。2019年粮食种植效益略好于2018年，以优质稻品种‘外引7号’为例，主要采用订单生产方式（大约100亩），由公司配种，在6~10元/斤。一亩投入成本大约在1 300元。主要包括机械化生产以及田租，机械化生产在800元左右（打田、插秧、收谷子、农药、化肥等），田租500元/亩。纯收益早晚稻合计约500元，中稻为300元左右。泰和县信息员罗文平反馈到，2019年晚稻种植200亩，亩产1 300斤（湿稻谷），与2018年基本持平，已经全部收完。当地优质稻倒伏严重，损失风险较大。

2. 市场销售情况

江西省为积极做好中晚稻收购工作，一方面积极引导支持市场化收购，引导多元主体率先入市收购优质粮源，指导有储备粮轮换任务的国有收储企业组织收购轮入，充分发挥引领示范作用；另一方面切实做好政策性粮食收购工作，充分考虑各地粮源和仓容分布，布设最低价收储库点374个，仓容26.4亿斤，基本满足常规中晚稻收购需要。

据江西省粮食与物资储备局监测统计：截至2019年11月25日，全省中晚稻收购39.8亿斤，同比增加5.6亿斤，其中：国有企业收购12.7亿斤，同比增加1.4亿斤；社会企业收购27.1亿斤，同比增加4.2亿斤，见表4-5。

表4-5　2019年江西省中晚稻收购进度情况

<table>
<tr><th rowspan="3">地区</th><th colspan="9">累计收购</th></tr>
<tr><th colspan="3">各类企业合计</th><th colspan="3">国有粮食企业</th><th colspan="3">其他企业</th></tr>
<tr><th>2019年累计/亿斤</th><th>2018年同期/亿斤</th><th>增减幅/%</th><th>2019年累计/亿斤</th><th>2018年同期/亿斤</th><th>增减幅/%</th><th>2019年累计/亿斤</th><th>2018年同期/亿斤</th><th>增减幅/%</th></tr>
<tr><td>全省</td><td>39.8</td><td>34.2</td><td>14.07</td><td>12.7</td><td>11.3</td><td>11.02</td><td>27.1</td><td>22.9</td><td>15.50</td></tr>
</table>

（续表）

地区	累计收购								
	各类企业合计			国有粮食企业			其他企业		
	2019年累计/亿斤	2018年同期/亿斤	增减幅/%	2019年累计/亿斤	2018年同期/亿斤	增减幅/%	2019年累计/亿斤	2018年同期/亿斤	增减幅/%
宜春	6.7	5.9	11.94	1.9	1.1	42.11	4.7	4.8	-2.13
吉安	9.6	7.6	20.83	2.1	1.9	9.52	7.5	5.7	24.00
赣州	2.4	2.3	4.17	1.4	1.1	21.43	1	1.2	-20.00
上饶	6.8	4.1	39.71	2.2	1.8	18.18	4.7	2.3	51.06
抚州	2.8	2.9	-3.57	1	1.3	-30.00	1.8	1.6	11.11
南昌	5.4	5.2	3.70	0.7	0.4	42.86	4.8	4.8	0
九江	1.3	1.5	-15.38	0.7	1.2	-71.43	0.6	0.3	50.00
景德镇	1.8	1.6	11.11	0.9	0.8	11.11	0.8	0.8	0
萍乡	0.9	0.7	22.22	0.7	0.4	42.86	0.2	0.3	-50.00
新余	0.4	0.7	-75.00	0.2	0.4	-100.00	0.2	0.3	-50.00
鹰潭	1.8	1.8	0	0.9	0.9	0	0.9	0.8	11.11

据对泰和、万年、樟树、奉新、鄱阳等地稻米全产业链信息员调查发现，在晚稻销售过程中，自己处于明显的弱势地位，本地粮贩以及稻米加工企业压价非常明显，优质稻也卖不出好的价格。加上粮库开放时间短，也不及时，许多粮农只能被迫“贱卖”稻谷。部分地区烘干厂压价严重，一旦重金属超标基本都不收。

典型的如以下几位信息员反馈：①樟树市洲上乡信息员陈海波反馈，2019年种优质稻也不赚钱，都贱卖给当地粮贩了，价格在每百斤125元左右，比往年差了20~35元，本想谈谈价，但人家粮贩的态度就是“爱卖不卖，没得商量”，而且包括他本人在内，将近有60%~70%的人没有收到粮款，预计2020年会出现大面积“双改单”；②奉新县信息员戴隆斌反馈，看到2018年优质稻卖的不错，2019年就加大了规模，达到3 000多亩（其中自有1 500多亩，带动农户种植1 500多亩），可没想到，2019年价格这么低，干稻谷在1.46~1.48元/斤（2018年1.78元/斤）。农户反馈到：“现在卖，本都收不回来，本想跟加工企业谈谈价格，可人家说市场环境就这样，不卖的话，就只能自己硬扛，现在国库又没开放，没地方卖也不敢卖，现在就只能存着，已经有 200 万斤，而且还在增长。”

另据江西省农业农村厅市场与涉外处 11 月下旬监测显示，当前江西省大部分地区国有粮企尚未启动中晚稻收购工作，以个商收购为主。粮食收购市场较稳定，中晚稻收购价格稳中略涨。其中，国有粮企收购均价为每百斤 125.6 元（干稻，下同），环比持平，同比减少 0.5 元、减幅为 0.4%；个体粮商收购均价为每百斤 121.6 元，环比增加 0.1 元、增幅为 0.1%，同比增加 2.3 元、增幅为 1.9%。

鄱阳县：国有粮企尚未启动中晚稻收购工作，该县中储粮开启了收购工作，常规稻干谷总体收购价格为每百斤 120 元，个体粮商收购价格为每百斤 115~118 元，但是收购的优质稻干谷价格不等，其中，外引 7 号收购价格为每百斤 155 元，黄华占收购价格为每百斤 125 元、野香优收购价格为每百斤 150 元、外香优收购价格为每百斤 130 元。

泰和县：国有粮企尚未启动收购，有个体粮商收购中晚稻，常规稻谷收购价格在每百斤 115~118 元，优质稻收购价格在每百斤 135~150 元。

瑞昌市：该市国有粮企中晚稻收购工作还未启动，有部分外省个体粮商来本地上门收购，收购价格与稻谷品种/品质直接相关，如常规稻品种中晚稻收购价格为每百斤 110 元，品种好、品质好的中晚稻收购价格在每百斤 120 元左右。

南昌县：10 月中下旬，该县中晚籼稻开始进入收割期，市场收购主体主要是粮食经营加工企业，尤其是 10 月下旬以来，市场活跃度较高，收购价格相对稳定。民营企业收购常规中晚稻价格在每百斤 122~124 元（杂交品种），一般优质中晚稻收购价格为每百斤 133 元左右。

南丰县：该县国有粮企尚未启动中晚稻收购工作，目前是南丰蜜橘的采摘期，也没有个商上门收购中晚稻。

3. 加工企业情况

总体来看，江西省加工企业晚稻采购需求量减缓，目前主要以收购种粮大户新粮为主。当前，加工企业开工率较低，平均在 20%左右。同样，晚稻收购价呈现阶段性低位下行状态，常规品种上游收购价在每百斤 110~120 元，优质品种在每百斤 140~160 元，整体不如 2018 年同期水平。典型的如，宜春加工企业信息员王磊反馈，因为市场疲软以及稻谷品质原因，目前开工率仅维持平常的 1/3，在 20%~25%，发展态势较差。

第五章　江西省水稻产业发展调查（2020）

粮食安全是治国安邦的头等大事，也是社会经济稳定发展的基石。习近平总书记在2020年中央农村工作会议上强调，要牢牢把住粮食安全主动权，粮食生产年年要抓紧。2020年中央一号文件强调，要保障重要农产品有效供给和促进农民持续增收，并将稳定粮食生产放在重要农产品首位；国务院总理李克强在主持召开国务院常务会议时，鼓励有条件的地区恢复双季稻。作为双季稻主产区，江西省履行粮食安全“省长责任制”，把粮食安全列入农业农村工作重中之重，在疫情和洪涝灾害面前，江西省粮食生产仍取得了骄人成绩，粮食生产规模扩大，粮食总产量仍维持在430亿斤以上，坚决扛稳粮食安全重任。

第一节　江西省水稻产业绿色发展面临的若干问题与对策建议

近年来，江西省粮食生产结构不断优化，科技水平不断提高，生产能力建设进一步强化，“藏粮于地、藏粮于技”发展战略真正落实落地，未来有望继续发挥江西省粮食生产优势，巩固粮食主产区地位的良好局面。粮食持续稳定发展，成为深化农业农村改革和社会稳定的压舱石，为应对外部不利因素和确保全国粮食“十六连丰”贡献了江西力量。同时，也应该看到，在2019年江西粮食生产再获丰收的背景下，面临复杂的内外环境，未来保持江西省粮食稳定丰收的压力进一步加大，需要以习近平新时代中国特色社会主义思想为指导，坚决贯彻落实习近平总书记视察江西时指出的“要推进农业农村现代化，夯实粮食生产基础，坚持质量兴农、绿色兴农，不断提高农业综合效益和竞争力”精神以及2020年中央一号文件要求，以政策创新和科技创新为动力，发展资源节约、环境友好型绿色水稻，实现稳产增收、提质增效，坚定不移地筑牢“中国饭碗”的底座。本节针对江西省水稻产业绿色发展面临的若干问题进行总结，并提出对策建议。

一、粮食播种面积下降，紧抓粮食产量的弦不可放松

1. 现状

2015 年成为江西省粮食种植面积和产量增减的分水岭。纵观江西省粮食生产历史，2015 年江西省粮食播种面积 5 722. 38万亩（稻谷 5 311. 95万亩），粮食产量 2 235. 61万吨（稻谷 2 157. 16万吨），为历史最高水平。之后，粮食播种面积连年缩减。2018 年全省粮食播种面积下调至 5 582万亩（稻谷 5 154. 3万亩），粮食产量下调至 2 190. 7万吨（稻谷 2 092. 2万吨），比 2015 年分别减少 140. 39 万亩、44. 91 万吨，降幅分别为 2. 45%、2. 01%。这一方面反映了近些年高标准农田建设的成效，尽管粮食播种面积下降了 2. 45%，但粮食产量只下降了 2. 01%；另一方面，也可能反映出基层在农业供给侧结构性改革中紧抓粮食生产的弦有所松动。

2. 建议

牢牢抓住粮食生产主动权不放松，让粮食生产插上科技翅膀。

“中国人要把饭碗端在自己手里，而且要装自己的粮食！”党的十八大以来，习近平总书记高度重视粮食问题，提出了新时期国家粮食安全的新战略，提出粮食生产的主动权要牢牢抓在自己手上，这是今后指导我们粮食生产的重大战略思想。江西省作为粮食主产区，粮食总产量基本维持在 420 亿斤水平，人均粮食占有量为 470 公斤左右，与我国人均粮食占有量保持一致。但江西作为从未间断商品粮输出的主产区，粮食供给需要满足省内需求且对外作出贡献，实际上粮食供应仍处于“紧平衡”状态，如果对粮食生产稍有松懈，这种“紧平衡”状态很容易被打破。“要推进农业农村现代化，夯实粮食生产基础”，持续深入实施“藏粮于地、藏粮于技”战略，推进高标准农田建设，提高粮食产能。在此前提下，基层在深化农业供给侧结构性改革过程中要正确处理“稳粮”“优供”“增效”三者的关系以及这三者与当前和今后一段时间“稳猪”“稳渔”的关系，始终保持清醒头脑，克服盲目乐观情绪，抓住粮食生产主动

权，全面贯彻落实粮食安全省（市县区）长责任制，压实责任考核，以科技进步为抓手，让粮食生产插上科技的翅膀，增加粮食生产的稳定性、可控性，坚定不移地筑牢“中国饭碗”的底座。

二、短期粮食市场调节趋向与国家粮食宏观目标不匹配

1. 现状

一是市场供应宽松，稻谷价格呈现弱势运行。当前我国粮食市场趋向扭曲，陷入价格“天花板”和成本“地板”的“夹压”中，受 WTO“黄箱政策”制约，国内稻谷最低收购价逐步降低，稻谷市场收购价与国家公布的最低收购价持平，粮农收益下降明显。尤其是近 2 年，国家去库存加速，各类政策性粮食持续加量投放市场，江西省市场上低价粮供应过剩，粮价短期内将持续低迷，2019 年江西省早籼稻收购价相较于 2016 年同期下降 10%以上。二是售粮渠道不畅，当季稻谷滞销或低价出售。在供给宽松和粮价持续走低情况下，粮企仓储加工和销售能力有限，而最低收购价启动时间年年推迟，整个购销渠道不畅，导致江西省种粮大户当季稻谷出现滞销或低价销售，而小农售粮更为困难。据调查，2018 年、2019 年樟树多数粮农当季晚稻在收获期未能销售出去，不少打包晒干后待年后降价出售。三是效益难保，粮农种植意愿下降。当前，稻谷最低收购价接连较大幅度下调，农资价格全面上涨，加上农业气候变化的影响，水稻规模种植效益下降明显，加剧种植面积缩减或“双改单”，甚至抛荒。对 2019 年江西某粮农早稻种植成本收益进行核算，按平均亩产湿谷 800 斤算（2019 年早稻生长和收获期均遭遇强降雨，出现部分倒伏和发芽严重情况，产量大幅下降），亩收入 800×0. 7 元＝560 元；亩支出合计 525 元：犁田 100 元、种子秧盘 60 元、收割 100 元、农药 55 元、化肥 100 元、除草剂 10 元、抛秧 100 元。如果加上农田水费，以及农民自身无偿劳动在内，种田一分钱不赚甚至亏损，套句农民自己的话“今年连自己吃饭的米都没赚回来”。

2. 建议

完善基础设施，调整种植结构，构筑补贴、保险与贷款“三位一体”的生产支持体系。

一是构建高标准农田建设新模式。结合优质稻米产业发展工程，吸引新型经营主体和农业龙头企业投入高标准农田建设，优先支持在高标准农田上种植优质稻，确保粮食总产量稳定的基础上，探索形成“高标准农田建设+企业+特色产业基地/示范园区+农户”“高标准农田+土地流转+适度规模经营”“高标准农田建设+稻渔综合种养产业+脱贫攻坚+农户”等三产融合新模式。二是调整种植结构，提高复种指数。在耕地面积不可逆转情况下，利用充足的温光资源优势，提高土地利用率，调减普通稻种植面积，适度恢复优质双季稻种植，提高耕地复种指数，避免大范围“双改单”或耕地撂荒半撂荒现象，提高水稻综合生产能力。三是在短期内继续稳定粮食最低收购价政策基础上，逐步实施粮食价补分离政策，构筑补贴、保险与贷款“三位一体”的生产支持体系。从保险补贴隐性化着手，根据种植大户的需求，加大保险保费补贴，确保补贴与直接生产者挂钩，有效规避 WTO“黄箱”规则约束。调整保费补贴分摊办法，进一步提高产粮大县保费补贴标准，取消主产区市县政府配套保费补贴。利用现有已从补贴中提取的部分作为贷款风险保证金，推广“银行+保险+风险保证金”模式。结合粮食作物生长周期特点调整农民还贷梯次，避开还贷期与售粮期交叉重叠，实行错峰还贷。支持发放新型经营主体的中长期贷款，并给予税收减免、财政贴息、融资担保等扶持政策。

三、优质大米生产滞后

1. 现状

一是“内力”不足。“好大米”知名度不足。据统计，江西省每年通过“三品一标”认证的大米品牌超过 500 个，但面向全国的仅有“万年贡”“金佳大米”“玉珠大米”等品牌。稻米内生竞争力不够。江西省地方知名“万年贡”米企产值不足 5 亿元，而同处中部地区的湖南“金健米业”、湖北“国宝桥米业”产值均超 5 亿元，且均已上市，更不用说北大荒集团、中粮集团。“好大米”品牌创建滞后。据中国农业品牌目录 2019 年区域公用品牌评审结果，在粮食品类 46 个农产品区域公用品牌中，江西省仅宜春大米、万年贡米和永修香米 3 个区域品牌入围，与江西省主推的 7 个稻米区域公共品牌和 2 个绿色特色品牌建设目标还存在较大差距。二是优质大米供应不足。受国家粮食收购政策影响，江西省水稻长期存在产需结构性失衡，籼稻过多而粳稻不足，普通稻过剩而优质稻少。加之江西省大量微小型大米加工企业亏损严重，企业与农户双方契约精神不足，监管难度大，优质稻订单履约情况堪忧，优质大米市场供应不足。三是高附加值大米生产滞后。虽然江西省地理环境优越，但稻田综合种养、高端有机大米等高附加值的稻米产业启动较晚，稻米增值生产技术应用水平低，稻田综合种养和有机化种植的绿色生产方式仍处于实践探索中。

2. 建议

加强优质稻原料基地建设，以稻米品牌建设塑造江西“好大米”形象。

一是推进“品质+品牌”双品建设。践行“绿水青山就是金山银山”的理念，明确“好大米”的品质和生产基地标准，开展“好大米”系列试验示范，逐步建立高档优质稻原料生产基地；同步严格规范已通过审定的 7 个区域公用品牌和 2 个绿色特色品牌创建区域的大米种植标准，加强优质稻原料基地建设。引导大米龙头企业等新型经营主体依托原料基地开展订单生产，加强与市、县级稻米产业协会合作，构建“企业+协会+农户”的订单生产模式，以优质打造优品。二是做好品牌营销，开展私人订制。借助线上线下活动，全方位覆盖、立体式宣传，挖掘区域稻米亮点，提升品牌公共价值。开展定制化服务，实行会员制，定期配送新米到会员家中，满足消费者差异化需求。三是加强订单农业监管，完善订单农业长效保障机制。明确订单双方责权划分，确保合同有效性，提高履约率；积极推进农产品信息披露平台建设，加大合作社培育力度，构建“公司+合作社+农户”的利益联结机制。四是加强农业学科间的合作交流，适度发展以水稻产业为主体的轮作间作绿色种养新模式。制定绿色生态种养技术规程，探索稻米增值之路。据专家测算，在永修县云山农场开展的稻鳖共生试验，亩产值达到 2 万元，亩收益 7 000 元，是单独种植绿色水稻的 3 倍。

四、优质稻良种供给缺乏

1. 现状

一是水稻制种面积和种子产量有所缩减。受“双改单”和江西省制种企业主导品种优势地位逐步削弱等影响，江西省水稻制种面积和种子总产量呈递减态势。2018 年，江西省水稻制种面积 17.3 万亩，比 2017 年减少 2.6 万亩。2018 年，江西省常规稻种子总产量 8.4 万吨，比 2017 年减少 0.2 万吨；杂交稻种子总产量 3.26 万吨，比 2017 年减少 0.43 万吨。二是优质常规稻品种存在退化、混杂现象。江西省直播稻发展迅速，每亩用种量加倍，但受常规稻种子具备自留性且自留种成本较低的影响，稻农偏好自留常规稻种子，引发优质稻退化。据有关部门调查，江西省常规早稻 70%为农户自留种，30%为商品种。此外，水稻机收普及，早稻落地谷问题也容易造成优质晚稻粒型混杂不优质。三是口感好、品质佳的优质常规稻品种较少。近年来，江西省通过审定的水稻新品种数量不少，如 2018 年度就审定了 60 个水稻新品种，但大多数品种只具有丰产特性，优质品种较少，尤其缺乏口感好、品质佳的常规稻品种，稻农可选择余地不大。四是适合稻田综合种养的优质杂交稻品种缺乏。当前，江西省稻渔综合种养具有一定规模，从 2017 年的 4.33 万公顷增长到 2019 年的 10 万公顷左右，但缺乏适合不同地区、不同稻田综合种养模式的优质杂交稻品种。同时，部分食味好的优质杂交稻品种容易倒伏，影响了农机操作和水稻产量。

2. 建议

提升种业发展工程，因地制宜推广新型水稻生产模式。

一是设立优质稻育种专项，重点扶持优质稻攻关研发。根据优质稻品种的特点，加强杂种优势利用、分子设计育种、高效制繁种等关键技术研发，培育和推广适应机械化生产、高产优质、多抗广适的突破性新品种，重点开展优质杂交稻不育系的选育和优质杂交稻抗倒栽培技术；在 2019 年专项用于‘外引七号’‘926’‘吉安软占’等 3 个常规优质稻提纯复壮工作基础上，继续深化和扩大优质常规稻提纯复壮研究，筛选适宜江西省的食用优质稻品种和资源，加快本土化应用，解决优质早稻品种不足和优质稻退化问题。二是建设地方种质资源库，加快推进省级种质资源共享平台建设。收集保存具有优良基因的种质资源，采用常规育种与生物技术育种相结合的方式，对高产、抗病育种材料不断改良和创制，提升江西省水稻种业科技创新能力及核心竞争力。三是优化水稻栽培模式，发展轻简化制种技术（直播制种和机插制种），提高水稻的单位面积有效穗数，降低投入成本。四是在水稻主产区因地制宜示范推广“双季机插”“双季机直播”“晚稻早种—连种”“早籼晚粳”“晚稻早种+再生稻”“有机大米”“种养结合”“食用菌+一季稻”等稻作新模式。

五、粮食生产绿色种植技术落后

1. 现状

一是绿色种植模式还未得到广泛推广应用。一方面，江西省传统水稻种植技术以高产为追求目标，大量依靠化肥、农药，加剧了耕地重金属污染，严重制约粮食产业可持续发展。另一方面，据统计，江西省农村居民家庭平均每人可支配收入中来自农业的收入占比从 2006 年的 62.19%下降至 2017 年的 47.79%，来自大田劳作收入大幅减少，从事水稻生产的多为老龄人，对现代精准化、减量化绿色栽培技术的需求有限。二是水稻机械化种植普及率不高，成为制约江西省水稻机械化生产的薄弱环节。据中国农机化导报显示，当前江西省水稻机械化种植率仅为 33.3%。全省范围内水稻机械化种植面积不到 200 万亩，仅占全省水稻播种面积的 3%左右。

2. 建议

加强水稻清洁生产技术研究、示范，培育多样化农业社会化服务组织和新型职业农民群体。

一是加强减肥减药与清洁生产技术研究集成和技术示范。构建一批化肥减量增效和污染物阻断减毒技术模式，全面推广“三控”（控土壤酸化、控地力下降、控化肥用量）施肥技术，深入实施农药化肥“负增长”行动，分片区建立“环境保洁—生产清洁—物质循环—高产优质—持续安全”的水稻清洁生产一体化模式。在全省范围内深入开展耕地质量整治建设，对受到重金属污染的耕地进行修复，构建“植物—土壤—环境”循环立体生态模式。对因重金属超标导致重大损失的种粮农户，出台相应的补偿措施。二是培育多样化的托管与外包服务经营主体。促进农业社会化服务市场发展，依托服务主体的技术服务优势，提高江西省水稻种植机械化水平，化解普通农户发展现代农业面临的困难。三是加快培育新型职业农民。以新型职业农民年龄、主要来源、职业发展阶段以及经营产业类型等为依据，对其进行精细分类，分层分级精准设计培训内容，将“好大米”生产理念落实到培训教材中，转化到新型职业农民的头脑中。

第二节　江西“优质晚稻早种”模式的调查与思考

中国是农业大国，重农固本是安民之基、治国之要。党的十八大以来，习近平总书记多次强调，“要给农业插上科技的翅膀”“农业出路在现代化，农业现代化关键在科技进步”“要加强农业与科技融合，加强农业科技创新”。这些论述充分表明习近平总书记对农业科技始终保持着高度重视，对发挥好科技创新在粮食生产和农业现代化中的关键作用寄予厚望。在科技投入不断增加和促粮政策不断支持下，我国粮食生产能力不断增强，粮食生产结构进一步优化，粮食产量实现多年连增，从 1978 年的 30 476.5万吨增长到 2018 年的 65 789.2万吨，40 年增长 1.16 倍。但同时，近年来全球粮食短缺问题愈发严重，受战乱、气候异常、经济波动等因素影响，使得面临粮食短缺的人口从 2016 年的 1.08 亿人激增至 2019 年的 1.35 亿人。尤其是新冠肺炎疫情常态化，粮食安全日趋严峻、粮食消费刚性需求和粮食生产刚性约束叠加形势下，早稻“早而不优”“低质低效”“增产不增收”一直困扰着整个南方稻区，早稻播种面积呈现断崖式下跌。据统计，2012—2019 年，南方双季稻区早稻连续 7 年减了 120 万公顷。早稻面积的持续缩减，无疑加重了我国粮食安全问题。

为推动南方稻区早稻持续稳定发展，积极策应“越是面对风险挑战，越要稳住农业，越要确保粮食和重要副食品安全”和“稳定粮食播种面积，鼓励有条件的地区恢复双季稻”，有效应对我国粮食安全问题和决胜全面建成小康社会全局，筑牢粮食安全保障体系，江西省着力于从增产导向转为增产提质增效并重，依托江西省水稻产业技术体系，多年来专注于早稻优质高效科研攻关，从增产导向转为增产提质增效并重，大力示范推广“优质晚稻早种（采用优质的晚稻品种作为早稻种植，下同）”模式，以技术创新破解早稻“高温逼熟”和穗上发芽等生产难题，为早稻生产插上了科技的翅膀，也为传统水稻高质量发展提供了典型案例。

一、低质低效成为影响早稻持续稳定发展的主因素

受遗传效应、高温逼熟等因素影响，早稻米质差，口感不佳，口粮化率极低，收购价持续低迷，而投入成本持续上涨，早稻种植效益明显低于其他

大田农作物，农户种粮积极性受挫。以南昌智慧大田农业科技发展有限公司为例，2020 年公司共有 90. 667 万公顷水稻，其中双季稻 533. 33 公顷，其余为稻油轮作，全程机械化作业。计算 2020 年双季稻每亩成本：地租 620 元、水电费 100 元、常规稻种 100 元，复合肥 200 元、尿素 50 元、植保无人机飞防 300 元、翻耕 160 元、收割 100 元、田间湿谷拖至烘干厂烘干再到粮库费用 200 元、人工费 200 元，总成本合计 2 030元。稻油模式下，中稻承担全部地租，其他成本按双季稻成本一半计，每亩成本为 1 325元；油菜每亩成本：机耕 100 元、油菜籽种子 30 元、人工清沟施肥直播油菜种 65 元、无人机施打农药化肥 100 元、机收 100 元、人工费 100 元，总成本合计 495 元。每亩产量按早稻 800 斤、晚稻 1 000斤、中稻 1 300斤、菜籽油 100 斤计，按 2020 年早稻最低收购价 1. 21 元、中晚稻最低收购价 1. 27 元、菜籽油收购价 10 元计，早稻、晚稻、双季稻、单季稻、稻油每亩纯收益分别为 18 元、190 元、208 元、326 元、757 元。

通过表 5-1 对比可知，①从每亩纯收益来看，单季稻高出双季稻 118 元，稻油轮作高出双季稻 549 元，早稻几乎不赚钱。②从劳力投入来看，双季稻 7 月“双抢”劳力紧张，劳动强度高，投入成本高；单季稻从 4 月下旬种至 9 月收割，劳动强度低于“双抢”期，且可接茬其他农作物种植，如稻油、烟稻、稻莲等。③从品种选择上看，双季稻种植需严选生育期适宜的良种，衔接好早晚稻生育期，有效避开“倒春寒”“寒露风”天气对早晚稻生产的影响；单季稻品种选择范围大，生育期长，可选择适宜气候收割，稻谷产量和质量较好。④从销售渠道来看，早稻除少量作为加工专用稻，通常由国库收储，销售渠道单一；晚稻和单季稻口粮比例较高，市场收购量大，销售渠道多样。综上因素限制了南方稻区早稻播种面积的稳定，“双改单”现象严重，农户更愿意选择一季稻种植。

表 5-1　稻油亩均成本收益值对比

项目	早稻	晚稻	双季稻	单季稻	油菜
成本/元	950	1 080	2 030	1 325	495
单产/（公斤/亩）	400	500	—	650	46. 3
最低收购价/（元/公斤）	2. 42	2. 54	—	2. 54	20

（续表）

项目	早稻	晚稻	双季稻	单季稻	油菜
产值/元	968	1 270	2 238	1 651	926
纯收益/元	18	190	208	326	431

二、江西“优质晚稻早种”模式调查

（一）“优质晚稻早种”模式

“优质晚稻早种”模式是一种选择生育期短、品质优、适宜早种的优质晚稻早熟品种作早稻种植，晚稻再种相同或同类品种的水稻栽培技术的重大创新，是江西省水稻产业技术体系围绕供给侧结构性改革示范推广的七种新型水稻生产技术模式之一（双季机插、双季机直播、优质晚稻早种、早籼晚粳、有机稻米、稻田综合种养、减肥减药）。该模式创新性地改变了传统的水稻种植方式，实现了品种季节性错位种植，改善早稻米质，实现优质米早上市和早晚稻双季双优吨粮。据江西省农业农村厅初步统计，2020 年全省晚稻早种面积 4 万公顷左右，主要集中在吉安、赣州、抚州等地。其中，吉水县 1.6 万公顷，吉安县 1 万公顷，崇仁、宜黄、乐安、遂川、万安、泰和、新干、宜丰、龙南、定南、信丰等地均有 0.067 万~0.267 万公顷。

目前，在江西区域示范推广的“优质晚稻早种”模式有两种具体形式：“优质晚稻早种—连种”与“优质晚稻早种—再生稻”。

1.“优质晚稻早种—连种”

该模式是指用优质晚稻早熟品种作早稻种植，晚稻再用相同品种种植，实现早晚稻双季双优的种植模式。该模式早季可在 3 月中下旬播种（工厂化育秧可提前），7 月下旬收获，晚季于 7 月下旬抛秧或机插种植。该模式亮点是在光热资源丰富的地区，如南昌以南积温偏高区域，可克服“高温逼熟”限制，实现优质米早上市，解决早稻缺乏食味好的优质米问题，且能避免劣质早稻落地谷造成优质晚稻纯度差的问题，确保优质晚米纯度。

2.“优质晚稻早种—再生稻”

该模式是指选用不感光的优质晚稻中迟熟品种作早稻种植，头季收割后，促发再生稻，秋冬季再播种一季适宜接茬的农作物，实现高产高效的种植模式。该模式从 3 月中下旬开始种植，8 月上旬收割后再以再生稻的方式收获第二季，同时再接茬一季农作物（如油菜）。该模式亮点在于可选用香稻作再生稻，解决长江流域早稻缺乏香稻的问题，实现香米提早上市 3 个月，填补水稻主产区夏季没有香米外调的市场空档期。若接茬油菜，能显著提高综合效益。

（二）典型案例

1. 龙头企业+“优质晚稻早种—连种”带动模式

江西井冈山粮油集团有限公司成立于 1995 年，位于江西省中部的吉水县，前身为江西金田粮油集团有限公司，是一家以农业种植、技术服务、收购、加工、品牌销售全生态产业链融为一体的农业产业化国家重点龙头企业，是江西省水稻产业技术体系科技服务工作站挂牌服务企业。2018 年集团成为吉安市“井冈山”稻米区域公用品牌建设核心龙头企业。集团以“公司+订单+农户”的产业模式，带动当地及周边水稻优质化生产，全年优质稻订单种植总面积为 2 万公顷左右。其中，集团以订单农业模式在当地大力推广“优质晚稻早种—连种”模式达 10 年之久，推广种植面积达 0.67 万公顷，有效带动全县优质晚稻早种。

据集团数据显示，“优质晚稻早种—连种”模式下采用井冈软粘为水稻品种，早稻每亩产量约 425 公斤（干谷），种子成本 20 元/亩，农药肥料等投入成本与普通早稻相仿，收购价平均为 2.8 元/公斤计，每亩产值 1 190元。普通散户种植普通早稻每亩产量约 450 公斤（干谷），种子成本约 40 元/亩，但农户基本在国库收储前采用“快收快销”模式将稻谷卖给粮食经纪人，市场收购价在 2.2 元/公斤以内，每亩产值为 990 元。从每亩产值对比来看，“优质晚稻早种”模式下的优质早稻高出普通早稻每亩收益 200 元。另据集团销售数据显示，集团 70%以上的优质大米销往广东，以‘井冈软粘’为核心品种采取的“优质晚稻早种”生产的早米商品粮价格，要显著高出晚稻种植的晚米价格，颇受广东市场欢迎，市场认可度较高。

“优质晚稻早种—连种”模式下，集团可全年种植以井冈软粘为核心的早晚兼用型品种，早晚稻双季双优，实现优质大米持续无间断供应，既能维护客户群体，保障销售市场的可持续性，又能提升区域品牌影响力与竞争力，把“高温逼熟”劣势变为“区域稻米经济”优势，改善了米质，更提高了种植效益，为双季稻持续生产提供了巨大的支撑引导作用。最为关键的是，通过龙头企业示范带动，采用“企业+农户”的订单农业模式，‘井冈软粘’在当地作早稻种植比例达60%，改变了当地早稻收购依赖托市的局面，实现了早稻口粮化，大大减轻了政府收储劣质早稻的财政压力，也提振了农户的种粮信心，实现稳面提质。

此外，据2016年农业部稻米及制品质量监督检验测试中心对‘井冈软粘’双季米质分析检验报告显示（表5-2），‘井冈软粘’作早稻种植和晚稻种植时的稻米品质变化不大，稻米品质均达部颁三等食用籼稻品种品质标准，表明该品种能克服“高温逼熟”现象，是理想的早晚兼用型优质稻品种。

表5-2　优质晚稻早种模式下‘井冈软粘’双季米质分析

品种	糙米率/%	整精米率/%	粒长/毫米	垩白度/%	透明度级	碱消值级	胶稠度/毫米	直链淀粉/%	长宽比	垩白粒率/%	蛋白质/%	品质等级
井冈软粘（晚稻）	78.6	60.1	6.2	1.5	1	7.0	66	16.3	3.4	9.0	13.0	三等
井冈软粘（早稻）	77.0	56.6	6.0	1.2	1	7.0	76	16.1	3.2	8.0	8.4	三等

2020年江西省水稻产业技术体系邀请相关专家分别对地处吉水县的吉泰盆地试验站和抚州市的赣抚平原试验站开展的“优质晚稻早种”示范田测产，早晚稻均种植‘井冈软粘’，可实现双季吨粮（表5-3）。

表5-3　优质晚稻早种模式下‘井冈软粘’双季种植测产结果　单位：公斤/亩

示范地点	早稻测产	晚稻测产	双季总产量
吉水（吉泰盆地试验站）	555.2	501.7	1 056.9
抚州（赣抚平原试验站）	545.5	472.8	1 028.3

2. 地方农技部门+“优质晚稻早种—连种”带动模式

信丰县自古以来就以“饶谷多粟、人信物丰”著称，地处江西省南部的赣南地区。属于亚热带季风性湿润气候，自然资源和光热资源丰富，水稻土占全县土地面积的22.6%，是江西南部的农业大县，是国家重要的商品粮基地县、全国水稻生产优势县，也是江西省粮食生产大县、江西省粮食生产先进县。

信丰县大阿镇位于信丰八景之一“谷山积翠”的谷山脚下，土地肥沃。依托独特的区位优势和丰富的资源优势，以该镇东风、大阿等村为中心，年种植面积超过 666.67 公顷，年产优质稻 1.5 万吨以上，成为当地优质稻生产示范基地和优质大米的重要供应地。

2014 年开始，大阿镇基层农技推广站在本镇大力示范推广“优质晚稻早种—连种”模式，主选具备产量高、米质优、卖相好等特点的晚稻早种品种，如，‘泰优 398’‘丰两优晚三’‘五优 308’等优质晚稻品种。以‘泰优 398’为例，该镇一般作早稻在 3 月 20 日左右播种，4 月 18 日左右移栽，7 月 18 日左右收割，全生育期 118~120 天。在示范推广中，大阿镇农技推广人员根据当地实际，改变传统种植方式，采取增加用种量（2.0~2.5 公斤/亩）、培育壮苗（在一叶一心期喷施矮壮素）、增大移栽密度确保基本苗、改变施肥方式（由传统的 2 次施肥增加到 4 次施肥）和施肥期同时加强病虫防治等措施，提高了品种产量，实现了高产。经多年生产实践测算，‘泰优 398’作早稻种植产量在 600~650 公斤/亩，作晚稻种植产量在 550 公斤/亩左右，两季产量在 1 150~1 200 公斤/亩，产值在 2 990~3 120元；比种植其他水稻品种和采用其他种植模式每亩均增产 250 公斤，每亩均增加效益 800 元以上，实现了双季吨粮和产值提升的高产高效目标，具有较好的经济效益和社会效益。

由于大阿镇是全国最大的水半夏生产基地，以盛产半夏而著名，种植水半夏的经济效益高于水稻效益，所以当前“优质晚稻早种—连种”模式只在大阿镇的东风村、大阿村等水稻种植传统核心区得到推广。但近 6 年的示范推广证明，“优质晚稻早种”模式在光热资源丰富的赣南地区，尤其是在以水稻作为主导农业产业的县市，是一种可行的确保粮食品质、粮食安全的有效之路。

3. 地方农技部门+“优质晚稻早种—再生稻”带动模式

崇仁县位于江西省中部偏东，全县全年水稻种植总面积 3.975 万公顷，优质稻种植面积达 3.33 万公顷，占比超八成，其中“优质晚稻早种—再生稻+油菜”种植模式在当地示范推广达 10 年之久，示范推广面积 0.28 万公顷。近 4 年，崇仁县农技推广中心依托国家粮丰项目和省水稻产业技术体系指导，在适宜区域设立了 2 个“优质晚稻早种—再生稻+油菜”模式示范点。示范点选用优质高产、再生能力强、耐高温、抗性强的晚稻或早熟中稻新组合，作晚稻种植全生育期 120 天以内，如‘泰优 390’‘甬优 4949’‘糯香优 561’和‘五优航1573’等杂交组合。从早稻生产季节开始作再生稻种植；头季收割后，促发再生稻，秋冬季再播种一季油菜的周年种植方式。采取的具体方式是：头季稻推行育苗抛栽（机插、抛秧），每亩用种量1.5公斤；3月中旬至4月上旬播种，早稻播种期最迟不超过4月10日，在水稻秧龄期内，能早尽早播种为好，4月中下旬抛栽，最迟不超过5月5日，力争7月10日前齐穗、8月上旬成熟，防止穗期高温影响产量和米质，完成水稻头季收获。再生季在9月上中旬齐穗，10月上中旬收割。再生稻收割后再播种油菜，循环生产，确保茬口顺利衔接。据崇仁县农技推广中心测产，该模式下头季稻每亩产量可达600公斤，再生稻可达300公斤，合计双季稻每亩产量高达900公斤，且米质优，产量高。

以崇仁县郭圩乡贯桥村“优质晚稻早种—再生稻+油菜”示范点为例。2019年示范点选用‘甬优4949’为双季水稻品种。头季稻每亩产量687.4公斤，再生季每亩产量243.9公斤，平均市场价2.6元/公斤，双季稻每亩产值2 421.38元；每亩需化肥205元、农药120元、种子200元、机械240元、人工150元、地租300元、其他86元，稻谷每亩的生产成本1 301元；双季稻每亩纯收益1 120.38元，远远超出普通模式下普通双季稻每亩收益。油菜每亩生产油菜籽85公斤，按30%出油率，每亩产出菜籽油25.5公斤，平均按30元/公斤计算，油菜每亩产值765元；每亩需机械开沟50元、机收60元、种子化肥农药等材料150元、管理务工120元，地租在水稻产出中列支，枯饼抵消加工晾晒等开支，油菜每亩成本370元；油菜每亩纯收益395元。综合纯效益1 515.38元/亩。

“优质晚稻早种—再生稻+油菜”模式下，再生季只需促头季稻蔸萌芽生长，可缓解双季稻区“双抢”紧张和丘陵山区水资源紧缺矛盾；水旱轮作，可改良土壤结构和减轻病虫草害，少打药安全高效；再生季秸秆量小，全量粉碎有利于早播油菜；兼顾粮油两大主要农作物，提高土地利用率，实现稻油可持续、绿色、优质、高效生产。

（三）困难与挑战

当前“优质晚稻早种”模式在江西处于推广试点起步阶段，试点以来取得了良好效果，发展前景看好。总的来说，该模式是解决早米品质不优、收购依赖托市、卖粮难问题，也是有效避开早稻穗上发芽和解决早稻落地谷影响晚米纯度问题的有效方法，对稳定江西省乃至南方稻区双季稻种植具有积极意义。

但“优质晚稻早种”模式推广范围受限，面临一些困难与挑战。

一是缺乏适用品种。相比普通晚稻而言，“优质晚稻早种”模式选用的适宜早种的晚稻品种应具备优质高产、耐高温、抗性强、生育期短等特性，在江西赣南积温偏高区域可选择的适用品种较广，如‘野香优靓占’‘野香优航1573’‘万象优982’‘万象优双占’‘五丰优T025’‘桃优粤农丝苗’‘昌盛优粤农丝苗’‘泰优98’等优质晚稻品种，但农民选种不专业，随意性较大，易出现早晚稻接茬矛盾。目前适宜在江西赣中区域的品种主要有‘泰优398’‘赣晚籼39号（莲香早）’‘井冈软粘’‘桃优香占’‘奥富优826’等，可选品种较少。可作再生稻的香稻品种不少，但大部分再生能力一般，且要求农户掌握较好的再生稻生产技术。

二是缺乏龙头企业引领带动。订单生产是保障农户早稻收益的主要方式，但也对大米加工龙头企业提出了较高要求，企业要实行统一供种、统一育秧、统一防治和统一收购。从调研情况来看，当前江西省只有少数几家龙头企业（如江西井冈山粮油集团有限公司、江西省绿能农业发展有限公司）具备较为完善的产业链条外，其他“优质晚稻早种”模式推广区域明显缺乏龙头企业的引领带动，“区域稻米经济”短期内较难体现，早米产业带动能力不足。

三是缺乏配套设施服务。为满足双季稻种植茬口要求，“优质晚稻早种”模式推广区域需要完善的配套设施服务支撑，但多数区域缺乏规模足够的农业社会化服务组织，难以支撑“优质晚稻早种”模式大范围推广。

四是市场接受度有待提高。当前省内对“优质晚稻早种”模式宣传较少，市场对于晚稻早种的米质认定仍存在分歧，部分粮农对“优质晚稻早种”模式存在疑虑，担心产量和收益；有的地方农口部门缺乏横向交流，对优质晚稻早种了解不多。

三、建议

“优质晚稻早种”模式通过技术创新可有效稳定双季稻播种面积，策应了“以我为主、立足国内、确保产能、适度进口、科技支撑”的粮食安全战略和“谷物基本自给、口粮绝对安全”的新粮食安全观；可改善早稻品质，确保晚米纯度，调优品种结构，提高产业效益，是南方双季稻区稳定并扩大早稻播种面积的有效途径；江西已拥有可推广的典型案例，在赣中南地区形成了一定规模，可为南方双季稻区年积温较高区域示范推广“优质晚稻早种”模式提供经验。只要科学谋划，因地制宜推进，“优质晚稻早种”模式很有可能成为南方双季稻区推进早稻提质增效的新抓手、新途径。

1. 加大优质稻育种支持力度，确保品种优质

一是设立早稻品质提升工程。开展优质早籼稻高效育种技术研创及早籼稻品质遗传改良研究，克服高温不利条件，培育籼型香稻、优质食用型、重金属低积累型、专用型、功能型、早晚兼用型等高质高产高效安全的早籼稻品种，形成稳定早稻生产的长效机制。二是加强“优质晚稻早种”品种选育工作。加快筛选出更多适应本区域气候、土壤等自然特性，且生育期能与晚稻衔接，达到优质米标准的适用品种。同时，完善“优质晚稻早种”配套技术研究，科学合理地采用绿色栽培技术和手段。三是推进“优质晚稻早种”适用品种区试，开通品种审定绿色通道，扩大品种选择范围。四是构建以公益性研究与商业化育种结合的育种科技创新体系。在支持企业商业化育种的前提下，仍应扶持农业科研院校从事品种培育工作，构建科研院校与企业商业化育种共生机制，鼓励企业联合科研院校开展商业化育种。进一步完善提升现代化种质资源库建设，省财政厅在支持农作物种质资源库建设的同时，将种质资源库运行管理所需经费纳入省级财政预算予以长期的、稳定的支持。

2. 加快“优质晚稻早种”高效模式集成示范推广，以点扩面提速

一是加快适宜开展“优质晚稻早种”模式的区域甄选。针对南方稻区普遍存在的高温高湿条件，组织科研力量对南方稻区开展专项规划，绘制适宜“优质晚稻早种”区域示范推广分布图或清单（目录），为大面积示范推广该模式提供区域参考。当前江西省适宜推广“优质晚稻早种”区域在赣中南，尤以赣南为佳。若能在南昌以南 1/3 区域推广该模式，全省示范面积可达 33.33 万公顷以上。二是以绿色高质高效行动、国家粮丰工程、绿色高产创建、优质稻米产业发展工程、稻米区域公用品牌创建、省水稻产业技术体系等项目为抓手，在适宜区域加速推进“优质晚稻早种”技术模式集成示范，提高地方农口部门、粮企和农户对“优质晚稻早种”模式的认知度、接受度。三是建立“优质晚稻早种”绿色标准化生产技术规程，严格规范选种及育苗、栽培技术、采收、收获管理等规程，通过减肥减药、绿色防控、全程机械化等绿色生产技术，改

善耕地种植条件，实现早米优质化、口粮化。

3. 强化农业社会化服务体系建设，缓解季节矛盾

一是加快当前各地正在开展的高标建设步伐，推广新技术、新方法和新材料，加强项目验收管理，确保高标完成时间不与当地水稻种植季相冲突，且必须保质保量，确保耕地水源充足及交通便利，提升抵御自然灾害能力。努力扩大高标建设范围，加快推进高标在全省乡村布局，为确保江西粮食生产打好基础。二是协调做好灌溉设施建设。相关职能部门间加大沟通协调力度，进一步做好农田水源储备、主灌渠维修养护、排灌设施修护、农业用电保障等农业基础设施保障工作。三是大力推进“产—供—销”全产业链农业社会化服务建设，推动农业机械化服务由产中向产前、产后环节延伸，促进社会化服务规范化、规模化，防止社会化服务被个人服务和政府服务取代。支持种植大户、农机专业合作社和农业企业等粮食生产新型经营主体参与“优质晚稻早种”示范推广；加大推广全程农业机械化，缓解“双抢”劳力严重不足，提高“双抢”效率，为双季优质稻连种抢出足够的时间。四是加强稻谷收后管理，推广烘干、储存、运输等服务，鼓励新型经营主体开展“代收代种”“联耕联种”“半托管”“全程托管”等农业社会化服务，对参与“优质晚稻早种”模式示范推广的新型经营主体，地方政府额外给予农机购置补贴或项目支持，形成更大范围的“优质晚稻早种”连片示范推广区。

4. 引导龙头企业推进订单农业，提高产业效益

一是订单生产是保障“优质晚稻早种”模式高效的基础。大力推行订单模式，具体包括粮食收储订单，优质稻定向生产订单，加工企业订单。需引入或培育一二三产融合发展的龙头企业，依托龙头企业具有的综合功能和雄厚的经济实力，鼓励企业以“公司+基地（订单）+农户”的产业化经营模式，大面积示范推广“优质晚稻早种”种植技术，扩大优质晚稻早种规模，实现企业与农户“双赢”。二是全面树立农业品牌意识，高度重视品牌建设和维护，鼓励和促进品牌整合和企业联合，积极扶持龙头企业创建“优质晚稻早种”区域稻米公用品牌，以品牌创造高效益。同步，开展“江西优质晚稻早种米质评比活动”，由省政府组织或省政府委托省农科院组织，联合农业部门、粮食部门、科研单位统一组织全省性的好品种、好大米、好品牌评选活动，进一步推动“优

质晚稻早种”绿色稻米产业链的发展。三是地方农口部门加大“优质晚稻早种”模式的示范宣传力度，地方农口部门间加强横向沟通，相互学习借鉴新型种植模式，便于更大范围内推广。基层农技推广中心要积极引导新型经营主体创新尝试“优质晚稻早种”种植技术模式，带动地方及周边区域扩大优质晚稻早种规模。

第三节　关于新冠肺炎疫情对江西省 2020 年早稻种植意向影响的调查

水稻是江西省重要的粮食作物，早稻则是当年种植、当年收获的第一季主要粮食作物，其种植面积和产量事关江西省粮食生产大局。由于春节前后发生的新冠肺炎疫情持续时间较长，恰逢春耕备耕时期，对早稻生产的影响需要引起高度关注。

为及时摸排 2020 年新冠肺炎疫情对江西省早稻种植意向的影响，掌握农业生产的进展情况，2 月初，课题组对万年、宜春、鄱阳、信丰、泰和、安福、万安、樟树以及南昌县等地固定观察点涉及粮农、经纪人和加工企业的信息员，进行了微信、电话调查。总体来看，2020 年江西省“双改单”现象仍将持续，预计 2020 年早稻种植面积较 2019 年有较大幅度下降，主因在于种粮效益偏低。由于早稻生产通常在清明前后开始，虽然目前新冠肺炎疫情暂未对早稻生产造成实质性影响，但如果疫情延续到 3 月中下旬，则极有可能导致大范围缩减早稻种植面积情况出现，江西省早稻生产将面临严峻形势。现将调研情况及有关建议报告如下。

一、调查情况

1. 当前农户种粮意愿并未因疫情影响发生变化，但若疫情持续则影响明显

各地信息员反馈，2020 年会继续种粮。虽然疫情突发，但目前春季农事还未大面积开展，距离江西省 3 月早稻育秧还有一段时间。因此，短期来看，农户种粮意愿并未因疫情影响发生明显变化。但是，如果疫情持续至 3 月中下旬，则会影响甚至耽误早稻种植，未种植早稻的耕地将改为中稻种植。例如，安福

县农民彭森林表示，因购买了收割机和犁田机械，种粮是附带性的，自己机械种收，成本低，只要收益高于成本，就会种水稻，关键自己也要吃。万年县种粮大户黄秀锋表示，2020 年将继续种粮，因为承包耕地种了十多年水稻，不种粮也不知道去干什么，只要种粮收益高于打工收益，肯定会坚持利用自己一技之长种粮。南昌县蒋巷镇合作社社员娄玉涛和樟树市张家山农民余十根这些年一直种植早稻，2020 年也打算种早稻，但种植面积减少 20%～30%，如疫情持续下去，就改种中稻，避开疫情，推迟下种。

2. 种粮效益低引发“双改单”现象加重，早稻面积很可能出现大幅下降

近年稻谷价格整体下降，种粮成本上升（尤其是劳动力成本上涨较快），种粮群体老龄化偏重，粮农抗风险能力差，种粮效益不高，部分农户呈现亏损状态，“双改单”现象更为普遍，甚至改种、弃种，可能导致 2020 年早稻种植面积较 2019 年有较大幅度下降，但相应的中稻面积有所增加。例如，樟树市洲上乡规模种植户陈海波反映，现在种水稻基本赚不到什么钱，2019 年 200 亩双季稻纯收入不足 4 万元，2020 年准备“双改单”，减少水稻种植面积。泰和县规模种植户罗文平有些无奈地说：“粮价不行啊！许多农户亏损严重，同周边种粮户闲聊时，都透露以后不打算种粮了。”南昌县蒋巷镇经纪人李明反映，本地种粮户年龄都偏大，“双改单”趋势明显，大面积都是单季稻，甚至有部分撂荒现象。安福县农民彭森林反映，2020 年早稻准备少种些，大概种 5 亩，比 2019 年减少一半，同村农户大多考虑不种早稻。万年县规模种植户黄秀锋反映，早稻价格太低，农资和人工成本高且请工难，判断 2020 年可能会出现倒春寒影响产量，打算早稻种 300 亩以下，较 2019 年少 200 亩，减少的面积用于中稻种植，因为种植中稻简单、粗放，用工相对方便且价格也不高。

3. 农资购买暂未出现困难且售价稳定，但跨区作业难以开展

由于早稻种植时间在清明前后，到目前为止，多数农户暂未考虑购买农资问题，即使当前要购买少量的农资，也是直接电话打给当地农资店老板，且售价稳定。按照往年经验，各地乡镇农资供应都很充足，预计即使疫情持续，各农资店均有充足存货，且随着节后复工复产，农资采购基本没问题。但受疫情影响，农村各村组处于封村封路状态，难以实现不同村组间跨区作业。例如，宜春市袁州区专业合作社胡运生自己有 1 000亩田块分布在不同乡镇村组，但现

在疫情影响封路了，不能到其他村组开展农耕准备工作，只能电话请当地农户帮忙开展。

4. 水稻产业链预期，提高粮食收购价是扩大早稻生产的主要激励因素

针对如何才能保持或扩大早稻种植，调查时发现，水稻全产业链各环节均认为，近期内最可能扩大早稻种植面积的方法在于提高粮价，只有存在利润空间，粮农才有动力提高单产和扩大面积，其他扶持办法，如种粮补贴、农业生产保险、技术和农机服务支撑等都是微乎其微。分类来看，无论小农还是规模种植户都认为，要想扩大种粮面积，唯一激励因素就是提高粮食收购价，有钱可赚；对于私人订制型粮农来说，除粮价提升外，有好的品种也会考虑扩大面积，但归根结底，还是好品种有好销路和好价格；对于加工企业与经纪人来说，最重要的激励因素就是价差增大，利润空间较大，能够获取稳定收益，同时保持持续性。而对有关农业技术需求调查时，绝大多数农户暂未表现出强需求，且随着多年来江西省不断加大科技示范推广力度，江西省各地农村基本都掌握了适用生产技术。

5. 加工企业稻谷收购进度放缓，大米销售加速

2020 年 1 月，各地封村封路控制疫情，农户与加工企业、经纪人之间的联系被暂时阻断。截至 2 月，部分农户家中囤积了 2019 年生产的中稻和晚稻，由于加工企业、经纪人无法下乡收粮，稻谷收购进度放缓，农户对收购价行情表示担忧。据观察，2018—2020 年，部分农户在年前稻谷收割期未能实现即收即卖，年后经纪人或加工企业一般会上门收购，但收购价比年前更低。未能实现即收即卖的原因包括：认为当期收购价低，农户惜售；经纪人或企业来收购时，稻谷未收获，错过收购旺期；当地很少有来收购稻谷的经纪人或企业，前往定点收购点不便；地方启动国有粮收购晚于稻谷收获期，但当地市场收购需求不足等。据樟树市张家山农民余十根反映，年前二晚（‘黄华占’）干谷收购价为每百斤 120 元，2020 年 1 月降到了 112 元。此外，受疫情影响，市场回暖，需求量开始增加，大米销售加速，一部分加工厂和经纪人囤积在库的稻谷未能出清，但多数加工厂库存陆续见底，却暂时无法下乡收购。例如，万年县某加工企业负责人潘定辉反映，目前库存 1 000~2 000吨，库存量不高，日常开工率在 20%~30%，每天开工，边加工边走量，尽管 2020 年疫情突发，稻谷收购困

难，但当前走货渠道还正常。泰和县某加工企业负责人刘丰春反映，目前库存量在 1 000吨左右，1 月 30 日开始陆续走量，达 400 吨左右，现开工率在 10%~20%，大米出售渠道通畅，但受疫情影响，无法收购囤积在农户家中的稻谷，导致加工企业库存迅速降低。南昌县经纪人裴保平反映，受疫情影响，现在购销渠道中断，库存见底，许多农户手上的余粮暂时无法收购，待疫情过后将恢复收购。

6. 土地流转普遍，地租随行就市趋降

江西省农业已转向适度规模经营，土地流转日益普遍，地租以市场定价为准，随着农业（种粮）比较效益下降，尤其当前疫情影响下，愿意从事粮食生产的一般农户明显减少，能流转的土地有所增加，地租相比 2019 年略微下降。不过，高标准农田租金明显高于普通农田，集中连片的农田租金高于分散的农田。例如，信丰县规模种植户谢焕荣，全年水稻种植面积 360 亩，主要是通过土地流转，与当地村委会签订合同（3 年），地租因耕地质量差异而不同，未进行高标准农田建设的租金 220~280 元/亩，高标准农田的租金 400~500 元/亩。鄱阳县规模种植户吴正卫 2019 年种植的 150 亩左右早稻都是流转的高标准农田，地租在 450~500 元/亩，同比往年下降 100~150 元/亩。泰和县规模种植户罗文平流转的土地租金 350 元/亩左右（耕地质量较高、集中连片），其他地块略低一点。泰和县某加工企业刘丰春反映，当地土地流转的价位根据耕地质量、集中连片程度来定，差异相对明显，地租在 100~350 元/亩。

二、建议

（1）压实粮食生产责任，奖补措施与落实早稻生产挂钩。围绕早稻播种面积、早稻总产量、规模种植户户数等方面量化指标，各地紧盯生产任务，层层量化分解，把稳定早稻播种面积作为稳定当年粮食生产的重要抓手，及早谋划落实促进早稻生产的各项措施，并将落实情况与各项奖补措施挂钩，对各地在申报农口、科技部门各类农业项目时进行严格核对。

（2）引导返乡“农民工”重启春耕生产，争取部分“双改单”逆转“单改双”。疫情期间，大量年前返乡农民工滞留农村，应加大宣传引导，推迟外出务工时间，鼓励这批农民工从事春耕生产，尤其是早稻种植。引导农民增强风险防范意识，从 2019 年非洲猪瘟疫情引发生猪价格上涨以及本次疫情引发部分生活用品供应偏紧中学会“未雨绸缪”，提早做好应对，从而激发一部分“双改单”农民重启早稻生产，增加双季稻播种面积。

（3）以科技为支撑，引导早稻生产高质量发展。调研中发现，粮食生产者普遍认为粮价提升是激发早稻生产的关键。高粮价来源于高品质，高品质来源于科技创新。因此，需要加大科技创新力度，尤其是加大优质早稻品种的研发力度，切实解决产需不对称问题，通过“晚稻早种”模式推进早稻优质化，实现全程高质量生产。

（4）优化政策组合，提升早稻生产盈利能力和风险防范能力。在继续实施中央和江西省出台的各项稳粮政策措施基础上，一是考虑重启种粮大户生产者补贴，制定相关制度，规范程序，加强监管，激发规模种植户种粮热情。二是优化支持农业生产社会化服务政策，大力扶持工厂化育秧和机插秧社会化服务，引导农业生产社会化经营主体降低服务价格，解决“小农户”与“大生产”难题，降低农户水稻种植成本。三是畅通贷款渠道，鼓励银行（农商银行为主）给粮农提供小微贷款，并按照国家基准贷款利率计算，降低粮农融资成本。四是引导农户多品种轮换搭配种植，分散可能出现的优质不优价，防范病虫草害发生；鼓励农户参与政策性农业保险，引导种植大户参加商业保险，多层面降低风险。五是增强农户自身风险防范生产能力，借助网络、电视、手机等媒介和12316热线，更新完善自身所掌握的水稻绿色生产种植技术，尤其是病虫害防治技术。

（5）发挥基层作用，畅通买卖双向应急绿色通道。一是充分发挥农村基层党组织和党员先锋模范作用，深入宣讲疫情防控知识，确保农业从业者防护措施落实到位。同时，对外来人员进入村组开展跨区农业生产进行严格管控，疫情检测符合要求的方可允许。二是依托乡镇农技推广力量，统一收集本地农户农资需求和可外销农产品品种、数量，及时对外发布信息，协调做好供需对接服务，确保农资进得来、农产品出得去。

第四节　疫情形势下江西大米加工企业产销情况追踪调查

为了及时掌握疫情防控进入常态化后，江西省大米加工企业产销情况，4月下旬，课题组对上高、奉新、泰和、万年、万安、永丰、吉水、莲花、南昌县等大米加工企业开展了跟踪抽样调查。

一、调查情况

1. 受疫情影响，企业复工较往年有所推迟，但开工率短期内回升快

受疫情影响，江西省各地大米加工企业复工复产时间较往年同期有所推迟，非应急性大米加工企业2月中下旬或3月初复工，部分应急性大米加工企业春节期间已复工复产。3月，企业开工率明显低于2019年同期；进入4月，国内优质大米需求量有所增加，全省各地大米加工企业开工率较2019年同期涨幅明显，部分大中型加工企业开工率达到100%，小型加工企业开工率也较2019年同期有所上涨。上高县某加工企业王磊反映，企业一直开工，3月中旬开工率维持在30%左右，4月底开工率达到75%。泰和县某加工企业严先裕反映，正月十五复工生产，3月订单减少，开工率为往年的50%，4月底则达到往年同期水平。南昌县某加工企业熊成反映，3月中旬开工率为往常的一半左右，4月扩大加工规模，目前开工率达到80%。万年县某加工企业罗会敏反映，3月9日复工，3月中旬开工率相比往年低了一半；4月开工率达到100%，高于2019年同期。莲花县某加工企业蒋鹏程反映，2月20日复工，4月开工率达到100%。吉水县某加工企业冯晓庆反映，公司正月初三复工复产，4月开工率较2019年同期上涨15%左右。

2. 随着疫情缓解，企业收购优质稻谷竞争加剧，收购价上涨明显

3月，省内物流、人流受限，多数加工企业稻谷收购缓慢，收购价低位略涨。4月，疫情防控形势缓解，大米加工企业加速收购稻谷。往常，每年时至4月，江西省粮农手中鲜有存粮，只有部分经纪人手中存有一定规模稻谷。此时，各地大米加工企业收购压力大，尤其是优质香稻收购趋紧，收购价涨幅明显，较2019年同期上涨约10%。上高县、奉新县、南昌县加工企业反映，3月仍处在疫情防控期间，无法与经纪人对接，只能周边收点散谷，部分地区处于中断状态，稻谷收购进度放缓，收购价较年前略有上涨，每百斤上涨3~6元，谷价波动不大；4月各地稻谷收购趋紧，稻谷收购价较3月上涨10%。万年县某加工企业罗会敏反映，3月稻谷收购渠道被切断，外出收购优质稻存在困难，稻谷收购价微涨，每百斤涨5~10元，波动不大；但到4月，各地加工企业进入抢

购稻谷高峰，收购价一直在涨，当前香米系列收购价每百斤涨了 20 元，已高达每百斤 190 元，预期 5 月仍会上涨。吉水县某加工企业冯晓庆反映，2019 年‘井冈软粘’收购价每百斤 135 元，2020 年升到 150 元，优质稻收购价较 2019 年同期上涨 11%。

3. 大米销售受疫情影响较小，价格波动平缓，总体销量上扬

在大米加工企业复工复产前期，江西省大米市场价格略有上涨，后期陆续回落，目前大米市场价格波动相对平缓，大米销售受疫情影响较小，整体销量上扬。上高县某加工企业王磊反映，受前期疫情防控影响，部分商超、零售商还未复工复产，大米销售渠道不畅，以小批量走货为主，省内居多，目前已恢复正常，米价在复工复产前后有升有降，但幅度不大。奉新县某加工企业宋单春反映，本地米价在 2. 0~2. 2 元/斤，较 2019 年涨幅 5%左右，主要对接家庭消费，销售算稳定。万年县某加工企业罗会敏反映，大米外销零售价保持稳定，4 月大米销量比 3 月有所增加，尤其是上海市场销量上涨明显，但广东市场销量下滑。吉水县某加工企业冯晓庆反映，当前大米销量比 2019 年同期上涨 15%左右。莲花县某加工企业陈艳兰反映，受疫情影响，消费者对米质要求提高，销往上海的有机大米量增多。但同时，莲花县某加工企业蒋鹏程反映，受疫情影响，实体店销售大幅减少，中高端大米销售下降了四成。

4. 小型加工企业面对疫情影响和市场竞争压力增大，经营目标下调甚至停产，积极寻求破局之道

突如其来的疫情对江西省大米加工企业造成了一定冲击，因资金和仓储不足，部分小型加工厂停产。万年县某加工企业罗会敏反映，公司正处在高速发展期，原定 2020 年在全省招商，每个县市发展 1 家独家经销商，但受疫情影响消费疲软，没有达到预期目标。莲花县某加工企业颜彭保反映，由于疫情影响，上海首家莲花血鸭旗舰店和全国招募合伙人计划将推迟到下半年进行。吉水县某加工企业冯晓庆反映，因缺乏稻谷收购资金和仓储能力，短期内无粮可加工，一些大米加工企业陷入停工状态。永丰县某加工企业温明生反映，企业厂房仅有 2 000多平方米，边烘干边出售稻谷，没有存粮，目前稻谷收购困难，加工厂基本停产。部分加工企业积极寻求破局之道。上高县某加工企业王磊反映，为增加销量，改变营销模式，加大电商、线上销售的比重。奉新县某加工企业宋单春反映，未来适度布局线上销售，同时与社区实体店对接。永丰县某加工企

业温明生反映，2020年国家高度重视粮食生产，企业将重点改进传统农业生产方式，发展机械化，降低劳动力成本，投保商业险。吉水县某加工企业冯晓庆反映，公司开通了网上直销商城，主打品种开发和技术标准化，提升订单生产的稻米质量。

二、建议

疫情对江西省大米加工企业的影响是局部的、暂时的，国内对大米的市场需求仍呈刚性增长趋势。江西省大米加工企业应抓住机遇、应对挑战，从供需两侧发力，筑牢生产、加工、销售全产业链，实现长远发展。

1. 鼓励加工企业积极建立稳定的粮源基地

引导、支持企业扩大与农民专业合作社、家庭农场、专业大户等新型农业经营主体的产业化联系，通过“订单水稻”“土地托管”“土地流转”等方式，积极发展优质粮源基地，构建直接、快速的原粮供应链，确保原粮品质和数量供应。

2. 帮助中小型加工企业渡过难关

在利用好目前国家支持企业复工复产的金融信贷、财政税收、项目资金审批等政策举措的基础上，加大对从事订单式、扶贫式大米加工企业的资金支持力度，根据企业运营实际，减免税收，提供贴息信贷、银行贷款利息延期支付，保证中小型企业平稳度过生产困难期。

3. 打造区域性特色稻米加工产业聚集区

在地方特色稻种主产区和交通枢纽，建设区域性稻米加工园区、批发交易市场和物流中心，把生产、收购、加工、贮运、批发、销售联成一体，形成区域重要的稻米流通集散地。同时，拓展农业业态，推动水稻产业与旅游休闲、农耕体验、健康养生等深度融合，提升企业品牌影响力。

4. 支持大中型加工企业改善仓储物流条件

推动传统仓储向智能化仓储转变，采用自动化智能仓储通风设备和低温存储技术，满足优质大米专仓存储需要，保证优质大米鲜活度和口感。同时，进一步加大对中小微企业在用地用水用电等方面扶持力度，鼓励企业逐步做大做强。

第五节 2020年江西省早中晚稻相关情况调查

2020年，江西早稻生产面积实现了恢复性增长，然而百年一遇的洪涝灾害使得早稻生产遭遇重创。全省上下齐动，多措并举，在新冠肺炎疫情和洪涝灾害大考面前，全力保证了2020年粮食生产目标任务的完成。

一、早稻春耕情况调查

在省委省政府及农口部门强力推动下，全省累计安排早稻扶持资金15.6亿元，各地强化政策扶持引导，充分发挥稻谷补贴、水稻保险、稻谷最低收购价等导向作用，通过单改双、复垦荒田等方式，引导农民多种粮、种好粮。据江西省农业农村厅农情调度，截至4月30日，全省早稻种植面积已经落实1 833万亩，比2019年增加190万亩，超额完成国家下达的1 800万亩目标任务。

为了解2020年江西省早稻春耕情况，课题组对万年、宜春、鄱阳、安福、樟树、永丰、吉水、峡江及南昌县等粮农进行了微信、电话和实地调查。扩种早稻政策导向性作用显现，早稻播种面积出现逆转性增长。清明前后“倒春寒”天气影响了早稻生长速度甚至烂种烂秧。随着气温逐步回升，早稻长势总体正常，未发生病虫害，全部进入分蘖期。但需注意，劣等田占新增早稻种植面积比例较大，耕地条件尚需完善，如后期气候不利和田间管理不善，预计早稻产量与种植面积恐难以实现同比例增长。

1. 多数农户4月中下旬移栽，部分农户3月底或4月初直播

调查对象中，多数农户采取移栽方式，部分农户采取直播方式。根据种植方式的不同，农户集中在3月中下旬育秧，4月中下旬移栽；其中，小农多为自留常规稻种子，自己育秧。而部分农户则在3月底或4月初直播；其中，小农多为人工撒播。

据宜春市袁州区大户胡运生反映，4月5—10日人工撒播。安福县小农彭森林反映，4月1日直播。樟树市小农余十根反映，3月24日下种育秧，4月27—28日抛秧。峡江县小农晏龙保反映，3月17—18日下种育秧，4月19—20日抛秧。大余县村干部张文海反映，当地农户多自己育秧，3月中下旬开始育秧，4月23日左右抛秧下田。永丰县大户温明生反映，3月13—27日浸种育

秧，4 月 15—21 日机插大田，4 月 20 日至 5 月 1 日抛秧。永丰县大户李宗根反映，春分时候 3 月 20 日下种育秧，清明谷雨前后 4 月 15—19 日机插。

2. 部分直播稻受灾明显，部分区域秧苗立枯病明显，目前早稻长势正常，病虫害暂未发生

2020 年 3—4 月江西省气温明显偏低且起伏大，尤其是清明前后气温低于常年，再加上农户种植技术、耕地条件等多因素影响，部分直播稻农户受损明显；清明前后正值早稻下种育秧期，部分区域育秧秧苗出现较严重的立枯病；为了应对不利天气，多数农户在秧苗或种子下田后，积极采取补救措施，或补种，或施打农药化肥，提高秧苗发根力，预防病虫害发生；早稻春耕前期气温低，秧苗长势缓慢，随着气温逐步升高，秧苗长势较好。

据安福县小农彭森林反映，2020 年第一年尝试直播，对直播种植技术还没吃透，清明前后气温偏低，早稻全部种子烂在田里，只能改种中稻。宜春袁州区大户胡运生很无奈地反映，2020 年受清明前后天气骤冷影响很大，烂种严重，农田里没有几根秧苗，早稻收不了多少。樟树市小农余十根反映，前期育秧时用薄膜覆盖，受“倒春寒”影响不大，秧苗还好，目前随着气温升高，秧苗长势逐步加快，目前刚种下去，暂未发现病虫害；同村不少人直播的，种子基本烂在田里，现在田里都看不到几根秧苗；这些直播稻的农户加紧施打农药，提高秧苗发根力。峡江县小农晏龙保反映，育秧期出现“倒春寒”，有少量烂秧；目前早稻长势可以，根部比较发达。而万年县大户吴平远反映，当地大户种粮技术成熟，采取直播种植方式，尽管前期“倒春寒”对早稻生长有影响，但没有特别明显烂种现象，只是影响水稻的生长速度，后期温度上升，长势慢慢赶上来了；目前没有出现病虫害。鄱阳县大户张良桂反映，2020 年受清明前后“倒春寒”影响较大，早稻长势缓慢，分蘖期往后拉长，慢于往年，后期随着温度的升高，早稻呈加速恢复生长态势；暂时没有出现病虫害。赣州大余县村干部张文海反映，在抛秧后 3～4 天会下除草剂，追施尿素、钾肥作促蘖肥，促进早稻叶片生长；目前移栽的早稻长势良好，受前期清明冷空气影响不大，尤其是 4 月底，温度升高，秧苗长了多片叶子。永丰县大户李宗根反映，在早稻秧苗机插时，就会喷打农药，预防病虫害扩大；2020 年“倒春寒”，大约 40 多亩秧苗得了立枯病，有及时补种秧苗。永丰县大户温明生反映，清明“倒春寒”导致稻田里大部分秧苗出现立枯病及绵腐病，当时及时打药处理，及时补

种另一批种子，才避免了更大的损失；暂时没发现其他病虫害。

3. 促粮政策导向明显，种植面积出现逆转性增长，部分种植户原定种植面积缩水

在各地政府大力推进早稻种植下，全省早稻面积出现逆转性增加。据江西省农业农村厅农情调度，截至 4 月 30 日，全省早稻种植面积已经落实 1 833万亩，比 2019 年增加 190 万亩，超额完成国家下达的 1 800万亩目标任务。调研发现，往年“双改单”现象骤转为大范围“单改双”，同时大部分地区利用荒地开发种早稻，种花生芝麻的旱地也改种早稻。但受多重因素影响，部分农户原计划的早稻种植面积存在缩水。

据鄱阳县大户张良桂反映，2020 年早稻面积达 260 亩，较往年增加 40 亩，同比增 18.2%；且当地多数村民增加了早稻种植面积，呈现“单改双”特征，该村有 100 多亩原来种植芝麻、花生旱地甚至撂荒地改种了早稻。宜春市袁州区大户胡运生反映，由于和村委签订了“军令状”，必须完成一定面积的早稻种植；原打算扩种 600 亩早稻，但受气候等多因素影响，2020 年人工撒播烂种偏多，实际完成早稻面积 300 多亩，但比 2019 年多了 200 来亩，同比增约 200%，增加的早稻面积大多来自荒地。永丰县大户李宗根反映，原定 2020 年种植早稻 150 多亩，由于适合耕种的可流转土地不多，以及育秧期有少量烂秧，实际种植了 80~90 亩，2019 年才种植 30 亩，同比增约 200%。赣州大余县村干部张文海反映，本村原计划种植 1 200亩，但当地一直有“早花生+晚稻”传统种植习惯，多数土地上种植了花生，没来得及种早稻；截至 4 月 29 日全村完成早稻播种面积 500 亩。永丰县大户温明生反映，2020 年原计划播种面积 1 350 亩，现在实际播种面积近 1 910亩，2019 年早稻面积 800 多亩，同比增加约 140%；新增面积来自将原计划中稻的面积改种早稻，也流转了部分荒田开展早稻种植。

4. 劣等田占新增面积比例较大，种植面积与产量恐难以实现同比例增长

调研发现，大部分新增早稻种植面积多为常年抛荒田或边缘田。这些田块周边基础设施不完善，耕地条件低下，尤其灌溉条件缺乏；有些边缘田块地势地理条件差，离村庄远，人工照看田块费力费时。在当前不具备天时地利和有效外力拉动的情况下，抛荒田和边缘田的早稻产量无疑会受到极大限制，预计 2020 年早稻产量难以保持和种植面积同比例增长。

据鄱阳县大户张良桂反馈，正常情况下预计新增早稻面积产量在600～800斤/亩不等，但新增早稻田周边因无灌溉条件，后期若遭遇持续高温干旱天气，空壳率有可能高，产量大减甚至颗粒无收。遂川县村民反映，当地早稻面积是增上去了，但山区早稻管理难度极大。当地大量野猪出没，而野猪被纳入二级保护动物，不能打不能吃，预计对早稻生长和产量会造成一定影响。赣州大余县村干部张文海反映，边缘田块水利和交通条件不好，而且会有野猪野兔偷食庄稼，“不好管”。永丰县镇大户温明生反映，2020年流转的部分荒田周边水利设施缺乏，田块缺水严重，即使种了早稻秧苗，也容易干涸，“不好种”。

5. 多数种植大户对早稻种植信心十足，部分种植大户对抛荒地种植水稻颇感无奈

2020年扩种早稻的主力来自种植大户，同样也是遏制抛荒的主力。前期，多数种植大户积极响应扩种早稻政策，流转抛荒地，投入人力、财力开荒；后期，受气候不佳、农田基础设施缺乏、耕地条件低下、资金投入偏大等影响，部分种植大户对抛荒地种植早稻信心不足。但大多数种植大户对早稻种植信心十足，对扩大早稻生产政策满意度较高。

据鄱阳县大户张良桂反映，受政府早稻补贴政策推动，加上农户自身判断2020年粮价会上涨，对稻谷价格有信心，对政府政策满意。据峡江县小农晏龙保反映，2019年早稻得了稻瘟病，村里很多人本来都不打算2020年种早稻，但政府出台扩大早稻生产鼓励政策，种早稻的人又多了起来。宜春市袁州区大户胡运生反映，2020年种早稻很无奈，早稻种植过程中有太多问题，一是天气原因，人工撒播的种子烂的差不多了，二是2020年早稻种植面积比2019年多很多，以开荒为主，自已花了好多钱，三是荒田周边缺少灌溉设施，只要用水就要用水泵到河里抽水，就连水泵坏了都是自已买，这样种田一点信心都没有！永丰县大户温明生反映，农业生产要因地制宜，“要种”跟“能种”不能画等号，往往许多事情总感无奈与迷茫！

二、汛情引发水稻灾情调查

2020年入汛以来，江西省出现罕见高频率强降雨，百年一遇洪涝灾害，致使已成熟早稻无法收晒，未成熟早稻灌浆结实受阻，多地早稻反复受淹、倒伏、穗发芽严重，单产、品质普遍下降，打破原本丰收预期，“稻花香里话丰收”

大好局面转为农民“望稻兴叹”。为了掌握汛情下江西省水稻生产情况，课题组7月7—22日就早稻受灾及收割、中稻生长及晚稻栽插情况对江西省万年、泰和、鄱阳、吉水、樟树、奉新、永丰、永新、峡江、上高、万安、宜丰、崇仁、乐安、南昌、信丰等16个县（市）的粮农、烘干厂和大米加工企业进行了抽样跟踪调查。

（一）早稻

1. 稻田受灾程度不一，稻米“质、量”双降

一是靠近湖区或地势低洼的稻田受灾程度深，亩产和品质下降严重。据鄱阳县乐丰镇张学明反馈，2020年受灾同比往年严重，靠近湖区的20多亩早稻，出现了大面积倒伏、发芽现象，只能抢收一部分、弃收一部分；灾后抢收亩产湿谷在700~800斤。樟树市洲上乡园艺场陈海波反馈，200多亩早稻主要靠近河流低洼地，受淹面积达2/3，其中将近绝收面积达30~40亩，综合亩产低于600斤；品质低，且伴有秕谷较多。南昌县塔城乡青岚村李明反馈，因为地处泄洪区域，1 800多亩全部被水淹，2020年处于颗粒无收的局面。宜丰县澄塘镇秀溪村罗春林反馈，310亩早稻有50%~60%出现大面积倒伏，倒伏后早稻出现发芽、发黑情况，亩产湿谷在500~600斤，跟往年1 200斤的亩产无法比；2020年的米质也较差，水分含量多。永丰县沙溪镇沙溪村李宗根反馈，“我长到这么大，在村里还未见过发这么大的水”；100亩早稻，倒伏了20亩，弃收。鄱阳县三庙前乡青泥村吴正卫反馈，当地洪灾严重，190亩早稻，被淹150亩，抢收了40多亩，品质下降严重，亩产仅为700~800斤，减产达300~400斤。

二是未受灾稻田亩产湿谷达到1 000斤以上，基本和2019年持平。总体上江西省早稻早中期长势均可，虽在早期遭遇“倒春寒”，但补种及时，对整个水稻生长过程影响不大，为后期未受水灾影响的水稻稳产奠定了基础。据和县丰颖稻业农民专业合作社刘丰春反馈，300多亩早稻亩产湿谷可达1 000斤。万年县石镇镇大黄村黄秀峰反馈，种植晚熟早稻品种，亩产湿谷1 100~1 200斤，产量比较好。永丰县沙溪镇沙溪村李宗根反馈，亩产湿谷1 200斤左右。峡江戈坪乡晏义保反馈，亩产达到1 100~1 200斤。

三是稻谷成熟度偏低，出米率和整精米率偏低。2020年避开了连续暴雨和洪灾，早收割的稻谷青谷多，成熟度在80%左右；晚收割的稻谷发芽发黑、水分含量偏多，出米率和整精米率双降。据永丰县沙溪镇沙溪村李宗根反馈，7

月 6 日左右收割第一批水稻的成熟度在 70%～80%。峡江县戈坪乡晏义保反馈，7 月初收割的稻谷成熟度在 80%左右，略有青壳。据上高县圣牛米业王磊反馈，2020 年稻谷还有 30%～40%未熟粒时，农民就收割了，倒伏严重，多数早稻发芽，出米率和整精米率不高。宜丰县秋禾米业有限公司漆瑞烨反馈，当地种植的早稻多为晚熟品种，刚好收获期碰上连续暴雨，早稻基本都发芽，成了芽谷；停雨后，当地农户抢收，有不少稻谷还是青谷，烘干后这些青谷子直接成了谷壳，出米率和整精米率都偏低。永丰县永泰粮油公司陈欣反馈，前期收割的稻谷存在青谷比例较高，在 20%～50%；由于青谷率高和持续阴雨导致含水量偏高，100 斤湿谷烘干后仅有 70～71 斤。

2. 病虫害仍有发生，草害偏重

2020 年早稻仍有病虫害发生，以二化螟（俗称钻心虫）偏重发生，草害呈区域扩大趋势，除草剂大量使用对早稻伤害较大。据樟树市洲上乡园艺场陈海波反馈，2020 年早稻草害非常严重，当地将近有 15%～20%的种植大户因为草害进行翻耕，将早稻全部改种中稻；有些农户未及时打药，亩产只有 200～300 斤。崇仁县河上镇甘坊村吴国良、泰和县丰颖稻业农民专业合作社刘丰春、南昌县蒋巷镇蒋巷村娄村娄玉涛、万年湖云乡吾峰村吴平远、永丰县沙溪镇沙溪村李宗根、峡江戈坪乡晏义保均反馈，2020 年病虫害同往年差不多，但草害极其严重，除草剂打了 3～4 次，比 2019 年同期多打 1～2 次，除草剂成本上升至 70 元/亩（往年仅需 30 元/亩左右），草害仍未缓解，表现出明显的耐药性。

3. 地方政府、保险公司组织力量及时定损，稳定民心

各级地方政府高度重视受灾赔付问题，积极组织受灾农户上报受灾情况；保险公司出保迅速，及时到受灾田块定损，多数农民对此认可。据鄱阳县乐丰镇张学明反馈，截至 7 月 20 日，当地政府已经组织农户上报受损情况（拍照等）。乐安县戴坊镇村前村邹怀亮反馈，已经拍照上传受损情况。樟树市洲上乡园艺场陈海波反馈，2020 年政府积极作为，每天都有派人下来排涝、组织农户上报受损面积，拍照上传，并组织保险公司前来定损，按 150 元/亩进行赔付，目前已收到 18 000元左右。宜丰县澄塘镇秀溪村罗春林反馈，当地保险公司已经组织相应人员前来定损，对倒伏严重、将近绝收的田块，按保额的 65%进行赔付；可部分回收的田块，则保险赔付为 $700\times0.65\times50\%=227.5$ 元/亩。崇仁

县河上镇甘坊村吴国良反馈，当地保险公司也前来定损，但具体赔付多少，目前还没给准确数字。根据往年情况，50 亩左右赔付了 3 000元钱。永丰县沙溪镇沙溪村李宗根反馈，7 月 10 日电话通知当地保险公司来定损，当天来人定损拍照，就最终赔偿额，保险公司称“会让你满意的”。

4. 市场收购价较 2019 年同期上涨，部分地方政府出台指导价

一是 2020 年收购价总体较 2019 年同期上涨。二是延续湿谷快收快销模式，粮贩子/烘干厂为当前市场化收购主体，部分大户送至大米加工企业或粮库。三是部分地方政府出台早稻收购政策，设定最低收购价，要求地方烘干厂或企业对农民送来的湿谷应收尽收，差额部分由地方财政兜底，如上高县 85 元、永丰县 80 元，充分保护了农民利益，农民对此行为高度认可。据永丰县沙溪镇沙溪村李宗根反馈，2019 年湿谷运至烘干厂每百斤仅售 72~75 元，2020 年在地方政府保护价支持下，湿谷运至烘干厂的收购价为每百斤 81 元。樟树市洲上乡园艺场陈海波反馈，当地运至烘干厂、粮贩的湿谷收购价为每百斤 82~84 元，最近涨到每百斤 84~86 元。崇仁县河上镇甘坊村吴国良反馈，2020 年早稻湿谷收购价每百斤上涨了 2~3 元钱，近期运至烘干厂的湿谷收购价涨至每百斤 90~92 元。崇仁县江西盛盈米业有限公司黄盛孙反馈，前期湿谷收购价为每百斤 83~84 元，后期收购价达到每百斤 90 元。泰和县丰颖稻业农民专业合作社刘丰春反馈，销售湿谷为主，即收即卖，烘干后卖往广州粮库。信丰县大阿镇明星村李兆平反馈，当地干谷售价每百斤 118~120 元，主要销售至米厂。

5. 发扬企业家精神，市场化收粮时间提前且敞开收粮

针对 2020 年暴雨洪灾引发江西省水稻大面积倒伏、发芽、抢收的特殊情况，江西大米加工企业弘扬企业家精神，2020 年早稻市场化收粮时间提前，敞开收购，且收购价平稳走高。据宜丰县秋禾米业有限公司漆瑞烨反馈，2020 年因为稻谷品质不太好，公司原本打算推迟开仓收粮时间，但不断接到粮农询问是否收粮，于 7 月 13—14 日开仓收粮。永丰县永泰粮油公司陈欣反馈，公司 6 月 28 日敞开收粮，每日收购时间从早 6 点至晚 22 点，有时到 24 点，每日收购量在 40 万~50 万吨，截止到 7 月 20 日已收购 1 700万吨，且当场现金结算，没打白条没有拖欠，售粮农民满意。前期因为青谷多，湿谷收购价在每百斤 80 元，后期稻谷品质改善，大多维持在每百斤 85~88 元。井冈软粘系列湿谷收购

价达到每百斤 98 元。崇仁县江西盛盈米业有限公司黄盛孙反馈，企业 7 月 1 日开仓收粮，应收尽收。前期早熟品种有些芽谷，湿谷收购价在每百斤 83～84 元，后期稻谷品质很好，湿谷收购价达到每百斤 90 元。

（二）中稻

6 月前后江西省中稻栽插结束，苗期长势良好。但受洪灾影响，部分秧苗受损，多数粮农及时补种翻秋种子。

1. 区域受灾程度不一，未受灾秧苗长势良好，暂未出现病虫害

从调查情况看，江西省中稻受灾程度不一，程度不深，部分秧苗仍可生长。据永丰县沙溪镇沙溪村李宗根反馈，受暴雨影响，有小部分低洼田秧苗倒伏，并遭遇山洪水冲下来的沙石覆盖，基本没有秧苗了。但其他没倒伏的秧苗，近期开始打苞，长势较好，未出现病虫害。鄱阳县乐丰镇张学明反馈，20 亩中稻全部受淹，需重新补种。万安县云耕农场主罗春晖反馈，5 月 20 日至 6 月 10 日机插 500 亩中稻，长势良好，暂时没有发现病虫害，尽管有暴雨，但未出现大面积倒伏。永丰县永泰粮油公司总经理陈欣反馈，2020 年永丰县总体受灾情况不严重，仅有 1 天大雨就退水，秧田情况尚好。

2. 农户主动调整产业结构，优质常规稻逐步转向优质香稻

政策导向叠加市场需求，农户主动调整产业内部结构，从优质常规稻转向优质香稻，以期获得较好收益。据永丰县沙溪镇沙溪村李宗根反馈，2020 年种植了 40 亩中稻，其中 10 亩种植‘井冈软粘’，属常规稻品种；另外 30 亩种植香稻，种子 38 元/斤，1 亩地需要 3 斤种子，尽管种子成本高，但香稻好卖、价高。万安县云耕农场主罗春晖反馈，2020 年种植‘美香占’‘野香优莉丝’这两种优质香稻，不再种优质常规稻，主要是市场对香稻需求旺盛。

3. 受损田块改种普遍，零星小户存在弃种现象

据调查，大户普遍对受灾田块进行改种早稻或晚稻种子，部分小户基本无后续补救措施，放弃耕种。据鄱阳县乐丰镇张学明反馈，20 亩中稻前期长势还可以，但受水灾影响，全部受淹改种晚稻；当地政府免费提供了翻秋种子重新补种。江西省樟树市洲上乡园艺场陈海波反馈，当地中稻受损颇为严重，已经播了 3 次中稻，现在基本全改成晚稻种植。樟树张家山余十根反馈，早前人工直播中稻种子全部被淹，退水后，7 月 16—17 日重新补种中稻种子；而当地村

民有的因缺乏中稻种子，直接用早稻种子补种。峡江戈坪乡晏义保反映，大水冲掉了几分田秧苗，由于中稻插秧时间早，现在补秧已经来不及。

4. 高标准农田见成效

江西省高标准农田建设在此次洪灾排洪中起到了关键性作用，一定程度上缓解农田水涝，保证了农作物稳产高产。据万安县云耕农场主罗春晖反馈，尽管本次暴雨持续时间长，但高标准农田设施大大提高了稻田排水能力，对农场没有造成太大的影响，未出现大面积倒伏情况。

（三）晚稻

抢种进行时，重灾区政府补种及时，多数稻田受损不严重。一是随着7月中旬洪水陆续退却，赣中北粮农“双抢”工作紧凑，多数农民对晚稻丰产丰收寄予希望。据宜丰县澄塘镇秀溪村罗春林反馈，310亩晚稻秧苗已经陆续下田，希望2020年晚稻产量能高点。樟树市张家山余十根反馈，洪水过后这几天刚结束3亩田人工插秧。峡江县戈坪乡晏义保表示，在暴雨洪灾来临前4~5天完成了4亩田插秧；受暴雨影响，大概有1亩左右刚插的秧苗被大水冲掉，因刚好前期秧盘还有剩余秧苗，现在已经重新补秧。崇仁县河上镇甘坊村吴国良表示，7月初已陆续种植晚稻，目前来看，洪水淹没田块面积不大，受洪灾影响偏小一点。二是部分重灾地方政府紧急下拨晚稻种子。据樟树市洲上乡园艺场粮农陈海波反馈，当地政府已经下拨了50 000斤种子，自己已经领取了100多斤用于200亩晚稻直播。

（四）仍需关注的问题

1. 草害处理问题

禁止焚烧农作物秸秆的同时，杂草增多。而农民为了保产量，大量施用除草剂，也易造成土壤污染严重，有损粮食安全。

2. 定损赔付问题

连续两年早稻生长过程都遭遇恶劣环境，尤其是2020年大面积洪涝灾害，农民抱怨较大，有的表示“明年发誓不种早稻，政府刀架脖子也不种”，有的表示“明年不管怎样，我都不会考虑大面积扩种早稻，小种几百亩差不多，减少风险”。

3. 农田种植环境问题

赣中北区域大范围暴雨洪水将部分农田耕作层冲毁，影响水稻生长；甚至有的农田被山洪水冲下的石块等堵住沟渠（未开展高标建设），导致田块水源无法流入。山上泥石流冲入田块里的沙石无法清理；有的稻田靠江，未对江河两侧做防洪措施，有可能再次遭遇大水淹田困局。而赣南区域受干旱少雨影响，大部分还未下田，水源不足成为主要难题。

4. 田间技术指导问题

组织科技救灾行动，制定灾后恢复生产技术方案，地方农技部门要大力推广“三控”抗倒绿色节本增效技术和增产增质增效种植模式。对于目前仍未退水稻田需及时引导改种其他旱粮作物，地方政府要调配充足旱粮作物种子，以确保8月底前补种到位，以确保完成江西省粮食生产任务。

三、关于临时性调整江西灾区早稻收购政策的建议

（一）临时性调整粮食收购政策的必要性

1. 临时性调整粮食收购政策符合国家制定粮食最低收购价政策的初衷

粮食最低收购价政策出台的初衷就是为了提高农民种粮积极性，避免谷贱伤农，解决卖粮难问题，促进稻谷稳产提质增效的一项重要措施，也是保障国家粮食安全，为农民收益托底的有效途径。2020年暴雨洪灾导致江西早稻品质严重下滑的突发形势下，农民收益得不到保障，甚至亏本。据调查，进贤县早稻种植成本约803元（不含地租），受灾稻田亩产干谷约600斤，按照最低收购价1.21元/斤计，每亩亏损77元（不含地租）。且受灾后抢收的稻谷难以符合国家收购政策，而市场收购价基本只能达到1.0~1.1元/斤，粮农承受的亏损更高。此外，灾情发生后，老区人民积极开展早稻抢收抢烘、生产自救，按照“早稻损失晚稻补、水稻损失旱粮补、上半年损失下半年补”的思路，坚持“水退到哪里水稻就抢种到哪里”，仍在努力保证全年粮食生产任务的完成。因此，临时性调整粮食收购标准，是符合我国出台粮食最低收购价政策的初衷，体现了党和政府对粮农负责到底，不让老实人吃亏，更有利于坚定粮农对国家和政府的支持、信心，为下一步国家农业农村政策落地打下坚实、广泛的群众基础。

2. 临时性调整粮食收购政策是长江中下游稻区发展的当务之急

长江中下游稻区是我国最大的水稻主产区，水稻种植面积占全国的比重接近50%，历来被称作“鱼米之乡”。根据2016年农业部印发的《全国种植业结构调整规划（2016—2020年）》，长江中下游地区重点是“两稳一提”，即稳定双季稻面积、稳定油菜面积，提升品质。尤其是2020年2月18日国务院总理李克强在主持召开国务院常务会议时提出“鼓励有条件的地区恢复双季稻”。2020年，长江中下游地区，尤其是江西省围绕稳定和恢复双季稻面积做了大量前期工作，取得了一定成效。但2020年6—7月出现的罕见高频率强降雨，使得江西早稻损失惨重，把原本丰收的预期打破。面对这种突发事件，如何保障农民收入，稳定农民种植双季稻信心，实现社会长治久安成为各级党委政府都在密切关注思考的一个重大课题。因此，临时性调整粮食收购政策，对灾区农民抢收的稻谷应收尽收，最大可能地降低农民因减产、拒收而遭受的损失是十分必要的，也有利于稳定地方秩序，构建和谐社会。

3. 临时性调整粮食收购政策是确保如期实现全面小康的必然选择

党的十八大报告明确提出，到2020年全面建成小康社会。全面建成小康社会是中国特色社会主义的根本属性和必然要求，是能为人民带来实实在在看得见摸得着的经济、政治、文化、社会稳步发展和生态环境有所改善的小康社会，彰显了党和国家坚持共同富裕、造福人民的“人民至上”真挚情怀。而2020年严重洪涝灾害使得长江中下游地区稻谷大范围减产降质，尤其是湖区大面积绝收。据统计，本次洪涝灾害导致江西永修县农作物受灾面积29. 56万亩，成灾面积21. 99万亩，绝收面积14. 88万亩，因灾减产粮食10. 97万吨，种植业经济损失32 727. 1万元。江西进贤县早稻受灾面积达16. 15万亩，绝收面积2. 5万亩，粮食减产3. 73万吨，经济损失7 460万元。因此，临时性调整粮食收购政策，是体现党和国家把“保障最广大人民群众的根本利益”摆在了突出位置，是降低农民经济损失，确保如期实现全面小康和巩固、扩大脱贫攻坚成果的不二选择。

（二）建议

针对江西省早稻严重受灾的实际情况，建议中央临时调整早稻收购政策，以保护种粮农民积极性。

1. 降等收购，减少亏本

针对2020年长江中下游洪涝灾害严重的特殊形势，建议临时性调整长江中下游洪涝灾区早稻收购政策，将最低收购价粮食的质量标准由国标三等调整至过去的国标五等，针对四等、五等标准粮设定一个合理的收购价，按质论价。同时，鼓励地方粮库敞开收购，真正做到应收尽收，保护粮农收益。

2. 分类管理，及时转化

近年来，国家最低收购价稻谷收购成本和保管成本逐年上涨，而地方粮库仓储条件有限，安全储粮仓容不足，轮换风险大。建议加快轮换速度，尤其是2020年收购的等级较差的稻谷安全期较短，应在1年内出库，及时转化，避免国家承担更大损失。

3. 释放信号，精管晚稻

当前正值早稻大量上市，江西省早籼稻最低收购价预案执行时间为7月25日至9月30日。建议中央加快研究出台并尽早实施长江中下游灾区临时性调整粮食收购政策的实施细则，迅速向社会公布，更快、更早普惠受灾稻农，以稳定粮食生产信心，促进粮农精管细管晚稻，确保实现粮食丰收的目标不动摇。

第六章　江西省水稻产业发展调查（2021）

2021年中央一号文件突出粮食安全问题，实行粮食安全党政同责，明确要求“十四五”时期各省（市、区）稳定粮食播种面积、提高单产水平。2021年江西省委一号文件《关于全面推进乡村振兴加快农业农村现代化的实施意见》指出，“十四五”时期，稳住农业基本盘、守好“三农”基础，是应变局、开新局的“压舱石”；把“保障粮食等重要农产品供给”放在“加快现代农业强省建设”首位，凸显了省委、省政府对粮食生产的高度重视，以确保粮食主产区地位不动摇，扛起了粮食生产政治责任。

第一节　2021年江西省粮农早稻种植意向大幅下降

为及时摸排2021年早稻种植意向，找准影响粮农早稻种植的主因素，探讨利于稳定早稻生产的政策建议，课题组于2020年9月上旬至10月下旬和2021年1—2月通过电话、问卷、现场座谈等调研方式对九江、宜春、抚州、赣州、吉安、南昌、上饶等地共218户粮农进行了专题调研，其中规模种植户130户，散户88户。调研发现，2021年粮农早稻种植意向大幅下降。其中，规模种植户仍会保持一定面积的早稻种植，但超过四成规模种植户选择“双改单”，早稻种植规模缩小；超过五成散户保持早稻种植规模。预计在现行市场下，2021年江西省早稻种植规模将大面积下降，降幅达到30%～50%，再生稻和一季稻呈扩大趋势。

一、2021年早稻种植意向调查

基于218户粮农问卷调查数据，从政策扶持、成本收益、销售环境、种植条件、生产技术、个人理念与预期等方面对粮农2021年早稻种植意愿及影响其种植意愿的因素展开调查。调查结果显示如下。

1. 2021年早稻种植意愿呈现明显下滑态势

超过四成的规模种植户选择“双改单”，超过五成的散户选择保持早稻种植规模。预计在现行市场下，2021年江西省早稻种植规模相比2020年会有大幅下降，降幅达到30%~50%，但可以肯定的是，减少（改种）的种植面积中的90%以上为中稻种植，仅有少量改种其他农作物。

（1）超过四成规模种植户倾向“双改单”。从户数选择上看，规模种植户中选择减少（改种）中稻的占比居高，达到42.86%；保持种植规模的占30%，增加种植面积仅有15.71%，还有10%的规模种植户仍处在观望中。

从面积增减上看，规模种植户2021年保持规模种植的面积占2020年早稻规模种植面积的25.46%，增加的种植面积占3.83%，而减少（改种）的种植面积占比高达38.91%，远超过有意向扩大种植的早稻面积。此外，在不采取任何措施下，规模种植户2021年早稻种植面积仅为2020年早稻种植面积的55%~65%，预计2021年江西省水稻种植将呈现大面积“双改单”态势。

（2）超过五成散户保持种植规模。从户数选择上看，散户中选择保持种植规模的占52.94%，减少（改种）中稻的占27.45%，增加种植面积的占13.73%，5.88%的农户不再从事水稻种植。调查中，散户对2021年是否种植早稻的意向比较明确，外界环境的变化对散户种植意向影响不大。

从面积增减上看，散户2021年保持早稻种植的面积占2020年早稻种植面积的45.74%。调研数据显示，在不采取任何措施下，散户2021年早稻种植面积为2020年早稻种植面积的79.39%，预测2021年江西省散户的早稻种植面积相比2020年有一定程度下滑。

2. 制约农户早稻种植积极性的主因素分析

一是比较效益低与种植成本高双重制约粮农种植积极性。2017年以来国家调整水稻最低收购价，同比其他农作物（如蔬菜、油菜籽等），水稻收益相对较低。而人工成本激增，部分地区人工成本激增至200多元/日（不含餐饮），甚至有的地方出高价仍无法请到人工；农资价格连年高位运行，水稻成本持续增加，进一步压缩了早稻收益空间。许多农户纷纷表示，种早稻基本就是亏本。

据万年县种植大户黄秀峰反馈，当地大多数人基本不考虑种或者少种早稻。第一，粮食卖价低，连年亏损，无钱可赚；第二，请工难，人工成本高，给高工资，年轻人也不愿意干。宜丰县种植大户罗春林反馈，早稻虽然相比中晚稻成本低一点，但收益也不高，2020 年整体上属于亏本，预计 2021 年会缩减规模或者改种一季稻。宜春市鼎力农业专业合作社联社社长彭晚苟反馈，种早稻 100% 亏本。第一，农资上涨过快，2021 年 2 月购买的 1 袋 100 斤的化肥涨了 15 元；第二，农机购置和维护成本高，国家层面的农机购置补贴资金只占农机具价格的 25%左右，农户自己承担 75%左右费用，且 1 台农机使用 2 年后需要更换配件，配件贵。

二是地方政府出台的现行早稻生产奖励政策执行难，极大影响了粮农早稻种植意向。早稻生产奖励政策是完成 2020 年江西省早稻生产任务的最大驱动力，但在施行中存在覆盖面窄、兑现难、兑现滞后等问题。据永新县里田镇王根吉反馈，地方政府在鼓励早稻种植方面确实给予了很多刺激政策，但政府补贴兑现难、兑现晚，粮农对早稻生产无信心。江西明和农业开发有限公司温明生反馈，截止到 2021 年 2 月 22 日，2020 年地方政府出台的每亩早稻补贴 5 元的承诺还未到户。宜春市鼎力农业专业合作社联社社长彭晚苟反馈，尽管 2020 年省市县出台了促进早稻生产奖励政策，但是乡政府难以按照承诺实发补贴，折扣度在 30%~50%，有些大户根本就没有得到补贴。调研中，多数规模种植户提到，如果 2020 年的早稻生产奖励性补贴发放到位，2021 年就继续支持配合政府种早稻。由此可见，2020 年早稻生产奖励政策的落实落地，以及 2021 年早稻生产奖励政策的力度和强度，都将极大提振广大农户双季稻种植信心。

三是双季稻种植风险越来越高。水稻靠天吃饭的现状仍未根本改变，尤其是 2020 年江西鄱阳湖地区遭遇超历史洪涝灾害，早稻受灾严重，晚稻栽插时间推迟，遭遇寒露风灾害，许多粮农损失惨重，颗粒无收。随着外界环境不断恶化，风灾、雨灾、病虫害、寒露冰冻等灾害频发，双季稻种植风险高。据宜春市袁州区辉煌种植专业合作社社长胡运生反馈，2021 年肯定不种双季稻了，2020 年早稻种了几百亩，只收了几百斤，晚稻绝收。永修县种植大户刘上武反馈，2020 年洪涝灾害导致 300 多亩早稻绝收，而下半年气候不利，晚稻产量低，损失 300 多万元。永丰县种粮大户李宗根、永新县种粮大户颜五亮均反馈，尽管 2020 年晚稻收购价高（粮贩子的干谷收购价超过每百斤 140 元），但产量跟不上，双季稻种植还是亏本了；如果2021年政府不强制要求种双季稻，会少种双季稻，多种一季稻。

四是农业政策性保险范围窄、定损缺乏明确标准，赔偿额存在较大折扣。农业政策性保险虽在一定程度上降低了种植风险，但护农力度有限，许多地区缺乏明确的保险定损标准，随意性强，粮农难以掌握话语权，定损金额存在较大折扣，难以覆盖损失。据万年县、奉新县、鄱阳县、南昌县等地粮农反馈，当地保险公司所测算的定损面积与自己预计的相差较大，且赔偿额较少，对于具体的保险定损标准不得而知，仅依据保险公司的“一面之词”。宜春市鼎力农业专业合作社联社社长彭晚苟反馈，因寒露风导致的稻谷绝收不在水稻政策性保险承保范围，且保险公司认可赔偿时，仍会和受灾农户商议实际赔偿额。2019年合作社水稻绝收后经保险公司确认的8万元赔偿额只收到4万元出头，仅赔偿了50%。

二、2021年稳定早稻生产的建议

春耕在即，农事不待。早稻生产稳定有序开展是保障国家粮食安全的重中之重，在探明影响粮农早稻种植意愿主因基础上，提出以下建议。

一是继续压紧压实传统双季稻优势区地方政府主体责任。传统双季稻优势区坚持抓粮不动摇、不削弱，严格落实五级书记抓粮食生产的第一责任，落实双季稻优势区早稻种植面积和产量水平。同时，避免地方“一刀切”早稻种植政策出台，遵循非传统双季稻优势区产业发展规律，尊重地方农作物种植习惯，优化调整单、双季水稻种植结构，因地制宜探索推广“晚稻早种”、再生稻、“籼改粳”、“中稻早种+再生稻+油菜”模式，提高农户种植收益。

二是精准调动农户种粮积极性。保证种粮基本收益是产业持续发展的根本。调研中多数农户表示，如果亩均早稻净收入能达到200元上下，就愿意从事早稻生产。建议，第一，督促未兑现早稻生产奖励政策地区加快落实，做到应补尽补，让粮农吃上“定心丸”稳定预期。第二，在稳定国家稻谷最低收购价、生产者补贴等支持粮食生产政策基础上，地方政府加大对传统双季稻生产大户、优势区的扶持力度，2021年继续实施早稻生产奖励政策，逐条明确奖励项目、奖励资金额度和惩罚标准，并将奖励政策落实效果纳入相关部门重要考核指标。第三，增强农资价格调控。提高农机具购置补贴力度，除中央补贴外，地方政府根据地方实际情况考虑将农机购置补贴纳入政府财政预算。整合修订重要农资储备管理办法，督促强化农资市场监管，依托农产品生产信息监测预警机制，调节农资市场价格，降低农产品价格风险和农业生产负担。

三是完善并公开透明三项补贴。构筑“农业补贴、信贷政策、保险政策”三位一体联动体系，建立增量生产者补贴与保险、贷款联动机制，最大限度降低种粮风险，稳定农户种粮风险预期。及时在地方政府和农口部门官网公布三项补贴及相关扶持政策，细化扶持标准、申请补贴流程、关键时间节点等相关信息，扩大承保范围、提高理赔效率；同时利用乡镇政府以及村委会的传达机制，实现政府与粮农的“零距离”沟通，让广大粮农能够及时便捷查询、享受到相关政策。

四是持续完善粮食生产载体。粮食生产公益性较强，在动员社会力量积极参与的基础上，仍需政府主动承担农田设施建设主体责任和撂荒地整治重任。第一，加快推进高标准农田建设，扩大高标建设覆盖面和建设标准。引导社会力量，如规模种植户、农民专业合作社、龙头企业等参与农田建设和运营管理，鼓励采取先建后补、以奖代补、财政贴息方式支持金融和社会资本投入高标建设。第二，大力推进全省耕地抛荒整治工作，可借鉴南昌市新建区撂荒地复耕模式，加大财政投入，实施政策奖补治撂荒，政府补助开荒费用。严格执行中央提出的农田粮用导向，严防耕地“非粮化”要求，江西省水稻种植面积仍有上涨空间。

五是做好四项服务。第一，完善以农技推广中心和社会力量并行的农业技术推广服务体系，充分发挥省级现代农业产业技术体系、省市县科技特派团作用，为粮农提供技术支持；第二，加快农机转型升级，创新“互联网+农机作业”的农机服务模式，为粮农提供装备支持；第三，完善公共信息服务平台建设，公布各项风险应急技术、农产品供求、价格信息、自然灾害监测预警、技术指导热线等，为粮农提供各项线上线下服务，提高防范自然、人为的种植风险能力；第四，提高农业社会化服务水平，鼓励当地种粮大户、合作社及龙头企业开展农业托管服务，提高机育秧、机插、植保飞防、机收、机运等服务能力，发挥“以大带小”引领辐射作用。

第二节 当前地方政府推动早稻生产的措施、困难与建议

3月正值春耕备耕关键期，也是抢抓早稻生产的窗口期。江西省作为双季稻主产区，各级地方政府积极响应中央和省委省政府“巩固粮食主产区地位，稳定粮食生产”的号召，持续抓好稳粮促粮工作，坚决落实粮食安全党政同责要求，出台硬核措施确保早稻面积落实落地，但在推进早稻生产中仍面临系列困难与挑战。

一、出台硬核促粮政策

全省各地围绕“稳政策、稳面积、稳产量”，早谋划、早部署、早行动，陆续发布地方促粮政策，坚决完成粮食生产目标任务。

1. 下发文件，分解任务

各地先后出台相关稳定粮食生产通知和政策文件，及时将生产目标任务全部分解到各市、县、乡镇（场）。如，都昌县在2021年春节前已将稳粮通知和粮食生产任务下达到各乡镇。永修县印发《永修县关于全力稳定粮食生产的工作方案》，要求每个乡镇都要抓1~2个新建高标准农田早稻种植示范片，重点乡镇要抓1个千亩或万亩的集中连片早稻生产示范片。

2. 筹措资金，出台奖补

在严格执行好中央、省市级各项惠农政策外，各地积极筹措奖励资金，并在吸取2020年奖补政策经验的基础上，完善2021年早稻生产奖补政策，重点鼓励规模种植。如，万年县拿出20%的产粮大县奖励资金用于补贴早稻生产。全南县继续保持粮食生产奖补标准和农机购置补贴，并细化了早中晚稻3个品种的具体补贴金额，补贴资金向早稻倾斜。对种植双季稻5亩以上、50亩以上、100亩以上和200亩以上的，每亩分别补助100元、200元、250元、350元，其中早稻补助金占补助标准的60%；对种植中稻100亩以上的每亩补助50元。都昌县对规模以上的双季稻种植大户的奖补标准从2020年的300亩以上的大户一次性奖励5 000元，500亩以上的大户一次性奖励10 000元，2021年调整为100亩以上的大户奖励2 000元，200亩以上的奖励4 000元，300亩以上奖励

6 000元。此外，由县财政承担种植大户的政策性农业保险保费。

3. 提前协调，保障春耕

各地农口部门积极协调种子、化肥、农药等农资的调运、储备、供应以及检查，保障农资备春耕。同时，强化落实了对耕地抛荒和非粮化的整治措施，明确了闲置、抛荒、弃耕地处置方式，以及种粮补贴归属问题，进一步规范耕地地力补贴发放标准。如截至 3 月 1 日，都昌县备足化肥 5 200吨、农药 42 吨、农作物种子 400 吨；县农业农村局、市场监管局和公安局等单位组成联合执法组，2 月 25 日起在全县范围内开展农资打假执法检查，稳定农资市场，有效维护农民切身利益。全南县由村集体统一流转闲置、抛荒的耕地使用权，免费交由种植大户耕种，种粮补贴由实际种植户享受，做到应耕尽耕。

4. “双线”动员，紧抓大户

积极通过各种线上形式向新型农业经营主体发送惠农政策和技术指导信息，线下送政策、送技术、送物资等“三送”活动，在每个村张贴宣传语和下发宣传单。如，都昌县创建县乡各级农技专家微信群、QQ 群，通过电话、微信公众号、微信群等网络信息手段及时推送政策、市场、农情信息和技术指导意见、开展远程技术指导，并加强对经营户开展规范经营、安全经营、卫生经营服务指导，确保春耕农资安全；出动早稻生产宣传车，3 月 1 日在全县范围内宣传；下发早稻生产技术手册 2 000份分发到各乡镇农民手中，进一步宣传早稻生产技术及政策。万年县紧抓本地水稻规模种植大户多的特点，引导大户种植双季稻，且农业政策向种植大户倾斜。

5. 齐抓共推，强化考核

省市县乡各级层面均成立了以主要领导为组长，分管领导为副组长的粮食生产领导小组，确保春耕备耕及早稻生产工作有人抓、有人管。建立早稻生产台账制，提前调研当地粮食生产、春耕备耕情况，组建早稻生产调度群，实行一日一调度一通报排名，坚决防止耕地抛荒。强化督查指导，严格执行粮食生产考核奖惩制度，不定期组织开展粮食生产专项督查，及时发现存在的问题。对工作不力的单位责令限期整改，并在全县（市）通报批评。

二、存在的困难

据省农业农村厅农情调度显示，2021 年江西省早稻播种面积稳定，与 2020

年基本持平，但各地地方政府在推进落实早稻任务中仍存在不小阻力。

1. 土地流转困难，土壤受到破坏

部分区域尤其是赣南，部分水田早早就被来自广西的玉米种植大户流转租种玉米，导致目前可流转种植水稻的耕地少，租金水涨船高，前2~3年才200多元/亩，现在涨至700元/亩，导致水稻种植成本居高不下。而玉米种植对土壤破坏大，且易于引发草地贪夜蛾扩散，极易损坏生态，不利于后期耕地利用。

2. 早稻种植收益差，水稻生产任务难度集中在早稻

2020年之前，江西省水稻产业一直呈现“双改单”趋势，种植大户倾向“稻油”轮作或“单季稻+”种植模式。2020年，多数种植大户响应中央与地方号召，拿出大部分田块从事双季稻种植。但受2020年极其不利气候影响，双季稻亏损严重，尽管有地方奖补资金和保险赔偿（保险理赔不及时、标准低现象普遍），仍难以弥补亏损。如，永修县2019年受鄱阳湖泄洪和寒露风双重影响，早稻、晚稻受灾严重，晚稻绝收近70%，全县90%双季稻种植户处于亏本状态，而2020年的保险赔偿不尽人意。因此，农户尤其是赣北区域农户从事双季稻种植的意愿下滑，地方政府只能加强引导（大多通过经济补偿方式），完成早稻生产任务压力大增。

3. 地方财政吃紧，各地奖补政策不一

截至目前，少部分区域还未能完全兑现2020年早稻生产奖补资金，主因在于地方财政紧张。当前为了完成早稻生产任务，各地仍陆续出台了奖补政策，部分乡镇也出台了奖励措施。如，全南县部分乡镇统一以500元/亩的地租收回分散在农户手中的耕地（闲置田、抛荒田），免费流转给水稻种植大户从事双季稻种植，这笔提前垫付的流转金对乡镇而言是一笔不小的资金压力。如，永修县安排了600万元发展早稻生产（历年最高），平均每亩早稻奖励70元左右，但相比其他区域，如柴桑区每亩早稻奖补200元、新建区每亩早稻奖励80~180元，永修县地方政府承担的压力增大。

4. 部分农资上涨，水稻最低收购价再提高的刺激效果不明显

据调查，2021年水稻最低收购价在2020年基础上再增加0.01元/斤，农户对此反响不明显，认为每斤涨1分钱也没啥意思，和2014年早稻最低收购价1.35元/斤的差距较大，对土地流转和早稻生产带动效果不明显。同时，多数

农户反馈到，2021 年农资价格上涨幅度较大，除了除草剂类农药有所下降外，其他农资不同程度上涨。从市场调研看，早稻种子上涨 20%～30%；尿素市场价 2 250元/吨，较 2020 年涨幅 15%；农膜 11 000元/吨，较 2020 年涨幅 8%。据宜春市鼎力农业专业合作社联社社长彭晚苟反馈，2021 年 2 月购买的 1 袋 100 斤的化肥涨了 15 元。

5. 春耕期间天气多变，防灾减灾压力较大

据省气象趋势分析，春播期有春寒发生，3 月下旬前期、3 月下旬末至 4 月上旬初、4 月上旬后期可能出现 3～5 天的低温连阴雨天气，雷电、大风等强对流天气较常年略偏多。同时，省植保部门预测，2021 年全省稻飞虱、二化螟、纹枯病等水稻主要病虫害较 2020 年偏重发生。

三、建议

1. 继续完善粮食支持政策，提高保险理赔标准

继续保持并稳步提高稻谷最低收购价政策，持续传递积极信号。当前保险理赔是按照水稻生长进度、受灾程度进行测算，成熟期绝收才赔付 700 元/亩，其他生育期赔付更低。且因寒露风导致的稻谷绝收等情况也不在水稻政策性保险承保范围。目前江西省平均田租在 500 元/亩左右，只要是播种的田块，地租和种子、农药、化肥的成本就已经达到了 700 元/亩，还不考虑劳力和机耕机播机收投入等，保险理赔额连农户投入的本钱都不够。因此，要稳定发展粮食生产，必须做实做细水稻保险，完善保险政策，扩大完全成本和收入保险范围，提高理赔标准、理赔效率，稳定农户种粮风险预期。

2. 完善农业支持保护补贴方案，加大对种粮大户尤其是双季稻种植户的专项补贴

2013 年以前，江西省针对 100 亩以上的种粮大户补贴 16 元/亩，之后因中央调整农业支持保护补贴方向，将原来的良种补贴、农资综合补贴等合并为耕地地力补贴和稻谷补贴。耕地地力补贴对象是拥有耕地的农户、稻谷补贴对象是所有种植户，补贴资金分散到千家万户，而大户种植的水稻面积占全省水稻总面积的“半壁江山”，散、小补贴资金对大户种植积极性提升不大。建议中央和省级层面完善粮食生产支持政策，出台针对种粮大户的专项补贴政策，尤

其是用于从事双季稻生产的水稻种植大户补贴。

3. 大力推进全省耕地抛荒整治工作，加快高标准农田建设

严格执行中央提出的农田粮用导向，严防耕地“非粮化”要求，可借鉴南昌市新建区撂荒地复耕模式，加大财政投入，实施政策奖补治撂荒，政府补助开荒费用，增加江西省水稻有效种植面积。此外，加快高标准农田建设，严格按照“田成方、土成型、渠成网、路相通、沟相连、旱能灌、涝能排、土壤肥、无污染、产量高”要求，有效应对阴雨、干旱气候以及贫瘠土壤对农作物造成的不利影响。

4. 加强农资价格监管，做好农资保障

加大农资储备力度，积极协调相关单位加快农资储备和调剂调运，做好肥料、种子、农药、地膜等物资储备工作。政府应当通过政策扶持的方式，给予农资产品生产企业一定时期的减免税或融资成本优惠等，坚决遏制农资产品生产企业随意提高农资产品价格。相关职能部门还要对流通领域的农资产品经营和粮食收购等进行监管，发现随意涨价现象，及时出手，严厉打击，确保农资产品不出现无序涨价现象，确保粮食农资市场稳定有序。

5. 强化预警预报，加强风险防控力度

加强对雷雨大风、低温阴雨等不利天气预警预报，做好病虫害田间监测预报，农业科研单位尤其是国家(省)水稻产业技术体系，联合农技推广中心，及时公布灾害应对技术方案，强化技术服务指导；大力示范推广“优质晚稻早种”“一季稻+再生稻”“早稻早播”等技术模式，实现稳粮增粮。

第三节　对江西省促进早稻生产的措施调查与思考

作为双季稻主产区，江西省扛稳粮食安全重任，履行粮食安全“省长责任制”，把粮食安全列入农业农村工作重中之重，2020 年全省早稻播种面积出现恢复性增长，达到 121. 753 万公顷，比 2019 年增加约 12. 167 万公顷，增幅为 11. 1%。2021 年江西省继续抓紧抓牢抓实早稻生产，据江西省农业农村厅农情调度显示，2021 年全省早稻播种面积稳定。然而，能否实现早稻可持续发展，确保粮农收益。课题组连续两年对位于江西赣南地区的信丰县、全南县，赣中

地区的永新县、永丰县、吉水县、崇仁县、乐安县，赣北地区的樟树市、都昌县、永修县、南昌县、鄱阳县、柴桑区、万年县、宜丰县、婺源县、余江区，赣西地区的安源区、上高县、奉新县、袁州区等地的106户固定观察点种粮大户和部分主产县市，通过座谈会、实地走访、微信电话、问卷调查、个案访谈等方式展开追踪调查，对采集的相关数据进行整理分析，梳理当前江西省促进早稻生产的措施办法，以及粮农对这些措施的反响，找出当前制约早稻生产的关键因素，提出实现早稻可持续发展的建议。

一、多措并举促进早稻生产

为确保粮食播种面积和产量“双增长、稳增长”，保障国家粮食安全贡献更多的“江西粮”。江西作为双季稻主产区，以抓好早稻生产夺取全年农业丰收为重点工作，出台系列相关政策措施，确保早稻生产任务落实，慎终如始当好中国粮仓“守卫者”。

1. 压实属地责任，抓实稳粮扩面

江西省政府印发了《关于做好稳定粮食生产工作的通知》，将粮食和早稻面积、产量目标，通过政策引导和任务层层分解落实到市、县（区）。各市县（区）先后出台当地稳粮促粮通知和政策文件，将早稻任务下达至各乡镇（场）。在早稻种植关键时期，省级层面派出“一对一”指导组，深入粮食生产重点县；县（区）级层面成立工作组，督促区域内各乡（镇、场）早稻种植面积落实，实施乡干部包村、村干部包组的工作机制。建立早稻生产台账制，实行一周一调度一通报排名，确保做到应种尽种、宜种尽种，坚决防止耕地抛荒；创新粮食面积核查机制，采用航拍、卫片等手段，核查粮食种植面积，保障全省粮食种植面积真实性、准确性。充分发挥“粮食安全责任制考核”指挥棒作用，签订粮食生产责任书，提高粮食面积和粮食产量的考核分值。

2. 完善扶持政策，保障农民收益

提高财政转移支付水平，完善促进早稻生产扶持政策，保障农民种粮基本收益。省级层面统筹不少于20%产粮大县奖励资金、早稻轮作项目、稻谷补贴等多个项目资金直接用于粮食生产，重点扶持早稻生产；县（区）级层面在落实上级政策补贴的基础上，县（区、乡镇）财政追加早稻生产补贴政策，以现金、物化投入、农业保险等方式最大限度保障农民早稻种植收益。萍乡市安源区，对2021年早稻种植个人或经营主体补助3 000元/公顷（含种子、化肥等物资）；宜春市袁州区按照早稻实际种植面积奖补1 500元/公顷，对连片1.33公顷以上的早稻集中育秧点，按6 000元/公顷的标准进行奖补；此外，地方乡镇在宜春市袁州区政府配套的基础上再给予每公顷大田补贴300~1 500元，集中育秧每公顷秧田补贴1 500~3 000元。全省选取南昌、九江、鹰潭、赣州和上饶等市推进农业巨灾保险试点，最大程度为农户挽回受灾损失。

3. 提供“双线”服务，加强生产指导

线下构建以县乡级农技人员为主体的早稻生产科技服务小分队，深入田间地头、农业示范园、农业企业、专业合作社，发放技术资料、检修农机具、指导种子优选和农机具选购等多形式的早稻生产技术服务活动。同步，省市县级层面开通线上的惠农政策和技术指导等咨询渠道。吉安市永丰县、九江市都昌县通过县农业工作群、种粮大户群、稻谷补贴群、农技专家微信群等，及时推送政策、市场、农情信息和技术指导意见、开展远程技术指导。

二、粮农对促进早稻生产措施的反应

1. 早稻生产情况

（1）早稻生产目标任务完成情况。从图6-1、图6-2、图6-3看出，①2011—2020年江西省水稻播种面积在2012年出现短暂性上升后基本处于小幅下滑趋势，早稻播种面积则持续下滑，直到2020年，在保障粮食安全以及促粮政策推动下，水稻和早稻播种面积同时出现恢复性增长。②2011—2020年江西省水稻总产量先升后降再升，呈小幅波动状况；早稻总产量与早稻播种面积变化趋势一致，呈现持续下滑态势，直到2020年早稻播种面积出现恢复性增长后，早稻产量出现回升。③2011—2020年江西省水稻和早稻单产波动明显；2020年受多种不利气候因素影响，江西水稻、尤其是早稻单产严重下滑，达到近十年来最低点。由此可见，水稻尤其是早稻生产受自然气候影响明显，早、中、晚稻间单产水平存在较大差异。

（2）早稻种植以直播为主，机插面积逐步扩大。江西多数农户采取“人工直播+抛秧”方式，每年的3月底或4月初进行大面积直播，配合小面积的抛

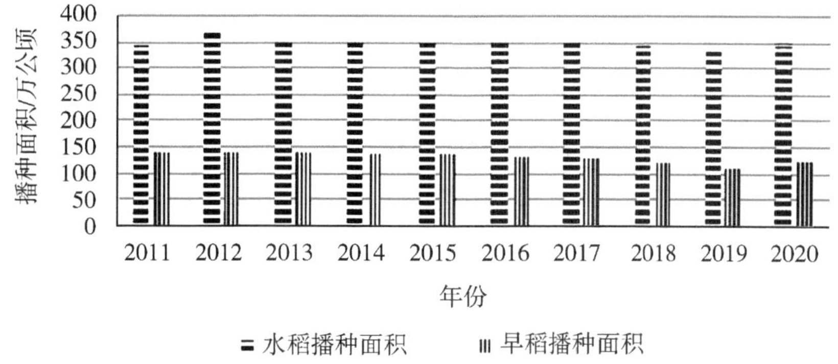

图 6-1　2011—2020 年江西省水稻和早稻播种面积变化对比

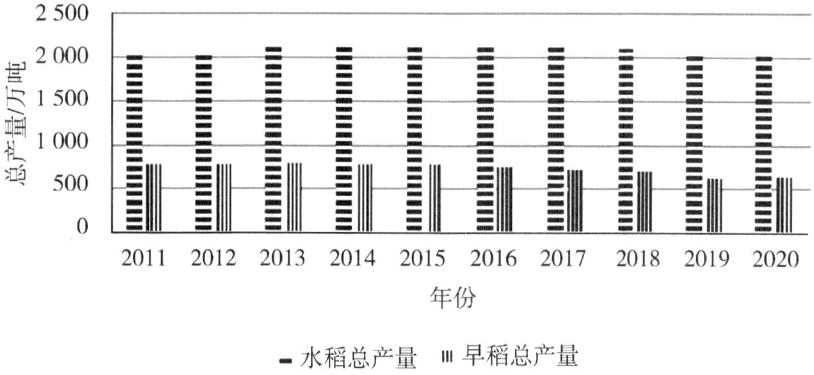

图 6-2　2011—2020 年江西省水稻和早稻产量变化对比

秧，鹰潭市余江区 2021 年早稻直播面积 19 600 公顷，占总面积的 93. 9%；部分农户采取“育秧+人工移栽”方式，3 月中旬育秧，4 月上中旬移栽；部分农户采用“育秧+机插”方式，主因在于近几年早稻播种期常遇低温阴雨天气，直播易出现烂种烂秧情况，促使农户改变直播种植方式，采取育秧后机插秧苗。当前，全省早稻机插面积逐步扩大，九江市柴桑区 2021 年完成早稻机插面积 170 公顷，占早稻种植面积的 25%。

（3）高效种植模式彰显活力，种植方式逐步优化。为解决早稻“早而不优”“低质低效”“增产不增收”和气象灾害影响，以及 2021 年市场上可供早稻种子严重缺乏窘境，达到“一季双收、双季优收”的目的，江西一些农户陆续尝试高效种植模式，突出表现在“早稻+再生稻”“优质晚稻早种”两种模式在某些区域得到广泛推广应用，如抚州、宜春等地。抚州市农户反映，种植再

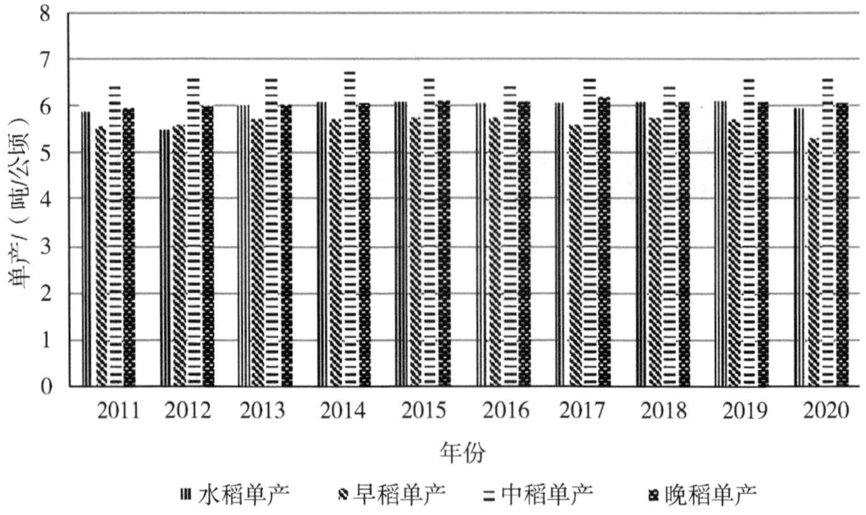

图 6-3　2011—2020 年江西省水稻单产变化对比

生稻已成为当地一大特色，虽然产量低于二晚，但收益好，受到当地农户追捧，2021 年当地“早稻+再生稻”种植规模扩大明显。樟树市某农户认为，再生稻效益较好，2021 年尝试种植再生稻。宜春市某农户提出，受制于早稻种子缺乏，2021 年尝试“优质晚稻早种”模式。

2. 粮农对促粮政策反应

抓好粮食生产，重点是双季稻，关键在早稻。江西全省各地压实压紧早稻生产任务落实，但受各地早稻生产奖补政策差异性和农户自身对产业发展前景判断，农户对促粮政策反应不一。整体而言，多数农户稳定和扩大了早稻种植面积。

（1）部分农户对当地促粮政策表示认可，积极主动扩大早稻面积。调研发现，种植大户积极主动扩大早稻生产的主因在于，第一，地方促粮政策提升了种植大户种植意愿。各地及时组织种粮大户召开扩大早稻生产动员大会，宣讲国家及地方促进粮食生产政策，明确“严禁早稻抛荒，无故抛荒重罚”，不种早稻不能领取种粮补贴等政策。赣州市某农户认为，2021 年早稻补贴政策很好，政府免费为其提供了约 1 000 公斤早稻种子，给予每公顷早稻种植补贴 3 000元，同时还提供了近 6 000元的化肥补贴；2021 年该农户早稻种植面积比 2020 年扩大了 20 公顷，达到 40 公顷。抚州市某农户提出，2021 年当地早稻补贴政策为每公顷补助 1 200元，补贴 100%按时发放；当地 2021 年早稻种植整体形势较好，种植面积与2020年基本持平；2021年该农户早稻种植12公顷，比2020年多一点。第二，社会责任感和使命感助推种植大户显担当、有作为。部分种粮大户对国家推动早稻生产政策积极响应，纷纷表示坚决落实早稻生产扩种任务，有的大户还主动提出帮助周边村民扩种，愿意免费为周边村民提供早稻种子，机耕、机收、无人机统防统治等农业生产社会化服务，均按优惠价为村民提供服务。

（2）部分农户对当地促粮政策表示无奈，但仍按要求扩大早稻面积。樟树市某农户反映，2021年政府稳粮政策趋严，如果不种早稻，就不能享受耕地地力补贴和稻谷补贴；当地许多人包括自己在内都不愿意种双季稻，但在政府强烈推动下，2021年该农户早稻种植面积17.3公顷，比2020年规模要大。南昌县某农户反映，2021年政府稳粮政策宣传力度比2020年大，感觉比2020年还要严格，如果不种早稻就收回耕地，给别人种；2021年该农户早稻种植面积106.67公顷，比2020年多66.67公顷。宜春市某农户反映，当地早稻生产补贴1 800元/公顷，地方政府要求种植大户种植早稻；本来不打算种这么多，但由于政策需要，压力大、任务重；2021年该农户早稻种植面积占流转承包的水田面积的70%以上，达到133.33公顷以上。

（3）部分农户对当地促粮政策持无所谓态度，从自身利益出发调增或调减早稻面积。部分农户认为，2020年、2021年早籼稻最低收购价在前一年度基础上每公斤涨2分钱意义不大，和2014年早稻最低收购价2.7元/公斤差距较大，对早稻生产带动效果不明显。吉安市某农户反映，当地政府动员大家种植早稻，农户对此反应平平；但该农户愿意种双季稻，2021年早稻种植20公顷，同比2020年增加13.3公顷。宜春市某农户反映，自己愿意种植双季稻，2021年早稻种植面积73.33公顷，比2020年增加46.67公顷。上饶市某农户反映，当地政府已出台早稻生产补贴政策，但种早稻没什么盼头；2021年该农户早稻种植面积同比2020年缩减2/3，仅种植13.33公顷。吉安市某农户反映，早稻不好卖，2021年该农户早稻种植面积比2020年减少。

三、存在的问题

1. 早稻种植意愿再度回落，政策性农业保险存短板

第一，种早稻亏损严重，农户种植意愿再度回落。2020年之前，江西水稻

产业一直呈现“双改单”趋势，种植大户倾向“稻油”轮作或“单季稻+”种植模式。2020年，为响应中央与地方促粮号召，多数种植大户拿出大部分田块从事双季稻种植。但受2020年的早稻收割季强降雨、晚稻寒露风天气影响，双季稻亏损严重，尽管有地方早稻生产奖补资金和政策性农业保险赔偿，仍难以弥补亏损。如，九江市永修县2020年受鄱阳湖泄洪和寒露风双重影响，全县90%双季稻种植户处于亏本状态，而保险赔偿难以弥补种植损失。此外，洪涝灾害等不利气候，既降低了早稻单产，又影响水稻品质，水稻收割时伴有较多秕谷、中青谷、穗上发芽谷等，水稻收购价降低。因此，农户尤其是赣东北区域农户从事双季稻种植的意愿再度回落，完成早稻生产任务压力增大。第二，政策性农业保险存在短板，定损成为保险赔付难点。政策性农业保险在保障农民利益、抵御农业风险上发挥了积极作用。江西作为农业大省，自然灾害频发，农户对政策性农业保险需求旺盛。当前，农户普遍感到政策性农业保险仍存在保险工作信息公布不及时、保险保障水平与实际生产成本差距较大且定损标准备受争议、保险责任范围窄且保险险种少、保险公司职业道德建设有待加强、巨灾机制缺失等突出问题。

2. 地方早稻生产补贴政策宣传和落实不到位，地方财政紧张

为更好地完成早稻生产目标任务，江西全省各地陆续出台早稻生产补贴政策。但部分地区在召开早稻生产动员会时，只从宏观上宣讲国家、省级层面促进早稻生产的意义和政策，宣讲内容空泛，具体的地方补贴政策未能详细宣传，农户对早稻补贴政策存有疑惑；有的地方没有明确补贴发放流程、发放时间；有的地方受限于地方财政紧张，对约定的早稻生产补贴发放不及时。此外，当前高强度的促粮政策对江西大部分乡镇而言存在较大压力。赣州市作为江西丘陵山地特色明显的区域，耕地面积少，人均耕地面积更少，早稻生长期常遭遇干旱，当地基本以中稻种植为主，推动早稻生产难度大。为此，赣州各县市相比江西省其他县市，出台的促进粮食生产奖补资金较多，这也在一定程度上导致地方财政紧张。赣州市全南县规定，对种植双季稻0.33公顷以上的水稻种植户，每公顷补助1 500元（其中早稻900元，晚稻600元）；对种植双季稻3.33公顷以上的，每公顷补助3 000元（其中早稻1 800元，晚稻1 200元）；对种植双季稻6.67公顷以上的，每公顷补助3 750元（其中早稻2 250元，晚稻1 500元）；对种植双季稻13.33公顷以上的，每公顷补助5 250元（其中早稻3 750

元，晚稻1 500元）；此外，全南县部分乡镇统一以每年7 500元/公顷的地租收回分散在农户手中的耕地（闲置田、抛荒田），免费流转给水稻种植大户从事双季稻种植，这笔提前垫付的流转金对乡镇而言也是一笔不小的资金压力。

3. 农田生产条件有限，防灾减灾压力大

第一，抛荒地、“单改双”农田基础设施急需整治，尤其是沟渠灌溉设施。当前导致江西省部分田块抛荒、撂荒相对严重的主因：①水资源分配不均衡，部分田块缺乏水资源；②建设项目侵占、毁坏田地；③森林畜禽危害严重；④非适耕田，海拔高、光照少、低温，交通闭塞，多为望天丘、冷浆田，产量低。这些田块属性上仍归为耕地，计入生产任务，但可适用于早稻生产条件极为有限，水稻收获难度大且面临颗粒无收的可能，农户不愿种植。当前种植大户普遍反映，抛荒田开荒难度大，荒地周边的农田水利设施年久失修，堵塞严重。第二，春耕期间天气多变，防灾减灾压力较大。近年不利气候频发，尤其是早稻生育期遭遇规律性低温阴雨、雷电、大风等强对流天气，稻飞虱、二化螟、纹枯病等水稻主要病虫害偏重发生。这些问题的存在，降低了农户早稻种植意愿，限制了早稻规模增长。

4. 农资价格上涨明显，农户缺乏高效种植技术

第一，部分农资价格上涨较快。2021年早稻春耕期间农资价格上涨较快，比2020年上涨10%左右，早稻种植成本增加。如，常规早稻种子价格8~12元/公斤，杂交早稻种子30~40元/公斤，涨幅10%左右；尿素价格2 000~2 400元/吨，涨幅10%~15%；农药价格涨幅10%左右，部分品种如除草剂上涨幅度达30%。第二，缺乏高效配套种植技术。水稻种植大户倾向于选择轻简化栽培技术，以提高生产效益。但多数农户反映，缺乏技术成为当前种田最大问题。如，工厂化大棚育秧技术掌握不好，一旦秧苗没有严格处理好，易生病，易腐烂，易生菌，甚至全部毁灭，干湿不匀，极不容易控制。直播技术掌握不好，则会影响后期秧苗长势和粮食产量。

四、建议

1. 提高早稻生产补贴政策效率，扶持大户群体种粮积极性

第一，地方政府在制定早稻生产补贴政策时应精准调研。以粮农需求为导

向，在重点关注种植大户群体时不忽视散户群体，精准精细，分类施策。应明确补贴范围、标准、流程，逐条明确奖励项目、奖励资金额度和惩罚标准，并详细记载申报奖励过程；补贴金额可按照种植规模实行阶梯式递增，以扶持并稳定种植大户群体。第二，加大政策宣传力度。通过电视、村村响广播、印发宣传册、上门宣讲等方式，及时做好早稻生产补贴政策解读工作，使农户真正了解政策。第三，调整农业支持保护补贴使用方向，加大对种粮大户尤其是双季稻种植户的扶持。大户种植的水稻面积占全省水稻总面积的“半壁江山”，散、小补贴资金对大户种植积极性提升不大。搭建项目平台，从项目申报上扶持种植大户推动水稻产业发展；将耕地地力保护补贴资金集中用于种粮大户培植，推动水稻生产全程机械化，尤其是推动种植大户购买烘干设备，解决水稻产能增加而全省烘干设备严重不足的问题；出台农机动力燃油优惠政策，降低农业生产机械化成本；或者将耕地地力补贴资金集中用于农田水利设施建设，解决农田水利设施因年久失修导致农田沟渠引水排灌不便的问题。

2. 增强政策性农业保险的精准性，让种粮人“种粮不愁”

第一，尽可能减轻农民保费负担。提高政府承担保费比例，有条件的地方政府可以全部承担水稻政策性保险保费；对无理赔的参保业主给予相应的奖励，在下一年度续保时保费优惠。第二，尽可能减少农民因灾损失。提高理赔标准，扩大完全成本和收入保险范围，从“保成本”转到“保收入”，进而提高到“保效益”上，最大限度降低种粮风险，稳定农户种粮风险预期。第三，提高保险赔付精准性。根据保险条款规定，水稻只有在植株死亡绝收的情况下，才能获得赔偿，但损失并不只在植株死亡绝收的情况下才会发生，例如“寒露风”来临，秧苗坏死、烂死会造成补种损失。建议将自然灾害引起的水稻减产列入赔偿范围，让水稻保险真正“保险”。第四，加强保险损失界定的精准性。建立一套由政府、保险公司、农民代表、技术专家等主体组成的多方定损评估机制，提升农户参与性与话语权，确保定损公平公正，赔偿方案符合各方需求。

3. 改善农业生产条件，“让粮田变良田”

第一，加快补齐农田基础设施短板。加快推进高标准农田、农田水利、机耕道等现代农业基础设施建设，创新丘陵山区高标建设模式，改善土壤、排灌、农机应用等农业基础设施生产条件，依据实际建设成本，适度调高丘陵山区高标建设标准，扩大连片田块面积；每15~35公顷集中连片的田块设置一座电排灌设施，满足沟渠缺水时可电抽水灌溉。此外，每年安排农田水利设施清理费用，专用于沟渠淤堵清理。第二，大力推进水稻“产—供—销”全产业链农业社会化服务建设。鼓励种植大户和农机专业合作社提供粮食生产全程机械化，引导其通过“全托管”“联耕联种”“代耕代种代管”等方式，缓解乡村劳动力不足问题。完善服务链，大力推行订单服务模式，如，定向粮食收储订单服务、优质稻定向生产订单服务、加工企业订单服务，实现种粮农户与企业双赢局面。

4. 强化技术支撑与服务指导，让种粮人“手上有技术，种粮心不慌”

第一，搞好农业技术指导培训。发挥现代农业产业技术体系专家团队、省市县科技特派团和农技推广体系作用，通过广播电视、网络微信、“12316” App、“12316”平台热线等新兴媒体开展“云服务”，积极开展线上线下培训指导和咨询答疑，广范围、多批次开展新型农业经营主体水稻高效种植模式和轻简化栽培技术培训，确保农户精准掌握实用技术。第二，加快示范推广“优质晚稻早种”等绿色高质高效种植模式，大力推广水稻机播、机插、机防、机烘等农机集成组装技术，加快优质稻绿色轻简化技术集成推广应用。优化水稻种植结构和品种，加快培育高抗耐低温早稻品种，优化育秧、直播、移栽、抛秧等技术模式，适时降低直播比重，规避“倒春寒”风险。第三，启动早稻品质改良产业工程。加大对早稻品种改良、栽培示范和加工转化等方面研究，培育高产高质高效早稻品种，改善早稻米质，提高早稻口粮化比例，转变托市粮窘境，形成稳定早稻生产的长效机制。

5. 强化相关扶持政策，构建保障种粮人“利好政策篮子”

用好已有的扶持政策，适时围绕重点领域强化相关扶持政策，构建保障早稻生产利好政策篮子，更好地提升粮农种粮积极性。第一，强化土地流转服务支持。鼓励地方政府整合涉农资金，逐步增加土地流转专项扶持资金，完善土地流转基础设施和公共服务，加大对流转土地从事早稻生产的补贴力度；提高县乡村三级土地流转服务平台效率，及时发布土地流转意向和掌握土地需求意向，并加紧对接；认真查实查清农户早稻种植意愿，对明确不愿种植早稻的农户，可引导其通过土地流转服务平台或者由村集体统一托管流转，依法依规签订流转合同。通过线上线下相结合方式，把土地尽快流转到水稻种植大户手中，提高耕地利用效率。第二，强化金融支持。放宽大户、家庭农场、合作社等新型种粮主体的贷款标准，探索将土地承包经营权流转合同、厂房、机械设备等纳入抵质押物范围，简化贷款手续，提高早稻生产专项信贷额度，并依据水稻生长周期调整还款付息安排，加大贷款展期、续贷力度，并适当减免新型种粮主体贷款利息，做到应贷尽贷，防止其资金链断裂。第三，增强农资价格调控。春耕备耕期，要加大农资储备和调剂调运力度，做好肥料、种子、农药、地膜等物资储备工作。依托农产品生产信息监测预警机制，调节农资市场价格，及时掌握种子、化肥等农资价格动态。第四，加强风险防控力度。加强对雷雨大风、低温阴雨等不利天气预警预报，做好农作物病虫害田间监测预报，及早做好物资准备。农业科研单位尤其是国家（省）水稻产业技术体系，联合农技推广中心，及时公布灾害应对技术方案，强化技术服务指导；建立健全灾害应急机制，保障农业生产安全。

第四节　粮农对 2021 年稻谷最低收购价上调的反应、期盼与建议

2021 年《政府工作报告》明确提出，稳定种粮农民补贴，适度提高稻谷最低收购价。2021 年 5 月 6 日，国务院常务会议要求要毫不松懈抓好粮食稳产丰产，稳定和完善稻谷小麦最低收购价、玉米大豆生产者补贴等政策。既要确保粮食安全，又要在顺利开展粮食价格改革的大背景下，掌握粮农对粮食最低收购价上调的反响，把握粮农的呼声，探索推动粮食产业健康有序发展路径已成当务之急。

5 月，课题组对万年、吉安、宜春、鄱阳、赣州、樟树等地粮农开展了调研。调查发现，种粮散户、兼业农户、规模大户、订制生产型粮农、全产业链经营型种粮企业等不同种粮主体对 2021 年稻谷最低收购价上调的反应既存在共识，同时也存在较大差异。

一、反应

1. 种粮主体普遍会关注但不太关心稻谷最低收购价

总的来看，2020 年、2021 年稻谷最低收购价上调幅度太小且实行限量收

购，基本不会影响粮农的种粮行为。相比早、中晚籼稻从2015年的每百斤135元和138元分别下调至2019年的120元和126元，早稻每百斤累计下调15元，中晚稻每百斤累计下调12元。而2020年和2021年分别较上年每百斤提高1元，幅度太小，难以提升粮农种粮积极性。调研中有农户反馈到，“2016—2018年稻谷最低收购价接连下调，种粮效益从最高时的1 000元/亩下降至400～500元/亩（遭遇极端不利天气时甚至亏损），前几年心理上确实有较大不满情绪。但是，经过多轮下降，现在也已经习惯了，不再抱怨，觉得稻谷价格已经降到谷底，再降也不太可能。”部分农户反馈，“稻谷最低收购价每斤才涨1分钱，简直跟没涨一样！稻谷价格还是太低了，我们对种粮还是没有太大信心。1斤粮食还不如1瓶矿泉水。物价普遍都涨，粮食不涨反降，很无奈。”

2. 种粮主体对稻谷最低收购价上调反响不一但大户表现极为敏感

不同类型农户对稻谷最低收购价上调的反应存在较大差异。一是小、散户和订制型粮农对稻谷最低收购价小幅上调没有反应。小、散户多为自产自销，稍有多余的稻谷，更多倾向于赠送给亲朋好友。而订制型粮农有稳定的客源，只需按照合约进行标准化生产，把控质量即可，不用考虑销售问题。二是10～20亩的中小型农户对稻谷最低收购价小幅上调反应微小。这类农户大多属于兼业农户，收入的主要来源来自务工；如果是老龄农户，相比青壮年，因其机会成本低，对收入期望值不高。三是几十亩甚至几百亩的种粮大户对稻谷最低收购价小幅上调的反应明显。这类农户对价格很敏感，非常关注每年稻谷最低收购价的走向。最低收购价的微小波动，对种粮收益影响较大。四是粮食企业对稻谷最低收购价小幅上调反应不大。这类群体更注重的是品质，产品价格由消费市场和品牌价值决定，与稻谷最低收购价关联度低。但是，最低收购价的提高促使粮农更大程度地追求高产，导致市场优质粮供给不足，加大了烘干厂和加工企业收购优质粮的难度和成本，最终影响效益。

3. 多数种粮主体认为稻谷最低收购价小幅上调对种粮收益无直接影响

大多数农户提出，国家公布的稻谷最低收购价与最终市场收购价不同，甚至认为国有粮企基本垄断了托市粮收购市场，最低收购价与国有粮库捆绑在一起，只有将稻谷直接卖给国有粮库，才能享受到稻谷最低收购价上调带来的好处，否则稻谷最低收购价小幅上调并不会给自己带来利益。此外，近几年，粮价不高、气候欠佳且缺乏储粮烘干设施，稻谷呈现快收快销态势，粮农直接卖湿谷成为流行和趋势，基本不会选择将稻谷销售给国有粮库。

4. 部分种粮主体认为稻谷最低收购价小幅上调对种粮效益有间接影响

部分种粮主体认为，稻谷最低收购价小幅上调起到了市场风向标和兜底的作用。种粮农户反馈到，2021年稻谷最低收购价上调释放了政府高度重视粮食安全、粮食市场向好、农民种粮收益有望提高的积极信号。在竞争较充分的情况下，稻谷最低收购价上调会带来最终市场收购价格的一定幅度上调。即使中间收购商可能会压低价格，但有稻谷最低收购价作为支撑，压价不会压得太狠，尤其是多家收购商竞争的情况下，中间收购商留足自己正常利润后，会依据稻谷最低收购价上调幅度来确定市场收购价上涨幅度，从而提高了农民的种粮收益。

5. 多数种粮主体认为稻谷最低收购价上调的政策红利所获很少

多数种粮主体反馈，稻谷最低收购价上调的大部分红利被稻谷流通的中间环节（粮贩、烘干厂等）获取，甚至土地流出者会通过提高租金也获取一部分红利，层层截留，最终留给种粮主体的政策红利很少。调研中不少粮农感叹：“国家出台政策支持种粮、保障粮食安全，是大好事！但现实中，稻谷最低收购价并没有让真正种田的人得到最大实惠，粮贩、加工企业、粮库等中间环节直接把大部分政策红利拿走，最终真正到农户的利益所剩无几。”还有农户反馈到，“如果最低收购价上调，土地流转户也会顺势要求涨租金，粮农能享受到的最低收购价上调红利会进一步削弱。”

二、期盼

一是期盼最低收购价上涨幅度能更大点，相关部门重视政策红利中间环节过多截留的问题，希望能直接提高种粮补贴，让政策红利真正流入粮农口袋。

二是期盼及时尽早启动最低收购价预案，同时希望国有粮库收购能充分体现优质优价。江西省早稻基本在7月中旬收割，近几年启动早籼稻最低收购价执行预案时间从2017年7月28日到2018年8月9日再到2019年9月2日，滞后于早稻收割时间，一定程度上会被解读为粮价下行的舆论导向，粮农无充足的仓储和烘干设备，只能尽快低价出售，收益受损。此外，有粮农户追求稻谷品质生产，但部分年份销售市场不佳，最终以一般性稻价格卖给了国有粮库，没有体现优质优价，粮农颇为不满。

三是期盼兴起的“优质晚稻早种”模式中，针对生产的稻谷是界定为早稻还是晚稻问题，相关部门应制定明确界定标准。据江西省农业农村厅统计，2020 年江西省“晚稻早种”面积 4.0 万公顷左右，主要集中在吉安、赣州、抚州等地。当前，市场对于晚稻早种的米质认定仍存在分歧，收购价格是按早稻还是晚稻价格收，没有明文规定，导致粮农对“优质晚稻早种”模式存在担忧。

三、建议

调研显示，粮农对国家出台的促进粮食稳定生产政策总体上是拥护支持的。要稳定粮食生产面积，调动农民种粮积极性，短期内仍需完善粮食最低收购价政策，长期内则需要综合考虑粮食生产成本、市场供求、国内外市场价格、产业发展等因素，不断完善相关体制机制建设，积极引导粮食经营主体主动适应市场，保障粮食安全，兼顾粮农利益。

一是加强顶层设计和监督管理，加强稻谷最低收购价调整政策宣传解读，防止政策误读误解，防止政策红利被中间环节过多截留。

二是稳定实施最低收购价的同时，按照流转面积提高种粮补贴，让种粮农户真正、直接地享受到政策的红利。

三是及时启动最低保护价执行预案，真正做到“仓等粮”“钱等粮”，研究以省为单位启动最低收购价执行预案和区分稻谷品质等级进行收购。推动粮农通过“惠三农”“赣粮通”等售粮平台网上预约售粮，使其“少排队”“快售粮”。

四是相关部门尽快协商界定“晚稻早种”模式的归属问题，尽可能按照中稻或晚稻价格进行“认定”并收购，保障提质增效目标。

第五节　对“东乡野生稻”种质资源保护现状的调查与思考

种业是国家战略性、基础性核心产业，是现代农业的“芯片”。“确保种源安全”是我国“十四五”时期加快推进农业现代化的重大目标任务。野生稻是现代栽培稻的始祖，在保障粮食安全、遗传育种和生物工程中发挥了关键作用。由于自然群落的大量丧失，野生稻目前已处于一个濒危状态，加强保护迫在眉睫。

一、“东乡野生稻”种质资源的重要价值

1. 属于珍贵的农业文化遗产

“东乡野生稻”作为野生稻的一种，是目前分布“最北”（北纬28°14′、东经116°36′）的野生稻种，也是迄今为止发现的世界上分布最北的野生稻，属于农业“物种类”文化遗产，价值极其珍贵，被国内外誉为“野生植物大熊猫”“比大熊猫更应得到保护的物种”。

2. 属于特有的水稻育种材料

农业野生植物等生物遗传资源是我国遗传育种和生物技术研究的重要物质基础，是生物多样性的重要组成部分，是国家可持续发展的战略资源。东乡野生稻种质资源，作为野生稻中不可或缺的重要一支，是我国水稻育种（尤其是耐寒性水稻品种）的“基础材料”，为我国农业可持续发展提供了宝贵的物质基础。多年来，“东乡野生稻”为我国水稻栽培、育种、演化、分类等起到了极其重要的作用。

3. 富含大量优质抗性基因

一是耐寒性优。冷害是水稻生产的主要灾害之一，据江西省农业科学院长达十几年的观测试验，东乡野生稻在-12. 8℃环境下依然可以存活，耐低温能力世界罕见，绝无仅有。二是抗旱性佳。尽管江西省水资源比较丰富，但由于时空分布不匀，局部地区缺水和季节性缺水仍然相当严重，有的甚至严重影响了当地水稻种植。通过田间比较鉴定发现，东乡野生稻在田间持水量10%以下时复水后植株复苏率可达50%以上，表现出了良好的抗旱性。三是抗病虫性强。病虫害是影响水稻产量的重要因素之一，现有研究表明，东乡野生稻不仅对白叶枯病和细菌性条斑病抗性表现强，而且对螟虫等虫害也表现出较高的抗性水平。此外，东乡野生稻还具有胞质雄性不育、广亲和、“野败”恢复、抗黄矮病、抗稻瘟病、促高产等优质基因，有待进一步深入挖掘和利用。

二、“东乡野生稻”种质资源保护现状

（一）主要做法

1. 建立了东乡野生稻原位保护区

一是执行全封闭式管理。设立野生稻区、灌溉区和观测区。其中，野生稻区设立在保护区中央，观测区位于保护区东西两侧，灌溉区建有水库溢洪道和排水沟。保护区采用砖墙与外界隔离，并紧靠水库网栏，进一步保证野生稻遗传多样性不受外界环境因素干扰和影响，同时有效避免外来物种入侵。严禁任何人、任何单位在野生稻保护区内放牧、开荒、砍伐，以维持保护区自然原始的原生境状态。

二是建立保护区定期清理制度。每年 3—11 月定期组织培训合格的农民工，在保护区内开展除草除杂工作，尤其对野生稻区内不利于野生稻生长的植物，如马根草、游草（假稻）等进行人工定向清除。同时，对周边树木、丛林等进行剪枝修理，以避免野生稻生长所需的光照、温湿度因子等受到不利影响；定期开展水沟水渠中淤泥、杂草清理工作，进一步保障野生稻所需的水源通畅。

三是持续优化生长环境。江西省气象局在野生稻区建有六要素气象观测站，实现全天候气象监测，观测指标包括温度、湿度、风速、风向、降雨量等。保护区还定期对工作站、观察站等进行完善与维护，对观察房、种质资源保存圃进行检修和维修。

2. 财政支持逐步加大

自 2015 年开始，农业农村部联合江西省农业农村厅每年拨款 10 万元作为东乡野生稻保护专项资金。从 2021 年开始，江西省农业农村厅设立“抚州市东临新区东乡野生稻原生境保护”项目，每年支持 10 万元作为野生稻监测经费。

3. 开发利用不断深入

高校和科研院所深入开展东乡野生稻定位监测、遗传多样性、水稻育种、基因克隆等全方位研究，并获得了一批具有开创性的成果。江西省农业科学院颜龙安院士团队利用东乡野生稻育成东野型雄性不育系国际油粘 A，为我国特有且独立于野败型的第二大孢子体败育类型，并在 2018 年克隆了细胞质雄性不育基因，揭示了败育机理。利用东乡野生稻培育出的强耐寒水稻品种‘东野 1

号’已在生产上推广应用，为解决南方水稻品种早春播种耐寒性、晚稻品种抗寒露风的问题提供了解决方案。利用东乡野生稻为材料获得的研究成果“中国野生稻种质资源保护与创新利用”荣获国家科技进步二等奖；“东乡野生稻的发现、遗传多样性保护与初步利用研究”荣获江西省科技进步一等奖。

（二）存在问题

由于自然和人为等多种因素的影响，东乡野生稻自20世纪70年代发现以来，面临种种困境，物种处于濒临灭绝的边缘。究其原因，主要在于以下几点。

1. 保护方式比较单一

当前，东乡野生稻主要是以人工管理为主，费时费力，加上野生稻原生境保护点的保护一般是在行政指令下建立的，缺乏当地农村群众的主动参与，与当地经济发展的矛盾难以协调，监测难度大，存在管理不力的现象。

2. 保护条件整体落后

自农业农村部、省农业农村厅立项投入50万元建立野生稻原位保护区以来，野生稻原位保护区“十年如一日”，仅仅是按照最基本的管护要求开展相关工作。多年没有提高过管护经费，导致保护区内水沟水渠、水井、防护网等基础设施老化陈旧、分析监控设备缺失、管理标准和监管体系缺乏等问题日益凸显。

3. 专业技术力量严重缺乏

东乡野生稻从发现至今，保护者还是以发现者饶开喜一人为主。虽然根据工作需要，临时聘请人员进行除草、清淤，聘请专人在保护点开展日常保护管理工作，但聘用人员缺乏专业知识以及实际工作经验，在技术、人力和组织管理方面难以达到工作要求，很难从专业角度进行有效监测、管护。况且，饶开喜已退休（现已返聘），年纪也越来越大，如不加紧培养年轻的专业管护人员，可能导致无人接班“守稻人”的窘境。

4. 可持续保护措施亟待加强

一方面，野生稻居群锐减。截至目前，野生稻居群已由先前的9个减少到3个，野生稻保护区面临消失的潜在风险。在保护区缓冲区带出现了不少农作物、经济作物，也加速了野生稻保护区有效面积的缩减。另一方面，野生稻核心区面临物种竞争。核心区内的游草及柳叶箬等伴生物种已逐步形成优势种群，野生稻群落受到伴生植物激烈竞争，野生稻生长密度逐渐下降。此外，野生稻原生境的水生态环境易受旱，缺乏充足水源的持续补充，若遇上干旱年份极易抑制野生稻的生长和繁衍，可能造成濒危情况的发生。

5. 开发利用效果明显不足

一是利用东乡野生稻耐寒性优势培育出来的可以成功越冬的水稻品种较少，在生产中推广使用的更少。二是对野生稻资源有益基因的开发利用尚处于起步阶段，东乡野生稻资源仍有较大的开发利用空间。三是以野生稻为核心打造和开发的相关产业尚属空白，缺乏结合当地的发展环境和已有资源的合理规划。

三、加强“东乡野生稻”种质资源保护的对策建议

1. 健全保护体制机制

一是明确保护主体责任。坚持部门管理与属地管理相结合，以属地管理为主的原则，将保护区的建设和管理纳入东临新区“十四五”经济和社会发展规划，资源保护、物业管理、科学研究、宣传教育等所需经费由上级行业主管部门与属地共同承担，纳入财政预算。保护工作由东临新区农业农村局主管，下设机构东临新区东乡野生稻原位保护站，安排中高级农艺师常驻野生稻基地，从事野生稻管护、监测和研究工作。二是严格日常管理。出台野生稻保护区管理制度，严禁任何人任何单位在野生稻保护区内放牧、开荒、砍伐，维持保护区原生境环境。国内外专家、学者、科研人员进入保护区，执行学术活动审批许可制度。健全安全防控制度，落实防火、防泄密等管理措施。三是加大宣传力度。对原位保护区周边的3个村委会农民群众，开展野生稻常态化保护意识宣传，提升农民群众的种源保护安全意识，杜绝人为毁坏野生稻的行为发生。

2. 提升完善原位保护区基础设施

一是给予财政项目支持。落实政府主体责任，农业农村部、省农业农村厅将项目支持纳入“十四五”规划，长期稳定支持“东乡野生稻原生境保护区”建设。二是完善原位保护区基础设施。修缮保护区围墙及护栏，防止牛、羊等畜禽和外来植物等破坏野生稻生长；修缮大门及区间道路，改扩建生态卫生厕所，提升保护区整体面貌；新修建保护区供水系统，修缮保护区供水渠道，打深水井用于缺水灌溉；新建宣传长廊，丰富野生稻科普知识及成果展示。三是

提升科研和监控设备。改扩建观测室，购置野生稻种源保护、评价鉴定等前期工作所需的简易科研设备；新增野生稻监控和观测设备，建设信息化、智能化监测系统。

3. 加强异地异位科学保护

一是加强野生稻异位保存。针对东乡野生稻分布面积小、零星分散，难以在每个分布点建立原生境保护区的特点，需要加强异位保护，按不同自然居群的种源进行取样收集，经过大田种植、形态观察、整理后进入现有野生稻种质资源圃或新建的野生稻种质种茎异位保护圃加以保护。二是加强野生稻种源基因保存。依托科研院所，深入开展东乡野生稻基因提取工作，采集现存组织，进行细胞和 DNA 保护，保存其全基因组，建立重要功能基因的 DNA 库，建立 BAC 文库（用细菌人工染色体为载体保存野生稻 DNA）等，从分子水平进行精准保存。

4. 加强合理开发利用

一是依托高校和科研院所，设立院士工作站或博士工作站，并解决必要的科技人员编制。利用东乡野生稻中耐低温、抗性强、光合效率高等特异种质基因资源，合作培育产量、品质、抗性更优的新品种。二是整合东乡野生稻优势资源和当地旅游资源，开发文旅研学融合项目。三是设立“东乡野生稻保护基金”，吸纳大型农业龙头企业合作，在东临新区示范推广耐低温、抗逆性强的新品种，打造耐低温水稻新品种制种基地。

第六节　社区团购平台严重冲击江西大米加工企业

7 月在对江西多个大米加工企业调研时发现，受社区团购平台低价促销影响，2021 年上半年大米加工企业的大米销量严重下滑，产业链受挫，拉低了终端市场大米销售价格。面对社区团购平台的冲击，多数企业缺乏应对措施。

一、2021 年上半年大米加工企业销量、售价双下滑

2021 年 1 月，受疫情和国家鼓励就地过年的号召影响，也恰逢过年期间消费者都有囤粮习惯，消费者囤粮较多，大米加工企业产销两旺。1 月之后，大

米销量一路下滑，到了4月市场上大米销售基本停滞；5月中下旬至6月，销量有所好转，但仍未达到往年同期水平。总的来看，2021年上半年，江西大米市场形势不容乐观，米企的大米销量较往年同期下滑了30%～60%，米企的开工率和大米加工量相应降低，多数米企反馈开工率不足2020年同期的一半。据某小型大米加工企业反馈，上半年加工量在100～200吨/月，同比2020年显著下降；据某省级农业产业化龙头企业反馈，2021年上半年加工率维持在20%～30%，月加工量不足1 000吨。同时，大米批发价也下降了0.1～0.2元/斤。据某企业反馈，年前的大米出厂价为2.2元/斤，年后一路跌到了2.08元/斤。

二、大米加工企业出现亏损的因素分析

1. 2020年稻谷收购价偏高，2021年大米售价降低明显

2020年赣中北低温期长、赣南气候干旱引发稻瘟病偏重等不利气候，影响了江西省晚稻品质；双季稻种植面积增加，中稻种植面积减少，江西省中稻稻谷总产量相应下降。因此，2020年市场上优质中晚稻供应量减少，加之疫情导致全球粮食安全危机，市场对后期大米行情看好，且存在少量大米烘干厂、米企囤粮行为，加剧了市场上中晚稻抢购行为，稻谷市场化收购价相比往年增幅较大，增幅在10%左右。企业投入成本居于高位，而年后市场上大米降价，再加上利息等营业费用，企业亏损严重。以黄华占为例，2020年上市初期干谷收购价为每百斤145～150元，到2020年年底涨至每百斤157～158元，而以往基本在每百斤130～150元；此外，特优稻甚至高达每百斤170～190元。而2021年年后，稻谷收购价快速回落，黄华占系列收购价降到每百斤120～135元。如，某香米系列的大米批发价从5～6元/公斤，下降至4～5元/公斤。而当前中稻即将上市，为了能有资金和仓库收购新粮，多数大米加工企业都在抛售2020年收购的稻谷，亏损严重。

2. 国家调控升级，拉低大米市场售价

为平衡市场产销矛盾和需求紧张，自2020年10月开始，国家加快稻谷去库存，大量政策性粮食涌入市场，不少企业竞拍储备粮加工后出售，导致陈粮价格冲击新粮价格。如，2021年安徽、湖北等地米企为抢占市场，2018年陈粮加工后的大米售价才1.75元/斤，比江西米企的早米出厂价还低。大米市场总

供应增加，需求萎缩，大米销售不畅，导致目前不少企业的稻谷库存仍较多，也同步拉低市场大米售价。加之进口碎米增多，特别是印度碎米价格在 1.3 元/斤左右，而米企的碎米价格在 1.6 元/斤，差价太大，导致原先用本地碎米的企业都用进口碎米，拉低了本地企业的大米售价。

3. 社区团购平台低价促销，加剧销售渠道碎片化

当前正处后疫情时代，社区团购平台严重冲击传统销售渠道。为了抢夺市场份额，各大互联网巨头砸重金发展社区团购平台，展开“烧钱大战”，举办大米节等低价促销活动，平台上打出的大米售价比经销商进货价格都低，拉低市场售价，抢走了很多传统经销商的份额，导致大米实体店销售下滑，经销商没有信心卖米，不进货，连带加工企业销量下滑。如，江西某企业往年 1 个月外派 10 多车（每车 10 吨左右）大米，大约 3 天 1 车大米；2021 年 1 个月才外派 2 车，销量严重下滑。再如，湖北某企业曾经 1 天销售 130~140 吨，现在 1 天销售 10~20 吨。社区团购平台的出现，使得销售渠道更加碎片化，客户高度分散，传统渠道客户流失严重。有企业反馈，2021 年上半年销量下滑太厉害，自己找原因发现主要还是社区团购平台把消费群圈走。

4. 部分中小企业加工设备老旧，不适应市场需求

部分中小型大米加工企业的加工工艺传统，加工设备已经使用 10 多年，机器性能差，跟不上社会需求，而更换一套加工设备需要 200 万~300 万元，存在资金压力。加工工艺的不足，导致大米外观品质难以媲美电商平台上销售的大米外观，企业难以参与电商平台竞争。

5. 大米加工企业产能过剩，市场竞争激烈

江西大米加工企业多为中小企业，加工能力增速超过原料增长速度和消费需求增速。以前加工企业的加工设备多为中小型加工设备，日加工量在 30 吨、50 吨等；现在往往都是大型加工设备，动辄 100 吨、300 吨、500 吨等。大米加工产能过剩加剧了大米加工行业的市场竞争，加工企业为保客户，价格战日益激烈。

三、大米加工企业对社区团购平台冲击的几点看法

多数企业视社区团购平台为鸡肋，既想入驻平台抢占市场，但又不认可社

区团购平台的低价促销模式，认为低价促销容易陷入恶性竞争怪圈。但多数企业认同电商必将取代传统营销模式，是企业转型方向。

1. 社区团购平台严重冲击大米全产业链

一是社区团购平台分销模式易引发失业潮出现。社区团购平台依托资本运作，前期将供应商的商品成本压缩到极致，以价格优势圈住消费者，绑定供应商，后期垄断提价，消费者只能被动接受，严重扰乱正常市场交易行为和交易秩序。尤其是社区团购平台将传统的 5 级分销模式（企业—总经销商—二三级分销商—终端零售—消费端）变更为 3 级分销模式（企业—平台—消费端），把中间的经销商渠道取消，对终端零售群体造成较大冲击，导致农贸市场、社区便利店、粮油店、中小型超市生意惨淡，很多面临关门失业。长此以往，大米产业链下游的传统销售渠道消失，大米加工企业也将逐步被资本运作方吞并或者挤出市场，大宗农产品流通将被资本垄断。

二是社区团购平台低价导向难以保证商品质量，易误导消费者。社区团购平台以价格为导向，多采用低价倾销或优惠促销等手段销售商品，而不是以价值为导向，对一些规模化、标准化、现代化的企业是一种打击，尤其像粮食类，很多小企业为了满足平台的需要，一味追求价格，把不符合要求的产品也推上平台，平台上低质低价的产品占比不断增加。同时，平台的低价导向，导致消费者对商品价格不敏感，认为传统销售渠道购买的商品属于暴利，打破了合理的商品价值观，陷入低价循环怪圈。有企业提出，如果国家不对大米加工企业进行扶持、引导，会有一波倒闭潮出现。

2. 企业缺乏电商人才应对新型经营模式

社区团购平台模式与传统经营模式不同，“玩法”多样。所有接受调查的大米加工企业都提出，企业缺乏懂得电商操作的专业团队，即使有的大中型企业已经参与了多个电商平台，但仍认为自己“玩不转”，经营理念仍禁锢在传统营销方式上。且多数企业认为，以当前大米行业的销售利润来看，很难支撑企业自己组建一支电商运营团队。

3. 中小型大米加工企业对社区团购平台冲击束手无措

面对社区团购平台冲击，多数中小型大米加工企业感觉束手无措，只能被动挨打，找不到突破方向。多数企业仍采取传统分销模式，以满足自身销售需求。有企业提出，如果销量没有了，以后就不从事大米加工行业或者减少收购量，而随着国家粮食安全战略下的“稳产保供固安全”和“两个确保”决策部署实施，我国稻谷产量将保持稳中略增态势，一旦社会性收购量减少，容易导致“卖粮难”问题再现。

四、建议

1. 规范社区团购行业规则，强化反垄断监管

严加规范社区团购行业规则，防止可能出现的资本垄断市场，建立公平竞争、良好的营商环境。统筹用好数字监管、信用监管、执法检查、行政约谈、通报警示等各种监管手段，出台指导性大米价格机制，加快建立健全与零售商品流通新业态运营特点相适应的监管体系，特别是要加强大宗农产品流通领域反垄断监管，推动反垄断法规政策在大宗农产品流通新业态领域落地实施，提升社区团购平台合规化水平。

2. 加大指导，扶持企业开展电商营销

一是做好区域农产品电商发展规划。地方政府要依托数字农业、数字乡村战略，发挥数字技术的普惠效用，做好区域内农产品电子商务发展规划，有序推进地方农产品互联网化和品牌化发展。同时，对农产品生产、流通、市场等全产业链信息进行精准化、动态化、标准化采集，实现实时监测、预警预报。

二是扶持企业开展电商联营。调动省、市、县级科技特派员队伍和乡村振兴工作队、专业院校等力量，加大对大米加工企业电商运营团队培养，根据企业对农产品电子商务的吸收程度，进行不同层次需求的订单培训，协助企业搭建或融入电商平台，提供能让企业用得起、离不开，且应用起来方便、听起来易懂、做下来见效的电商技术。此外，电商平台投入较大，鼓励区域性大米加工企业参与联合建设电商平台，分散资金压力，整合物流资源，降低企业销售成本和消费者购买支出。

3. 企业自练内功，实现转型升级

一是寻求产业数字化转型。适应时代需求，提升企业数字化能力建设，打造和孵化一支懂得线上运营的营销团队。主动创新营销模式，大力推动私人订制型（订单型）农业发展，依据消费者订单进行稻米种植生产，利用互联网技

术，让消费者远距离多场景全程参与大米生产全过程，增强体验感和对产品的认可度、忠诚度。

二是寻求差异化竞争优势。探索发展地域性强的小众高端品种。发展专用米、糙米和米糠食品等新型营养健康产品和系列化、优质化、方便化主食食品。

三是坚持技术创新。更新加工工艺，加大节能减排、节本降耗等新技术、新工艺、新设备、新产品的研发、示范和应用力度，逐步淘汰稻米加工业落后产能，以质量求生存。

第七节　当前江西省政策性农业保险实施中的突出问题及对策建议

政策性农业保险，对于抵御农业风险、保障农户利益，至关重要。江西省作为农业大省，自然灾害频发，农户对政策性农业保险需求旺盛。当前，农户普遍感到政策性农业保险仍存在险种少、范围窄、赔付低、定损难、服务滞后、巨灾机制缺失等突出问题，期盼政策性农业保险更加公开透明、合理规范、高质高效。

一、突出问题

1. 保险工作信息公布不及时

近年来，农业自然风险高发，尤其是2020年洪涝灾害引发江西省部分区域水稻绝收，造成巨大损失，2021年越来越多的农户尤其是种养大户普遍高度关注并热切希望提前开展农业保险工作。但截至目前，部分地方还未明确具体的保险公司、投保时间和投保流程。据永修县立新乡刘上武反映，目前已经拿到保险合同，正在准备投保，但是还没有得到明确通知，是农户自己把保险合同送到保险公司去，还是保险公司到乡镇统一办理投保，很希望马上完成投保工作。

2. 保险保障水平与实际生产成本差距较大且定损标准备受争议

一是赔付额不足以覆盖生产成本。当前，越来越多的农户采用高效种养模式，但现行的保险产品与之不适应，保险赔付额没有根据生产成本计算。以水稻为例，当前保险理赔是按照水稻生长进度、受灾程度进行测算，成熟期绝收才赔付 700 元/亩，其他生育期赔付更低。目前，江西省平均田租在 400~500 元/亩，只要是播种的田块，“地租+种子+农药+化肥”的成本就已超过 700 元/亩，还不考虑劳力和机耕机播机收投入等，最高保险理赔额明显低于农户投入成本。据泰和县沿溪镇罗文平反映，2019 年早稻水灾严重，100 多亩田只得到 2 000多元的补偿，基本上没什么补偿作用。永新县颜五亮反映，2020 年虫灾、风灾和倒伏相当严重，尽管后期保险理赔了，但远不够弥补倒伏损失。二是保险定损标准不明确。受访农民反映，许多地方缺乏明确的保险定损标准，随意性强，仅依据保险公司的“一面之词”，农户难以掌握话语权，定损金额存在较大折扣。鄱阳县三庙前乡吴正卫反映，提到保险，“心里非常不舒服”，2020 年水稻种植本来每亩亏损 800~900 元，但实际赔付只有 100 元/亩；保险公司一般都是一口价，且定损“太不实诚了”，没有结合实际情况，比如水稻受淹补种后的成本不会也不可能在赔付范围内。奉新县干洲镇戴隆斌反映，对于定损根本不按实际情况来，500 多亩受损，最后就赔付了 8 万元。宜春市袁州区彭晚苟反映，2019 年经保险公司确认应赔付 8 万元，只收到 4 万元出头，仅赔偿了 50%。

3. 保险责任范围窄，保险险种少

目前，江西省主要以传统型农业保险产品为主，创新型区域特色保险产品较少；受限于地方财政能力，区域间政策性农业保险险种存在差异。据信丰县古陂镇谢焕荣反映，当地自然灾害偏少，自己不想购买保险，但若是能将水稻病虫害纳入保险范围，会考虑购买。宜春市袁州区彭晚苟反映，因寒露风导致的稻谷绝收不在水稻政策性保险承保范围。莲花县琴亭镇颜焕香反映，萍乡市作为水稻制种大市，直到 2021 年当地才将水稻制种纳入农业保险范畴，比其他水稻优势制种区要晚几年。

4. 保险公司职业道德建设有待加强

第一，保险公司存在选择性接单承保。一般而言，地方保险公司都会规定最迟上交保单和保费的期限，但到了期限后期保险公司判断可能发生严重气象灾害或病虫害时，往往出现拒收保单现象，导致农户投保无门，损失惨重。据永修县立新乡刘上武、刘上斌反映，保险公司往年承保都是截至 7 月底，2020

年，发现雨水太多，到了6月底就不承保。永修县立新乡戴毅如反映，保险公司有选择性承保，保险员实地勘察后，对低洼地水稻田不承保。第二，存在理赔查勘不及时现象。据乐安县戴坊镇邹怀亮反映，2020年6月发生洪涝灾害，7月初即拍照上传受损情况，但之后多次催促，当地保险公司都未到现场核验定损，严重影响了一季晚稻的灾后恢复生产。

5. 保险缺失，大灾之年损失惨重

2020年，江西省赣中北发生大面积洪涝灾害，泄洪引发多区域水田被淹，导致部分未投保农户损失惨重，灾后农业生产恢复能力有限。有的农户为了2021年能继续从事农业生产，向银行申请抵押贷款，苦苦支撑；有的农户调整农作物结构，缩减水稻种植面积，影响了江西省粮食生产目标任务的完成。据永修县立新乡刘上武反映，2020年自己种了2 790亩水稻，其中2 000亩中稻因保险公司拒保，没能享受到农业保险赔付，当地政府也没有给予补助。对于防汛期间配合泄洪需要而产生的巨大损失得不到必要补偿，感到“真的寒心啊”。

二、对策建议

1. 适时发布政策性农业保险具体政策和承保工作安排

充分体现政策性农业保险为农业政策服务的鲜明特点，及时在基层政府和农口部门官网公布相关农业保险政策及实施细则，逐一明确投保范围、投保方式、投保标准、承保和理赔流程、赔付方式、关键时间节点等相关信息，便于农户提前做好准备，确保投保到位。

2. 扩大政策性农业保险范围

充分了解农户经营风险及其保障需求，加快开发多层次、多元化的农业保险创新产品。以水稻为例，根据现有保险条款规定，只有在植株死亡绝收的情况下才能获得赔偿，但据农户反映，损失并不只是在植株死亡绝收的情况下才会发生，例如“寒露风”来临，秧苗坏死、烂死，也会造成补种损失。因此，建议将自然灾害引起的农作物减产列入赔偿范围，不断创新地方特色农产品保险，并在起步试点阶段制订“一品一策”或个性化条款，推进农业保险增量扩面。

3. 完善农业政策性保险政策

一是尽可能减少农户因灾损失。提高理赔标准，扩大完全成本和收入保险范围，从“保成本”转到“保收入”，进而提高到“保效益”上。二是尽可能减轻农户保费负担。提高政府承担保费比例，有条件的地方政府全部承担保费；对无理赔的参保业主给予相应的奖励，在下一年度续保时保费优惠。三是提高保险损失界定的精准性。建立一套由政府、保险公司、农户代表、技术专家等主体组成的多方定损评估机制，提高农户参与度，确保定损公平公正、“更接地气”。

4. 改善保险服务水平

一是提升保险队伍建设水平。增强农村协保员业务能力水平，有效指导农户掌握条款内容和投保理赔程序。二是提升理赔效率。优化理赔工作流程、简化理赔单证手续；在发生大面积、广区域受灾情况下，配置先进设备，加快查勘理赔速度，及时发放理赔款，提升理赔兑现率。三是做到“想保尽保，应保尽保”。适应当前江西省粮食生产“应种尽种、宜种尽种”要求，允许低洼、荒地、旱地等区域农田纳入承保范围，制定不同农田等级的投保和赔付标准。

5. 完善农业巨灾保险体系

一是建立农业巨灾风险基金。受自然或人为因素引发的农业巨灾，建议由各地政府直接向保险公司出资购买公共巨灾保险，并由政府拨款设立农业巨灾风险基金；保险公司同步推出针对个人的不同商业巨灾保险，供农户自由选择，保证重灾发生后农户能及时得到补偿资金，尽快恢复生产与灾后重建。二是加大对受灾户扶持。建议中央和地方政府对 2020 年遭受重灾的农户提供相应的信贷支持，对其 2021 年的农业保险给予信贷支持；引导金融机构为参加农业保险的重灾农户给予优先贷款。

第八节　2021 年江西省早稻生产形势调查

为及时把握江西省 2021 年早稻种植和收获情况，课题组分别于 4 月和 7 月，对永新、信丰、万年、崇仁、乐安、南昌县、樟树、鄱阳、奉新、宜丰、上高、婺源、永丰等地水稻种植大户以实地走访、微信电话等方式展开集中调查。

一、种植情况

1. 早稻种植以直播为主，机插面积逐步扩大

截至4月下旬，江西省早稻栽插接近尾声。多数农户采取“人工直播+抛秧”方式，3月底或4月初进行大面积直播，配合小面积的抛秧；如，乐安县戴坊镇邹怀亮和崇仁县河上镇吴国良均是4月初开始人工直播。部分农户采取“育秧+人工移栽”方式，3月中旬育秧，4月上中旬移栽；如，樟树市洲上乡陈海波，3月中旬育秧，4月8—10日陆续进行人工移栽。部分农户采用“人工直播+机插”方式，水稻机插面积逐步扩大；如，上高县锦江镇吴汉明，2021年1 100亩早稻，机插1 000亩，直播100亩；永丰县坑田镇李宗根，2021年52亩早稻全部机插；鄱阳县三庙前乡吴正卫，2021年第一年尝试175亩早稻全部机插，是当地第一家试行机插方式的农户。

2. 高效种植模式彰显活力，种植大户看好前景

为解决早稻“早而不优”“低质低效”“增产不增收”和气象灾害影响，以及2021年早稻种子严重缺乏窘境，达到“一季双收、双季优收”的目的，一些农户陆续尝试高效种植模式，突出表现在“早稻+再生稻”“优质晚稻早种”两种模式在某些区域得到广泛推广应用，如抚州、樟树、上高等地。据乐安、崇仁农户反映，种植再生稻已成为当地一大特色，虽然产量低于二晚，但收益好，受到当地农户追捧，2021年“早稻+再生稻”种植规模扩大明显。樟树市洲上乡陈海波反映，听周边农户说，再生稻效益较好，2021年尝试种植再生稻。上高县锦江镇吴汉明反映，受制于早稻种子缺乏，2021年“破天荒”地尝试“优质晚稻早种”模式。

3. 前期持续低温阴雨影响早稻生产进程，农户期待后期出现利好天气

清明节前后，江西省气温明显偏低且持续时间长，导致部分地区直播的早稻种子未出苗或秧苗生长缓慢，出现白化甚至部分种子成活困难，后期可能需要补种，有可能影响后面的农时，尤其是二晚生产。多数农户感觉天气年年不作美，目前最大的担心就是早稻种植后期的天气问题，期待2021年不再出现2020年的恶劣天气。据奉新县干洲镇戴隆斌反映，当前已经直播了1 000多亩，

但在3月末播种的300多亩种子受持续低温阴冷天气影响需要补种，预计平均每亩损失140~150元。

4. 促粮政策反响不一，多数农户仍扩大和稳定早稻种植面积

2021年各地政府进一步压实压紧早稻生产任务落实，但受各地早稻生产补贴政策差异性和农户自身对产业发展前景判断，农户对促粮政策反响不一。整体而言，多数农户稳定和扩大了早稻种植面积。

一是部分农户对当地促粮政策表示认可，积极主动扩大早稻面积。据信丰县大阿镇李兆平反映，2021年早稻政策不错，政府免费提供了约2 000斤的种子，早稻种植补贴200元/亩，同时还提供了将近6 000元的化肥补贴；2021年早稻种植面积比2020年扩大了300亩左右，达到600亩。宜丰县澄塘镇罗春林反映，2021年当地早稻激励政策为每亩补助80元，县里是100%按时发放的；当地2021年早稻种植整体形势还好，预计与2020年相差不大；自己早稻种植180多亩，比2020年多一点。

二是部分农户对当地促粮政策表示无奈，但仍按照地方政府要求扩大早稻面积。据樟树市洲上乡陈海波反映，2021年政府政策趋严，如果不种早稻，就不能享受耕地地力补贴和稻谷补贴；他想种一季稻，但当地许多人都不太情愿；在政府强烈推动下，2021年早稻种植面积260亩，比2020年规模要大。南昌县塔城乡李明反映，2021年政府宣传力度比2020年大，感觉比2020年还要严格，如果不种早稻就收回耕地，给别人种；2021年早稻种植1 600多亩，比2020年多1 000多亩。奉新县干洲镇戴隆斌反映，当地政府出台120元/亩的早稻生产补贴，要求种植大户种植；本来不打算种这么多，压力大、任务重，但没有办法，政策需要；2021年早稻种植面积覆盖合作社水田面积的70%，达到2 000亩以上。

三是部分农户对当地促粮政策持无所谓态度，遵从自身意愿，调增或调减早稻面积。据上高县锦江镇吴汉明反映，自己想种双季稻，2021年早稻种植面积共计1 100亩，比2020年增加了700亩。万年县石镇镇黄秀峰反映，2021年政府也有政策，早稻补贴大约41.6元/亩，但种早稻没什么盼头；2021年早稻种植面积同比2020年缩减2/3，大约200亩。永丰县坑田镇李宗根反映，早稻不好卖，2021年早稻面积比2020年减少，但总的水稻种植面积增加。

5. 早稻播期旱情严重，水源不足限制早稻规模增长

2021 年上半年旱情严重，部分地区水源紧缺，对于扩种早稻，农户有种“有心无力的感觉”。据永新县里田镇王根吉反映，当地缺水严重，若想继续扩大规模，必须解决水的问题。信丰县大阿镇李兆平反映，当前最大的问题就是缺水，目前有 200 多亩还不敢进行抛秧。乐安县戴坊镇邹怀亮反映，本打算扩大早稻种植规模，但是最近天气阴冷，也未下大雨，加之前期水库未蓄水，当地缺水较严重；若缺水这个问题不解决，再怎么想种也没办法，根本不敢贸然扩大规模。

二、收获情况

1. 规模种植户早稻生产面积稳中有增

据省农业农村厅农情调度显示，2021 年江西省早稻面积预计 1 828. 2万亩，同比增加 1. 9 万亩。这无疑与全省各地坚决落实粮食安全党政同责要求，紧抓规模种植户，继续出台早稻生产奖补政策密切相关，激发了规模种植户种粮热情，早稻生产规模都有不同程度的增长，顺利完成了江西省 2021 年早稻生产任务。如，永新县里田镇规模种植户王根吉反馈，2021 年早稻种植面积 100 多亩，同比 2020 年增加几十亩。鄱阳县三庙前乡规模种植户吴正卫反馈，2021 年早稻种植面积 190 亩，同比 2020 年增加 70 亩。奉新县干洲镇规模种植户戴隆斌反馈，2021 年早稻种植了 1 650多亩，同比往年增加 300 多亩。

2. 早稻增产增收明显

据省农业农村厅农情调度显示，2021 年江西省早稻单产预计 370. 1 公斤/亩，同比增加 16 公斤/亩，总产量 135. 3 亿斤，同比增加 6 亿斤左右，全省早稻生产稳中向好。调研显示，农户早稻即收即卖，以销售湿谷为主；主要销售给当地烘干厂，销售渠道畅通；早稻收购价同比 2020 年有所增长，农户增收明显。如，崇仁县河上镇规模种植户吴国良反馈，2021 年早稻亩产湿谷 1 200斤，同比 2020 年亩增 100 斤；即收即卖给当地烘干厂，当地早稻收购价为每百斤 95 元（湿谷），同比 2020 年增长了 5 元，亩纯收益达到 300~400 元，比 2020 年有所好转。上高县锦江镇规模种植户吴汉明反馈，2021 年早稻亩产湿谷 1 100多斤，同比 2020 年亩增产 100 斤左右；主要卖给当地烘干厂，早稻收购价

每百斤92~95元（湿谷），同比2020年增长12~15元，亩增收200~300元。信丰县大阿镇规模种植户李兆平反馈，2021年早稻亩产湿谷约1 200斤，同比2020年亩增产300~400斤；收购价为每百斤95~97元（湿谷），亩收益预计在300~400元，主要卖湿谷给当地烘干厂。鄱阳县三庙前乡、油城乡的规模种植户吴正卫、张良桂反馈，2021年早稻亩产湿谷1 200~1 300斤，同比2020年亩增产300~400斤，湿谷直接卖给当地烘干厂，收购价1.02~1.03元/斤（湿谷），且还有涨价趋势，最高可卖到1.1元/斤，亩产纯收益可达300元。

3. 农机社会化服务为“双抢”提速

江西省水稻种植户选择购买农机社会化服务越来越普遍。调研发现，2021年江西省购买的农机社会化服务主要来自江苏、安徽等地，成本在50~70元/亩。采用机收的大部分地区在一周内收割完早稻，同时还配备了秸秆处理，直接粉碎还田，为“双抢”提速，减轻“双抢”压力。如，上高县锦江镇规模种植户吴汉明反馈，2021年早稻收割主要是请安徽等地的收割机来收，成本约60元/亩，配备秸秆粉碎还田。樟树市洲上乡规模种植户陈海波反馈，2021年早稻收割请了江苏的收割机来收，成本在50~55元/亩，配备秸秆粉碎还田。万年县石镇镇规模种植户黄秀峰反馈，早稻主要是请江苏、安徽等地的收割机来收，成本在55~60元/亩。

三、存在的问题

1. 地方早稻生产补贴政策宣传和落实不到位

调研发现，自2021年2月以来，全省各地陆续出台早稻生产补贴政策，落实早稻生产任务力度强于2020年。但部分地区在动员农户种植早稻过程中，没有宣传具体的补贴政策是什么；有的地方没有明确补贴发放流程、发放时间；有的地方2020年约定的早稻生产补贴发放不及时，农户对2021年补贴政策存有疑惑。

2. 种植成本增长明显

近年来，受成本“地板”和价格“天花板”双重挤压，种粮效益持续低迷。尽管2021年江西省早稻收购价有所回升，但以肥料为代表的农资涨幅也较大，且机械、人工成本也有不同程度的上涨。初步测算，生产成本较往年增加

50 元/亩以上，挤压了农民的种粮收益。据鄱阳县油城乡规模种植户张良桂反馈，2021 年早稻投入成本同比 2020 年有所增加，其中，化肥同比 2020 年每百斤增加 30 元，人工成本增加了 40 元/天。樟树市洲上乡规模种植户陈海波反馈，2021 年早稻农资成本显著增加，化肥当前售价每百斤 150 元，同比 2020 年增加了 30 元，其中尿素价格 150 元/包（2020 年价格在 98～105 元/包），2021 年早稻亩收益能勉强维持在 100 元就不错了。奉新县干洲镇规模种植户戴隆斌反馈，2021 年化肥涨价明显，同比 2020 年每百斤涨价 60 元，预计 2021 年早稻收益在保本边缘。南昌县蒋巷镇规模种植户娄玉涛反馈，2021 年早中晚稻都是人工插秧，女工成本 210 元/天，男工 210 元/天+1 包烟；2021 年化肥涨了很多，早稻是没赚到什么钱。

3. 农资购买难

调研显示，江西省水稻种植户在春耕前有提前储备一定农资用于水稻生产的习惯。随着“双抢”开展，原先储备给春季早稻生产的化肥、尿素等农资不足。同时，当前多数农资店化肥缺货严重，农资涨价较快，价格贵且进货难度大，为后期晚稻生产带来隐患。奉新县、南昌县、樟树市等多地规模种植户均反馈，尽管农资涨价厉害，但现在化肥很难买到，尤其是尿素买不到。

4. 防灾减灾压力较大

据省气象局预测，进入下半年，江西省可能出现伏秋干旱、台风、洪涝等不利天气。植保部门也预测，2021 年水稻病虫害呈偏重发生态势，对粮食生产有可能造成不利影响。调研时，各地规模种植户都不同程度透露出对后期可能出现灾害的担忧。

5. 缺乏高效种植技术

江西省水稻种植大户乐于选择轻简化栽培技术，以提高生产效益。但调研发现，多数农户反映，缺乏技术成为当前种田最大问题。如工厂化大棚育秧技术，秧苗没有严格处理好，易生病，易腐烂，易生菌，甚至全部毁灭，干湿不匀，温度高低，极不容易控制。如直播技术掌握不好，影响后期秧苗长势和粮食产量。

四、建议

一是完善优惠扶持政策。尤其是对流转土地的规模种植户，制定精准扶持措施，加大农地流转费用的贴息贷款。提高农户保险赔付落实力度。提高集中育秧、机插、有序机械抛秧机、联合收割机等水稻生产类农机具购置补贴额度，保护规模种植户生产积极性。

二是加强农资供应保障。各地农业农村部门要做好农资的需求预测和调度，满足秋耕生产需求。农业农村部门要联合市场监管、公安等相关部门全面开展农资打假活动，规范农资市场秩序，开展放心农资下乡进村活动。

三是加大多部门联动协作。充分发挥气象局、应急管理厅、水利厅水旱灾害防御处等部门服务“三农”职责，加大部门间协同联动作用，制定完善应急预案，共同推进防灾减灾工作，保障中晚稻生产。

四是强化技术支撑。充分发挥江西省水稻产业技术体系岗位职责，以市场为导向，试验示范农户急需的高效种植模式和企业急需的加工工艺，打通科技与产业衔接之路。发挥江西省农业产业技术体系各产业之间的大联合大协同的运作模式，盘活农业科技资源，打破各专业间学科界限，开展“水稻+”产业研究，推动江西水稻产业高质量发展。